迈向工业强国

新中国工业发展75年

中国社会科学院工业经济研究所课题组　编著

中国发展出版社
CHINA DEVELOPMENT PRESS

图书在版编目（CIP）数据

迈向工业强国：新中国工业发展75年 / 中国社会科学院工业经济研究所课题组编著. -- 北京：中国发展出版社，2024.12. -- ISBN 978-7-5177-1470-5

Ⅰ.F429.07

中国国家版本馆CIP数据核字第202428KQ26号

书　　　　名：迈向工业强国——新中国工业发展75年
著作责任者：中国社会科学院工业经济研究所课题组
责 任 编 辑：沈海霞
出 版 发 行：中国发展出版社
联 系 地 址：北京经济技术开发区荣华中路22号亦城财富中心1号楼8层（100176）
标 准 书 号：ISBN 978-7-5177-1470-5
经 销 者：各地新华书店
印 刷 者：北京博海升彩色印刷有限公司
开　　　　本：787mm×1092mm　1/16
印　　　　张：17
字　　　　数：224千字
版　　　　次：2024 年 12 月第 1 版
印　　　　次：2024 年 12 月第 1 次印刷
定　　　　价：78.00元
联 系 电 话：（010）68990625 68990692
购 书 热 线：（010）68990682 68990686
网 络 订 购：http://zgfzcbs.tmall.com
网 购 电 话：（010）68990639 88333349
本 社 网 址：http://www.develpress.com
电 子 邮 件：841954296@qq.com

引　言

新中国成立 75 年来，从一个落后的农业国家一跃成为全球工业门类最完备、工业规模最大的国家。当今的中国是名副其实的"世界工厂"，能够为世界市场提供的工业产品规模之大、品种之全、价格之优惠，是世界工业史上出现过的任何一个工业大国、出口大国都无法比拟的。可以说，无论你身处何地，都已经离不开中国制造的工业产品的消费。

党的十八大以来，中国特色社会主义进入新时代，在以习近平同志为核心的党中央领导下，我国工业化和工业现代化发展取得新的成绩，中国在成为工业大国的基础上开始向工业强国迈进。在新中国成立 75 周年之际，我们有必要对工业发展的历程进行回顾，总结经验、查找不足，并展望工业强国建设前景，这是编撰本书的初衷。当然，中国工业 75 年的发展成就如同璀璨的星空，本书能够展现的仅仅是其中一隅，远非其全貌。受限于作者的能力，书中难免有不足和疏漏之处，恳请读者见谅。

目　录

第一章

中国成为工业强国的历史必然

工业是国家综合国力的物质根基，是大多数国家经济增长的主引擎，同时也是技术创新和国家间技术竞争的主战场，工业的全球分工格局影响着世界经济和政治格局，因此，从世界近三百年的发展历史看，大国的崛起过程中工业都发挥着不可替代的作用。新中国成立75年来，在中国共产党的领导下，我国工业从小到大、从弱到强，工业的崛起让中国结束了绵延几千年的农业社会，步入全新的工业化发展轨道，工业替代农业成为中国的支柱产业，工业的发展带动农业的进步和现代化，也带动服务业的发展和壮大。可以说，工业的发展和工业化是新中国社会生产力大发展的显著标志，工业发展史是中国共产党党史、中华人民共和国国家历史的重要组成部分。

一、大国崛起和强大的一般规律

每个国家的国土面积、人口规模都不同，地缘政治和工业化所处的阶段以及参与国际产业分工的方式不同，在国际舞台上崛起的路径也不同。工业革命之前，受到技术水平的限制，并没有出现真正意义上的全球性大国和强国，最强大王朝的影响力也只是区域性的，很难扩散到全球。工业革命之后，全球性的大国和强国才开始出现。对于依次崛起的大国和强国而言，虽然工业化和产业结构演进、工业发展的路径各有特点，但是都遵循以下三个一般性规律。

（一）没有一个国家可以不依靠工业的强大而实现国家的现代化

一个国家开启工业化之后，在相当长一段时间里工业都会是这个国家的主导产业和占比最高的产业，这符合大多数已成为全球性大国、强国的产业结构演化特点，工业发展的减速或者比重过早下降极易导致处于工业化关键阶段的国家经济增长失速，难以跨越"中等收入陷阱"和完成工业化。在 18 世纪工业革命之后一个多世纪里英国工业的比重都超过服务业，在 19 世纪末到 20 世纪末的近一个世纪里，美国第二产业的比重逐步达到农业的 2 倍，第二次世界大战结束后，其服务业才成为主导。实际情况也确实如此，第二次世界大战之后，成功进入或再次进入高收入国家行列的有韩国、新加坡、德国、日本等，这些国家无一不在人均 GDP 达到 2 万美元之前保持了较长时间的工业高比重。即便进入后工业发展阶段，工业（特别是基础工业）的基础性作用仍不可忽视。除中国外，日本、德国是工业门类最全的发达国家，且重化工业比重也较高。韩国的工业化以承接服务业和轻工业转移起步，工业的比重从未超过服务业。20 世纪 70 年代以后，韩国也有明显的重化工业化趋势，以弥补重工业短板[①]。目前在钢铁、造船、机械等重工业领域，韩国保持世界领先地位。美国虽然从 20 世纪 70 年代开始大规模向外转移工业，但是目前仍然是全球第四大钢产量国、第二大

---

① 金麟洙、理查德·R. 尼尔森编：《技术、学习与创新：来自新兴工业化经济体的经验》，吴金希、戴德余等译，知识产权出版社，2011。

乙烯生产国、第二大发电国。因经济总量约束，有一些发达国家不能构建完整的工业体系。在服务业成为其经济主导的情况下，仍然在一些细分工业领域保持世界领先地位，如荷兰、瑞典、瑞士、新加坡等。

（二）没有一个国家可以不通过自主创新而取得工业的世界领先地位

绝大部分关于工业化的研究都会指出这样一个事实：技术进步推动了工业产业的发展，而技术革命可以将经济效率提高到一个新的高度，同时引起各国工业发展形成新的差距。从18世纪到19世纪，绝大多数技术创新成果和产业化都首先出现在英国，包括瓦特的改良蒸汽机、阿克莱特的工业工厂、史蒂芬森的动力机车等，英国凭借其掌握的当时最先进的技术一举成为全球领先的国家。在第二次工业革命中，美国、德国抓住了主导产业技术革命的机会实现了跳跃式发展，而英国则显得落后了，世界工业发展格局被改写。日本"二战"后的复苏和再次领先，韩国、中国台湾地区的赶超都是因为抓住了技术革新的窗口期。中国能够在改革开放之后，实现工业的不断升级和在国际分工中地位的不断提升，与长期坚持的自主创新密不可分。相对来说，拉美和东南亚一些国家正是因为缺少自主的创新活动，才在工业化进入中期后丧失发展后劲，产业长期停留在依靠劳动力成本优势承接国际产业转移上，国家竞争力难以提高。当然，工业和技术进步有双向的促进作用，工业（特别是制造业）是技术创新最重要的载体和平台，这一规律不仅适用于发展中国家，对于美国等发达国家同样适用。[①] 美国在2008年国际金融危机之后连续出台促进制造业技术创新的战略和

---

① 贾根良、楚珊珊：《制造业对创新的重要性：美国再工业化的新解读》，《江西社会科学》2019年第6期。

政策说明，应对技术创新的市场失灵、系统失灵和方向失灵的关键是重新构建先进的制造体系。①

（三）没有一个国家可以不通过对外开放而形成工业发展的持续动力

如果只依靠本国的资源、市场和技术，工业发展的规模、工业化的水平必然受到巨大约束，工业规模经济、范围经济效应的发挥，市场的扩大，技术的进步，产业的转型升级，都必须借助于更大范围的专业分工，以及国家间的贸易往来，技术创新、管理创新交流和人才流动。所有处在高速工业化阶段的国家都是出口大国，19世纪初，英国的工业产值占全球的一半，商品出口额占世界的四分之一；美国工业产值一度占到全球的近一半，20世纪60年代其商品出口额约占全球的15%；日本在1968年成为世界第二大经济体，20世纪70年代其工业品出口额约占全球的8%；中国实行改革开放之后，工业产品出口额占全球的比重从不足1%，提高到目前的约15%。对外开放能够使一国从国外进口工业化所需的能源和资源，吸引外商直接投资，引进国外先进技术和管理经验。美国是外商直接投资存量最多的国家，约是排名第二的中国的三倍。在中国改革开放初期，外商投资不仅带来紧缺的资金，还推动了中国技术和管理水平的迅速提高。一些研究认为，在大国崛起的过程中需要对外商投资有所限制（例如美国的重商主义），这种限制主要是针对外国资本的，国外技术作为"反向工程"

---

① 刘戒骄：《美国促进先进制造技术创新的政策脉络与启示》，《国家治理》2023年第6期。

被引进是后发国家加快缩小与领先者技术差距的捷径。[①]发展动力的增强还需要对外投资和全球布局，工业大国一般是对外投资大国，美国对外投资流量和存量都是全球第一；日本政府、企业和个人持有的海外债券、投资的企业的净资产约占其国内生产总值的80%；中国也在2020年第一次成为对外直接投资流量第一大国。当然，发达国家的对外开放大多伴随着对外侵略、对外殖民、对外掠夺，个别国家直到现在仍然依靠军事和政治力量来谋求全球利益。可以说，在中国之前，还没有一个工业大国，通过对外开放和和平发展实现国家工业的强大。

二、中国特色的"工业化道路"是对世界工业发展的巨大贡献

在中国共产党的领导下，中国工业发展取得举世瞩目的伟大成就，极大增强了中国综合国力、国防实力和国际竞争力，显著提高了人民群众生活质量和水平。不仅如此，中国还走出了不同于资本主义的工业发展道路。中国工业能达到今天的规模和水平绝非偶然，除了遵循工业化的一般规律，更是党领导全国人民推进中国特色社会主义伟大事业取得的重要成果，也是在党的领导下解放和发展社会生产力的重要体现，在世界各国选择的不同工业发展道路中，中国的工业化全球独有，中国特色的"工业化道路"是对资本主义主导工业发展模式的重要补充，是全球工业发展理论和实践的重要内容。

[①] 斯坦利·L.恩格尔曼、罗伯特·E.高尔曼主编：《剑桥美国经济史》，中国人民大学出版社，2021；路风、余永定：《"双顺差"、能力缺口与自主创新——转变经济发展方式的宏观和微观视野》，《中国社会科学》2012年第6期。

（一）坚持工业为立国之本，构建全球独有的现代工业体系

新中国成立前夕，面对一穷二白的局面，中国共产党七届二中全会就提出"建设先进的工业国"的路线方针，开始实施一系列计划和措施，着力构建完整的工业体系。改革开放之后，我国工业规模加速增长。2010 年，我国制造业增加值超过美国，成为全球第一制造大国，对世界制造业贡献度超过 30%，500 多种主要工业品中有 220 多种产量位居世界首位。在规模扩大的同时，我国还构建了前所未有的完善的工业体系。完善的工业体系首先表现为产业门类齐全。中国是唯一拥有联合国产业分类中全部工业大类、中类和小类的国家，可以生产全部工业产品。完善的工业体系也表现为工业结构的合理和产业链的完备。经过多轮调整和优化，中国轻重工业比重基本合理。虽然存在供需间的结构性矛盾，但没有持续的、长期的供需不足问题。从产业链看，从最上游的采掘到最下游的产品服务，以及研发、物流、金融等生产性服务业基本完整。虽然存在部分弱项，但没有明显的缺失。完善的工业体系还表现为要素的齐备和质量的不断提升。我国幅员辽阔，中西部地区发展工业还有很多的存量土地可以利用，全球化的能源资源保障能力不断增强，新能源、新材料的发展进一步增强了工业发展的资源能源保障能力。中国的教育水平在发展中国家中遥遥领先，造就了全球最庞大的高素质产业工人队伍，以及世界领先的工程师队伍。在新科技革命中，依托人口和产业规模基础，中国成为全球最大的数据要素产生国，数据要素的利用水平也处于世界领先地位。正因为拥有超大的工业规模和完善的工业体系，在面临数次外部冲击时，中国工业总能展现巨大的韧性，使中国经济失速的风险远远低于其他发展中国家。

（二）坚持独立自主的技术研发体系和推进工业技术创新

改革开放前，中国依靠有限的技术引进和集中攻关打破了国外技术封锁，即便在最困难的时期也没有中断重大科研项目，这为日后的工业技术赶超储备了人才，构建了组织体系。改革开放初期，外商直接投资的大量涌入快速缩小了我国与发达国家的技术差距，推动了我国外向型工业的发展。完整的技术研发体系也很好地实现了对引进技术的快速消化，在很多发展中国家陷入低端锁定的"引进消化"发展路径的情况下，我国实现了高效的"再创新"。2006年，全国科技大会提出自主创新、建设创新型国家战略，工业企业的自主创新活动开始活跃，基础类、原创型、探索性的技术研发得到更好发展。2008年国际金融危机爆发后，有科学研究与试验发展（R&D）活动的企业比重开始显著上升，工业企业科技活动支出开始向自主创新倾斜。2011年，工业企业在自主创新方面的投入首次超过引进模仿方面的投入，并快速拉开与后者的差距，5G通信网络、高速铁路系统实现世界领先。在新一轮科技革命和产业变革中，中国工业技术创新和产业升级又增加了绿色化和数字化的主题，并且在很多领域实现了从追赶到引领的角色转变，反映了长期坚持独立自主技术发展道路的成效。

（三）坚持不断提高对外开放水平和深化改革

改革开放之前，我国工业经济对外联系不多，主要体现在出口少量初级产品，以及使用有限外汇进口重工业发展所需的装备和中间品，计划经济体制为构建独立完整的工业体系奠定了基础。改革开放初期，我国把握住全球劳动密集型行业布局调整的历史机遇，大量承接国际产业转移，凭借低劳动力成本优势迅速融入世界工业分工体系。在继续发挥社会主义集中力量办大事的制度优势的同时，我国逐步建立社会主义市场经济体制。这一时期，国外资本、技术和管理经验大量涌入，打破了我国工业结构调整的要素约束，服装、家电、电子等劳动密集型行业规模迅速扩大，并带动了上游能源、冶金、化工等基础工业的发展。2001年，中国"入世"，工业对外开放进入新的发展阶段，工业产品占世界的比重迅速提高。党的十八大以后，工业发展传统动能开始减弱，工业行业转型升级紧迫感增强，顺应新的发展环境和需求，中国大力扶持战略性新兴产业，先后提出"互联网+"、供给侧结构性改革、高质量发展等发展战略和举措，积极促进工业领域的动能转化，对外开放也呈现"引进来"和"走出去"相结合的新趋势。2013年，中国提出"一带一路"倡议，积极推进国际产能合作，这是首个由发展中国家提出并得到广泛参与的国际经济合作平台。在新发展时期，面对国内基础条件的巨大变化和国际产业链重构带来的挑战，党的二十大提出了中国式现代化和"两步走"的战略安排，工业发展更加突出走新型工业化道路和构建现代化产业体系的路径。同时，中国致力于构建更加公平的市场环境，放宽外资准入，继续提高外资引入质量，拓宽了市场增长空间，避免在全球分工中始终锁定在"从属"和"低端"。不同阶段的工业发展战略和政策的调整，既保障了中国工业不偏离长远战略目标，同时也很好适应了不同发展阶段的国际环境和国内条件，避免了工业经济的巨大波动。

（四）坚持工业发展推动人民生活水平不断提高

新中国成立初期，我国实施的重工业优先发展战略为建立独立完整的工业体系打下了坚实的基础。由于偏离当时资本稀缺的要素结构和基本生活品需求旺盛的需求结构，重工业化付出了产业结构失衡、资源浪费、人民生活水平低下的沉重代价。[①] 改革开放之后，消费品工业的发展大大缓解了市场供需矛盾，劳动密集型行业的发展又创造大量就业岗位。20世纪90年代后期，短缺经济基本结束，人民生活水平明显改善。[②] 受国际金融危机和工业化进入后期的影响，中国经济在2010年后逐步进入"新常态"，居民消费能力大幅提高，对高端工业品的需求持续增长，包括汽车、手机等在内的部分产品进入存量替代阶段，汽车、电子信息等高技术含量工业行业的发展满足了国内消费升级的要求。从总体上看，中国工业的发展都很好地推进了国家战略和改善民生，与其他发展中国家相比，更好地强化了国家综合竞争力，并且避免了在工业高速发展过程中造成的巨大贫富差距和其他不均衡、不公平问题。

三、中国下一阶段的发展仍然需要巨大的工业规模

随着工业化的推进，我国的发展阶段、发展条件、发展环境都发生了巨大变化，工业在国民经济中的地位、在促进中国发展中的作用也必然不断变化和调整。然而，中国有特殊的国情，也面临特殊的发展环境，中国不可能像美国那样依靠服务业（特别是金融、信息产业）的发展支撑经济的增长，也不可能像日本那样将大量工业产能转移到其他国家。我国工业发展及其比重变化的影响因素是复杂的、综合性的，产业结构朝哪个方向演进、工业比重以何种速度下降并持续多长时间、最后在哪个水平保持基本稳定，这些变化符合工业化的一般规

---

① 林毅夫、蔡昉、李周：《对赶超战略的反思》，《战略与管理》1994年第6期。

② 陈诗一：《中国工业分行业统计数据估算：1980—2008》，《经济学（季刊）》2011年第3期。

律，也受全球技术进步的影响，更与我国的国情相关。

（一）规律性的因素

产业结构演进的经典理论认为，随着工业化的推进和技术的进步，一个国家和地区的劳动就业会从第一产业向第二产业、再向第三产业转移。[①] 从工业内部看，会出现重工业深入发展的过程，资本品在工业中的占比会有提高的趋势。[②] 当然，各个国家资源禀赋、人口规模、国土面积、参与国际分工的方式和地缘环境、所处的发展阶段不同，既不存在一个适用于所有国家的最优产业结构，也不存在一条适合于所有国家的产业结构演进路径。欧美老牌工业化国家的工业化起步早但推进比较缓慢，产业结构的演进也是循序渐进的，在一个较长时期保持了工业和制造业的高比重。例如，英国工业比重从开始增长到超过农业用了大约半个世纪，而在长达一个多世纪的时间里工业比重都高于服务业。从 19 世纪末到 20 世纪末的近一个世纪，美国第二产业的产值逐步达到农产品总值的 2 倍；第二次世界大战结束后服务业成为主导，且在 1975 年后用了约 20 年的时间，信息产业就成为新的主导。日本、韩国的工业化进程较快，产业结构演进的速度也更快。1960 年前后，日本第二产业比重恢复到"二战"前最高水平，在 21 世纪前其第二产业的比重超过 30%；韩国第二产业比重从 20 世纪 50 年代末开始加速提高，但第二产业比重从未超过第三产业。尽管路

---

① Clark C. The Conditions of Economic Progress. New York：Macmillan Company. 1940；Kuznets S. Modern Economic Growth：Rate, Structure and Spread. New Haven：Yale University Press, 1966；Chenery H B. The process of industrialization[M]. Project for Quantitative Reserch in Economic Development, Center for International Affairs, Harvard University, 1969.

② Hoffmann W G. The Growth of Industrial Economics. Manchester, Manchester University Press, 1958.

径和结果有所区别，但大多数国家的三次产业结构演进都遵循两条规律：一是第二产业、工业和制造业的比重呈现先增后降的倒 U 形；二是倒 U 形的后半段（即比重下降的阶段）有更大的斜率（见图 1-1）。如果对成功跨越"中等收入陷阱"的国家和快速启动工业化但未能进入高收入国家行列的东南亚、南美国家进行比较，那么可以发现，倒 U 形的峰值以及后半段下降的斜率对一个国家的长期稳定发展和"跨越中等收入陷阱"情况有显著的影响。日本、德国、韩国等国家的工业比重均在一个较高水平上保持了较长时间，第二产业比重下降的速度也较慢，而亚洲四小虎、南美国家并未达到较高的第二产业比重，且因为国内政策和国际环境等原因出现了第二产业比重迅速下降的状况，即工业比重的"过早"和"过快"下降。Timmer 等通过测算发现，按照 2010 年不变价格计算的人均 GDP 至少达到约 20000 美元，即进

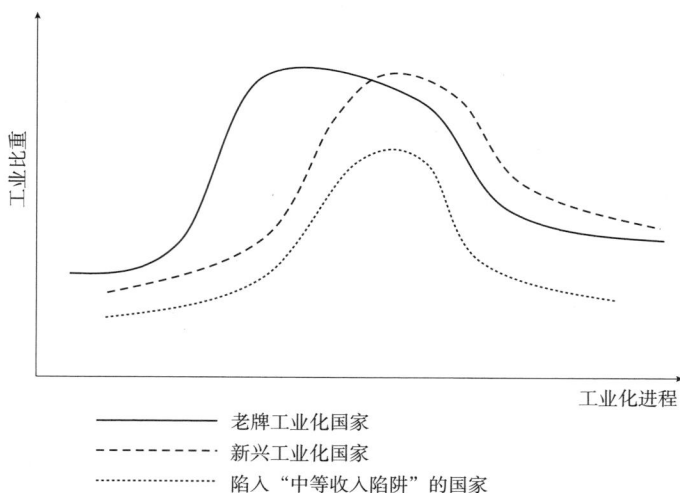

图 1-1 老牌工业化国家、新兴工业化国家和陷入"中等收入陷阱"的
国家制造业比重变化示意

资料来源：作者绘制。

入相对稳定的高收入发展阶段时，工业和制造业比重从上升到下降的转折才符合稳定进入高收入国家的大数定律。[①] 实际情况确实如此，如果排除一些通过出口能源、矿产资源或特殊地理位置实现高人均GDP的国家（例如卡塔尔、巴拿马），以及人口规模极小的国家（例如东帝汶），那么真正跨越"中等收入陷阱"而进入并稳定在高收入经济体行列的只有韩国、新加坡、以色列三国以及中国台湾地区，这些国家和地区无一例外都在人均GDP达到2万美元前保持了较长时间的工业高比重。部分国家部分时期制造业比重和人均GDP变化情况见图1-2。

（二）时代性因素

近期，社会各界对工业和制造业比重下降的关注度增加，主要是因为2006—2018年我国制造业的占比从36.3%下降到27.0%。[②] 如果从全球角度看，2000年以后，代表性的发达国家和发展中国家也普遍存在第二产业比重下降的情况（见表1-1）：美国、英国、法国等国家第二产业比重已经不高，但2000年以后仍然出现较大幅度下降；日本、德国、韩国第二产业比重较高，在这一时期总体上也出现下降；墨西哥、巴西、俄罗斯等人口和工业规模较大国家同样如此。印度在21世纪第一个10年第二产业比重有提高的趋势，但在2010年以后也开始逐步转变为下降态势。越南第二产业比重在2005年以后开始下降，2010年后因为接收国际制造业投资增多而比重有所上升。可见，2000年以

---

① Timmer, M.P., B. Los, R. Stehrer and G.J. de Vries（2016），"An Anatomy of the Global Trade Slowdown based on the WIOD 2016 Release"，GGDC research memorandum number 162, University of Groningen.

② 蔡昉：《生产率、新动能与制造业——中国经济如何提高资源重新配置效率》，《中国工业经济》2021年第5期；黄群慧、杨虎涛：《中国制造业比重"内外差"现象及其"去工业化"涵义》，《中国工业经济》2022年第3期。

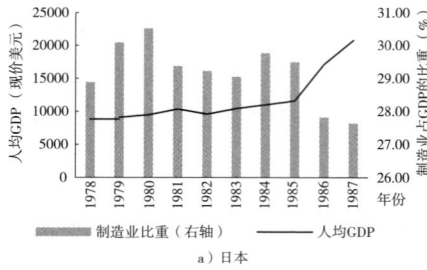

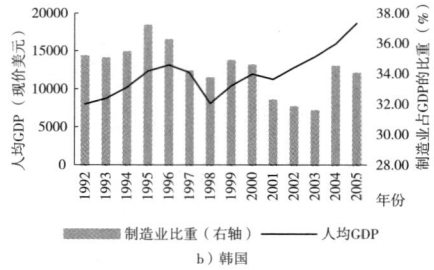

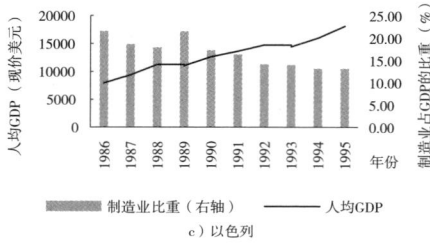

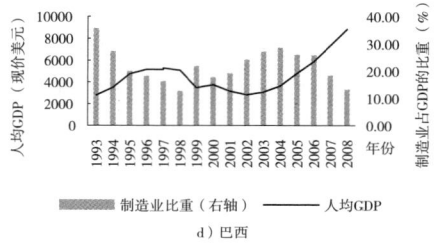

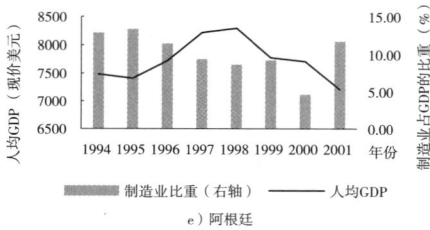

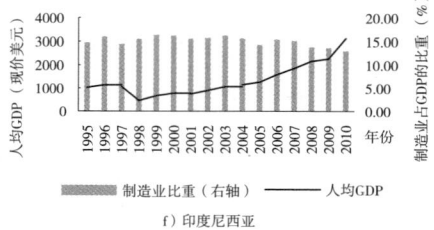

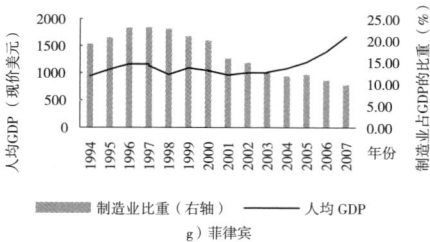

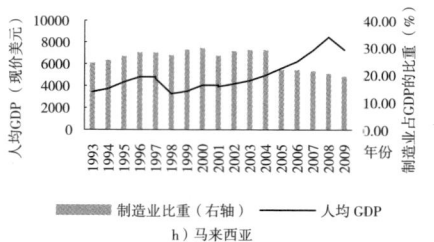

图1-2　部分国家部分时期制造业比重和人均GDP变化情况

资料来源：作者根据世界银行和联合国工业发展组织数据整理计算。

后，工业和制造业比重的下降并非我国独有，高收入国家从 2000 年以后第二产业比重就有所下降，总体来说，中高等、中等、中低等和低收入国家第二产业比重在 2010 年以后也开始下降。技术进步使服务业比重提高，数字经济的发展和第二、第三产业深度融合进一步加强了这一趋势，当产业边界模糊甚至消失、新的产业和业态在传统产业分类标准的交叉重合地带出现，按照传统统计标准和口径来统计工业和制造业的比重必然会降低。因此，在技术进步加速、产业融合趋势增强的情况下，处于不同发展阶段的国家，其工业和制造业增长都相对于服务业放缓，中国近期工业和制造业比重下降符合全球工业化的时代特征，但下降的速度略快于其他国家。

表 1-1　2000 年以后代表性国家第二产业占 GDP 比重变化情况

	2000 年（%）	2005 年（%）	2010 年（%）	2015 年（%）	2020 年（%）
中国	45.54	47.02	46.50	40.84	37.84
美国	22.45	21.21	19.31	18.59	17.51
英国	22.58	20.25	18.80	17.99	16.99
法国	21.29	19.61	17.85	17.68	16.50
德国	27.71	26.35	26.85	27.11	26.62
日本	32.51	29.87	28.34	28.58	29.02
韩国	34.76	34.15	34.12	34.15	32.54
墨西哥	34.21	32.78	32.36	29.99	29.80
巴西	23.01	24.17	23.27	19.36	17.70
俄罗斯	33.92	32.63	30.00	29.79	29.81
越南	36.74	38.13	33.02	34.26	36.74
印度	27.33	29.53	30.72	27.35	24.53
全世界	27.78	27.26	27.59	26.83	26.16
高收入国家	26.53	25.13	23.89	22.79	20.03

续表

	2000年（%）	2005年（%）	2010年（%）	2015年（%）	2020年（%）
中高等收入国家	34.98	36.27	36.66	35.04	34.10
中等收入国家	33.71	35.62	35.71	33.60	32.75
中低收入国家	30.96	33.87	33.08	29.27	28.69
低收入国家	21.68	23.54	24.08	22.78	26.54

资料来源：世界银行数据库。

（三）特殊性因素

除了规律性和时代性的因素，中国特殊的国情和国际分工地位也会对我国工业比重变化产生影响：工业是中国参与国际分工更具竞争力的产业；中国的人口和产业大国身份决定了必须保持完整和相当规模的重化工业，但是技术进步和全要素生产率增速减缓也加大了维持工业较高比重的难度。

中国参与国际分工与全球产业链布局的特殊地位决定了工业比重不能出现大幅下滑。英国、美国等国家都在一段时间内占有全球工业产品市场超过10%的比重。目前全球工业产值已经是英国工业革命时的几千倍，也是"二战"前的几十倍。中国制造业增加值能够占全球的近三分之一，工业产品出口额占全球的比重近15%。在全球工业和贸易规模实现巨大增长的情况下，中国仍然达到极高的全球占比，可见中国在全球工业分工中的地位是空前的，历史上还没有哪个国家能够像中国一样为国内和全球市场供给门类如此齐全、规模如此巨大的工业产品。中国在国际分工中的地位来之不易，也难以被替代，"世界工厂"的地位会持续多年，中国工业占比如果出现明显下滑，必然引起世界工业产品供需的巨大缺口和价格的大幅上涨。此外，我国服务业取得长足发展，2014年我国成为仅次于美国的第二大服务贸易国家，但服务贸易出口额占全球的比重不足6%，与工业品出口占比有巨大差距，短期内服务业不会替代工业成为我国出口的主要行业，中国也难以成为和美国相当的服务业供给、消费和出口大国。

工业强国以工业大国为基础，这也要求中国必须保持相当规模的重化工业。如果以GDP总量和人均GDP进行综合衡量，可以大致对各国工业（以制造业为主）的"大"与"强"进行划分。以西欧和北欧的瑞士、瑞典、挪威、荷兰和亚洲的新加坡为代表，一些人口少于一千万、国土面积小于50万平方公里的国家，虽然无论是国内生产总值还是制造业增加值的比重都不高，国内也没有完善的产业体系，但在一些细分制造领域长期保持世界第一，且地位短期无法被替代。还有一些国家人口多、领土面积大，工业产值较高，以俄罗斯、印度、巴西、印度尼西亚、越南等为代表。为了满足国内需求，这些国家虽然工业产值都较大，但一般都存在人均产值较低、工业体系偏重（俄罗斯）或偏轻（越南）的问题。同时具备"大国"和"强国"特征的有美国、日本、德国等，这些国家的一个共性是拥有完备的基础工业体系。中国近几年出现向外转移趋势的主要是劳动密集型加工制造业，能源等产业开始全球布局表现为"增量式"地"走出去"，国外产能投资并没有引起国内产值的降低。

中国不会弱化产业政策，也不会减少对工业发展的政策支持。我国工业化的历史凸显产业政策的重要性，"三线建设""西部大开发"等战略，客观上都促进了产业的规模增长、结构和布局调整，释放了工业增长动力。虽然各界对产业政策的有效性和合理性存在不同看法，但我们必须看到，一些政策能够起到立竿见影的效果。例如，对新能源的支持政策创造了风电装机容量在不到10年内增长100倍的奇迹。还有一些政策产生潜移默化的长期影响，例如，2010年开始实施新能源汽车支持政策，中国在2015年成为新能源汽车全球最大产销国，新能源汽车国产品牌的国内、国外市场占有率都明显高于传统燃油汽车。无论是中央还是地方政府，我国产业政策始终都强调对以工业为主的实体经济的支持。2022年党的二十大报告提出"建设现代化产业体系，坚持把发展经济的着力点放在实体经济上，推进新型工业化，加快建设制造强国、质量强国、航天强国、交通强国、网络强国、数字中国"，可见，中国政府会继续坚持发展工业，包括设定稳定制造业比重目标、实施相关扶持政策等，政策支持工业发展的力度会大于发达国家，也不会低于其他发展中国家。

工业技术进步和效率提升减速，而创新驱动换轨发展面临诸多挑战。20世纪90年代末，我国工业成本增速超过产出增速。全要素生产率对中国劳动生产率的贡献从1978—1994年的45.9%下降到2005—2009年的31.8%，之后进一步下降到2010—2015年的28.00%，[①]工业部门全要素生产率提升减速甚至出现下降已经有20余年。在工业产值规模难以进一步提高的情况下，如果工业价值创造能力低于服务业，那么必定会进一步降低对技术型人才等高端要素的吸引力，恶化要素配置不合理的情况，降低工业比重。虽然我国工业已经到了必须依靠创新驱动的阶段，但不同于追随阶段的应用创新，基础研发和针对技术前沿面的创新活动缺少参考和借鉴，高风险却不一定有高回报，这对我国传统的产业创新体系形成巨大挑战。创新投入体制、成果转化

---

① Kuijs L.. China's economic growth pattern and strategy[C]//Nomura Foundation Macro Research Conference on "China Transition and the Global Economy. 2012.

体制、利益分配体制都必须进行深度调整以适应新的要求，这将是未来我国工业发展最重要的改革任务。

四、中国工业具备继续做大和持续做强的基础和条件

在宏观经济中速增长的情况下，工业比重基本不变，要么依靠产值规模的继续扩大，要么通过生产效率和增加值率的提高。前者必然承担巨大的物质消耗，也需要继续扩大市场，这与高质量发展和市场条件不相符；生产率和增加值率的提高在过去主要依靠结构演变带来的红利，通过产值结构的调整优化实现工业效率提升和增加值率提高的难度增大，但也并非完全没有空间，新科技革命下技术加速进步、国内产品市场的激活、要素配置的优化、制造业效率的进一步提升、产业区域布局的更加合理都能够在产值规模增长放缓的情况下推动工业规模的进一步增长，以及实现工业发展水平的不断提高。可以说，我国具备维护工业大国地位并实现由工业大国向工业强国稳步迈进的基础和条件。

（一）技术进步面临新的窗口，也面临前所未有的高强度竞争

我国工业化和制造业发展的一个突出特点是一直坚持独立自主的技术发展道路，即便在最困难的时期也保持相对完整的技术研发体系，在一些关系国计民生的领域坚持研发的高投入。[①] 从新中国成立到 21

---

① 金碚：《以自主可控能力保持产业链供应链安全稳定》，《中国经济评论》2021年第2期；郭克莎：《突破结构性制约的中国探索与创新》，《中国社会科学》2022年第10期。

世纪第一个 10 年的半个多世纪里，中国将劳动力成本优势和一个适当的技术工艺水平充分结合，构建了优越的制造业发展环境，这一优势通过改革开放和加入世界贸易组织（WTO）得到两次提升，中国成为名副其实的"世界工厂"，同时有步骤地实现产业的升级和在全球价值链中的攀高。班加将一国产业在全球价值链中的升级从易到难分为工艺升级、产品升级、功能升级、链升级[①]，我国工业过去的升级主要是工艺升级和产品升级，功能升级和链升级受创新驱动能力不足的约束，但这为未来工业的进一步升级和全球价值链攀高留下了空间。

技术进步对中国工业能同时产生存量改进和增量创造的效果。中国领先工业企业的装备水平、工艺水平和生产制造能力与发达国家的跨国公司已经相差无几，但是从平均水平来看差距还较大，技改依旧有很长的路要走，特别是在新科技革命和产业变革背景下，数字化和绿色化水平与世界领先水平差距明显，存在很大的提升空间。例如，2012 年开始我国成为世界第一大工业机器人市场，2020 年制造业工业机器人密度达到 248 台 / 万人，已经是世界平均水平的 2 倍，但与韩国的 932 台 / 万人、日本的 390 台 / 万人、德国的 371 台 / 万人还是有较大的差距。2035 年我国要基本实现社会主义现代化，制造业的现代化要适度超前，[②] 而工业机器人对生产效率和质量的提升作用非常显著。如果 2035 年中国制造业工业机器人装机密度达到届时日本和德国的水平，即在 2020 年的基础上翻一番，不仅能够将制造

[①] Banga K.. Digital technologies and product upgrading in global value chains: Empirical evidence from Indian manufacturing firms[J]. The European Journal of Development Research, 2022: 1–26.

[②] 史丹:《数字经济条件下产业发展趋势的演变》，《中国工业经济》2022 年第 11 期。

业的平均生产效率提高约 30%，还能够提高发展质量，提高高附加值环节的比重。工业的绿色化发展同样存在很大的追赶空间，中国社会科学院工业经济研究所的报告显示，目前工业各部门中只有电子信息制造业的绿色化达到世界先进水平，消费品工业、原材料工业、装备工业分别还有 12%、25%、19% 的差别。从短期看，工业的绿色化是成本，从长期看，是工业增长模式的转变，可以创造新的增长领域。国际能源署预测，到 2030 年，清洁能源制造业的整体价值将超过目前水平的 3 倍，年均复合增长率约为 15%，这也是大多数绿色产业的增长速度[①]。如果中国能在绿色产业领域获得和传统工业、制造业相当的国际市场占有率，届时将形成数万亿元的产值增长空间。

我国以往的技术研发主要是"模仿"和"赶超"，研发方向、路线都是经过发达国家多次验证的，技术研发活动虽然存在各种困难，但总体上结果是明确的、风险是较小的。更重要的是，在较低水平上的技术突破并不会影响发达国家主导的全球技术分工基本格局，反而会在一定程度上强化发达国家在前沿领域的领先优势，因此在一段时期内中国制造业的技术进步并没有对发达国家造成威胁，反而受到欢迎。目前，我国工业技术研发的内部条件和外部环境发生了重大变化，新技术优势的获取、技术优势向产业能力的转化都面临高强度的竞争。一方面，中国与发达国家的综合技术差距明显缩小，技术研发活动需实现从"模仿""赶超"向"原创""引领"的转变。不同于追随阶段的"微创新"，基础研发和针对技术

---

① 数据来自国际能源署（IEA）发布的《2023 年能源技术展望报告》。

前沿面的创新活动风险高，收益情况不明朗，这对我国传统的技术研发体制造成很大挑战，研发投入体制、成果转化体制、利益分配体制都必须进行深度调整以适应新形势的要求。另一方面，在美国的影响下，发达国家普遍改变对我国技术输出的态度，制定愈加强硬和苛刻的技术转移政策，中国要通过专利授权、对外并购、以市场换技术等传统方式获得发达国家先进技术难度很大。在新的形势下，必须在基础技术、使能技术、未来技术上形成高度自主的完善技术研发体系，并掌握一批"独家技术"，才能够形成支撑工业转型升级的持续创新驱动力，而这一过程必然面临前所未有的压力和挑战。

（二）国际市场增长速度放缓，投资和内需释放有巨大空间

工业产品的需求来自产品出口、国内消费和投资，这"三驾马车"在不同发展阶段发挥着不同作用。改革开放之前，国防工业和重工业的投资拉动制造业的发展，出口和国内消费变化不大，1952—1978年居民消费水平只提高到原来的2.3倍。[①] 从改革开放到2008年国际金融危机，出口无疑是制造业发展最重要的动力，中国货物出口占全球的比重从1978年的不足1%提高到2008年的8.5%。2008年国际金融危机爆发之后，国际市场增长乏力，而国内掀起了一轮以交通、信息化为重点的基础设施建设浪潮。党的十八大提出新发展理念，在"三驾马车"中内需开始加速，按支出法计算国内生产总值中最终消费占比，从2008年的50.0%提高到2021年的54.1%，在一定程度上弥补了国际市场的损失。"十四五"以及到2035年的发展阶段，工业规模继

---

① 数据来自国家统计局《1949—1984光辉的三十五年统计资料》。按照当年价格计算，全国居民消费水平1952年和1978年分别为76元和175元。

续增长并保持其在国民经济中占比的稳定性仍然需要出口、投资和内需"三驾马车"的带动。"三驾马车"的作用和相互关系会发生变化，出口的带动作用会有所减弱，但并不会造成重大冲击，投资和内需则仍然有巨大增长空间。

从出口来看，继续增长的难度较大、空间较小。工业产品出口以制造业为主，2006—2019 年，我国制造业增加值占全球的比重从10.6% 提高到28.0%，2010 年以后还出现"内外差"现象，即国内制造业比重下降 1 个百分点、对应国际占比上升 5~7 个百分点。[①] 虽然 2008年国际金融危机爆发后全球市场一直不振，但中国货物出口占全球的比重 2021 年仍比 2008 年提高了 6.5 个百分点，达到 15.0%。在这种情况下，工业在国际市场中的占比进一步提高的可能性不大，然而这并不会构成对中国制造业的灾难性冲击。世界经济虽然活力不足，但仍在增长，很多发展中国家和新兴市场国家的增长都在加速，全球工业产品需求市场继续扩大，即便中国工业占全球的比重不再增长甚至有所降低，也不必然引起国内制造业比重的明显下降。从 1995 年开始，我国工业和制造业增加值占全球的比重从未出现过下降。虽然当前已经达到峰值，到 2035 年，制造业增加值的比重预计从目前的约 30% 下降到 25%，但只要全球制造业增加值保持年均 2%~3% 的增速，那么国际市场对中国制造业规模增长的贡献就不会降低，甚至还会略微增长。当然，中国工业发展阶段和定位的变化、全球工业分工调整更多地表现在结构上而非比重上，中国要在深入参与中高端环节分工的同时保持与发达国家良好的竞合关系，其难度要远远大于以前接受发达国家

---

① 黄群慧、杨虎涛：《中国制造业比重"内外差"现象及其"去工业化"涵义》，《中国工业经济》2022 年第 3 期。

中低端产业转移。同时，中国始终倡导发展中国家共同进步，构建人类命运共同体，也必然需要在中低端环节"让渡"更大的发展空间和分工机会给其他发展中国家。"三驾马车"之一的"出口"虽然不至于因为快速下降对我国工业做大做强带来巨大影响，但也难以继续发挥主导作用。

从投资来看，传统基础设施的完善、新型基础设施的建设、公共产品的升级换代继续支撑国内投资稳步增长。我国是基建大国和强国，但人均公共资源和发达国家相比仍有较大差距，例如，我国可耕种土地亩均农业机械的使用数量只有高收入国家平均水平的17%、人均受教育年限比七国集团（G7）少1~4年。中国拥有全球最大规模的铁路系统、高速铁路系统，但人均铁路里程只有世界平均水平的一半，公路密度只相当于西欧国家的三分之一。巨大规模不能掩盖人均和地均上的差距和分布的不均衡问题，传统基建还需要大量"补课"，交通、医疗、教育、养老等领域还需要持续的高投资。2021年，国家发展改革委提出发展"新基建"，数字化、新能源、科技研发等领域展现出巨大投资需求，中国要在新兴产业、未来产业和技术领域基本实现与发达国家的"并跑"，就必须至少保持和发达国家同等的投资规模，而同发达国家相比这些领域的投资差距也是很大的。例如，中国航天领域的资金投入只有美国的五分之一，与日本比较优势也不大。当然，投资更重要的是解决效率和公平的问题，基础设施投资、公共产品采购体制机制还有待优化。除了效率，地区间的投资差异也造成极大的不均衡，例如，虽然我国已经是全球地铁运营和建设大国，但上海、北京、广州、深圳、成都、杭州6个城市就占到全国地铁建设投资的40%，大量需要缓解交通压力的千万人口城市公共交通投入不足。2035

年要在基础设施和公共产品人均供给水平上追平发达国家，我国传统基础设施还有巨大的投资空间，"新基建"的投资更是要达到两位数的年均增速，中国投资市场会出现调整但仍然需要保持高速增长，投资作为"三驾马车"之一对制造业增长的贡献不会降低。

从国内消费看，内需市场潜力远未完全释放，增长空间巨大。我国人均 GDP 已迈过中等收入国家门槛，但是从一些主要产品的人均消费情况看，与发达国家的差距明显大于人均 GDP 的差距，这反映了"三驾马车"中，内需是最大的短板。例如，我国在工业规模大、产业结构偏重的情况下，人均用电量不足美国的一半，用于生活消费的用电量和发达国家的差距更大，同样，人均一次能源消费只有经合组织国家平均水平的 60%；我国汽车保有量连续三年居世界第一，但人均汽车拥有量只有美国的四分之一、日本的三分之一，甚至低于泰国、马来西亚。当然，随着产业结构和消费结构的不断升级，服务消费占消费的比重会提高，消费增长对工业的带动作用会相对减弱，在数字经济发展大背景下，中国老百姓要达到和发达国家相同的生活质量并不需要消费同等量的工业产品。尽管如此，到 2035 年中国人均消费水平只要能够提高到当前中等发达国家的平均水平，大多数轻工部门和与消费相关的重工业都还有 2~3 倍的增长空间。"三驾马车"中，国内消费对工业做大做强的作用必然会提高，内需的有效释放是需求侧的重中之重。

（三）工业发展要素保障稳固有力，要素优化配置能够促进生产效率提升

按照先行国家的经验，当工业的效率增长乏力，而在服务业效率高于工业或大致和工业齐平的情况下，劳动力从工业部门向服务业部门转移、工业和制造业占比下降是稳健的结构变化，不会陷入"中等收入陷阱"，也不会出现明显的鲍莫尔病。例如，美国在第二次世界大战结束后将大量低端工业行业转移到亚洲，但国内服务业的生产率已经高于工业，在国内市场增长（特别是服务消费增长）、高端服务业（特别是金融）供给全球市场的情况下，按照不变价格计算的美国人均GDP从1960年到1990年翻了一番。然而，发达国家以服务业替代工业作为经济增长引擎的做法，对于很多发展中国家而言是难以实现的，这样做发展中国家不仅会失去工业跨越更高发展门槛的动力，也无法获得持续的经济增长。印度、哥斯达黎加、菲律宾等国家的教训就是在低水平的工业基础上大量承接国际服务业转移，而中低端服务业的发展对于经济增长、国民收入提高和人民生活改善的效果不如同等发展水平的工业。同样，中国也没有发展到同美欧日那样向服务业"自然切换"增长引擎的阶段，[①] 工业效率的提高主要还是激励自身的增加值率提高，能够引发的产业结构向服务业演进的作用是比较有限的。国内沿海发达省市近几年表现出这一规律，广东、浙江、江苏等沿海发达省份同时表现出工业的高效率和高比重，由此可见即便是已经进入后工业化发展阶段的沿海地区，工业的效率提升仍有空间，工业效率仍然可以高于服务业，中西部欠发达地区工业的生产效率还较低，工业效率提升的效果会明显高于服务业，工业仍然是这些地区经济增长和高质量发展的支柱产业。

我国通过优化要素配置促进工业生产效率提升还有很大空间。一方面，我国很多工业行业、企业并没有对所有投入要素物尽其用，与

---

① 黄群慧、杨虎涛：《中国制造业比重"内外差"现象及其"去工业化"涵义》，《中国工业经济》2022年第3期。

美、日、德等工业强国相比，中国工业的人均产出不足它们的三分之一，单位产出的能耗则是它们的 2~5 倍，总体效率大约只有它们的四分之一。高投入和低效率与我国更低发展水平的产业结构有关，即便只考察技术水平和劳动生产率较高的汽车制造业，劳动生产率也只有日本和德国的一半。另一方面，要素供给趋紧的表象下，体制机制带来的问题是可以得到解决的。如果从要素供给总量看，除劳动力供给增速放缓外，资本、土地、能源等传统生产要素的供给并未出现下降，[①] 高端人才、技术、数据、算力等新兴要素资源还实现了明显增长，工业要素供需失衡并非源自要素供给不足，而是由与服务业相比要素吸引力大幅下降造成的，错配是近期造成制造业要素供给不足的主要原因。即便确实存在劳动力总量的下降，工业劳动力供给不足一定程度上是因为户籍改革不够深入和城镇化不完全造成的，劳动力的区域转移和配置并不充分，存在很大优化空间。[②] 随着技术进步和市场经济体制的更加完善，制度和体制上造成的要素错配问题能够得到极大缓解。此外，新科技革命和产业变革中，新兴产业、新兴业态的出现速度前所未有，产业链、供应链变得更加复杂，这都给配置效率的提高创造了新的空间，工业的数字化变革形成新的发展模式、就业模式、盈利模式，也会增强制造业的要素吸引力。"双碳"目标更加科学地在产业间进行分配，以及更加合理的碳排放计算和统计方法会更好地顾及制造业物质转换的技术特征，因为减碳造成的对工业要素投入的限

---

① 黄娅娜、邓洲：《生产要素对制造业的影响分析及政策建议》，《中国井冈山干部学院学报》2022 年第 1 期。

② 蔡昉：《生产率、新动能与制造业——中国经济如何提高资源重新配置效率》，《中国工业经济》2021 年第 5 期。

制会减少。根据中国社会科学院工业经济研究所研究报告《生产要素对制造业比重影响分析及政策建议》的测算，作为工业中要素使用最多的制造业，2001—2019年由于生产要素的错配导致的实际产出与潜在产出的缺口大约为20%，并且随着制造业总量的不断增大，产值缺口呈扩大趋势。如果工业要素错配的问题能够得到缓解，并从目前到2035年将因要素错配导致的实际产出和潜在产出缺口逐步缩小到10%左右，就相当于每年能够为工业贡献1%~1.2%的增速，有效地保障工业的规模进一步做大。

（四）区域发展长期失衡，平衡和协调发展存在很大空间

日本在二十世纪七八十年代向国外的产业梯度转移让国内获得持续的发展动力，被认为是创造"东亚奇迹"的重要原因。[①] 与日本的发展路径不同，改革开放之后，中国广袤的国土本身就具备梯度差异特征，发达地区产业升级在带动欠发达地区发展的同时，还形成了全球最完备的工业配套体系，在国内就可形成雁行模式，最大限度地将产业升级的溢出效应留在国内。近年来，随着国内要素成本的急剧攀高，产业转移到东南亚国家这一趋势并非完全因市场竞争造成，还有发达国家针对中国提高关税等短期行为的原因。虽然受中美贸易摩擦和新冠疫情的双重影响，江苏、浙江、广东等发达地区的制造业向东南亚转移的企业有所增多（其中大部分为外资企业），但仍然存在向中西部地区转移的可能性。沿海发达地区的"腾笼换鸟"和中西部欠发达地区发展软硬基础的改善，使中国国内的产业梯度转移不仅能够持续，而且会转向更加高质量、更能发挥区域间分工协作优势、更能突出区

---

① 数据来自世界银行1995年年度报告。

域经济协调发展的方向和轨道。

　　2000 年以来，我国区域间工业化和工业发展的差距在缩小，但仍存在发展水平的梯度特征。[①] 2022 年，北京、上海、江苏、福建、浙江、天津、广东等 7 个省（市）人均 GDP 超过 10 万元，工业增加值比重和就业比重都难以继续提高，未来自身产业结构的转型升级将以高端服务业、先进制造业、新兴产业和未来产业为主，且能够向欠发达地区输出技术含量相对较低的工业和服务业。内蒙古、湖北、重庆等 17 个省（区、市）人均 GDP 在 6 万元和 10 万元人民币之间，工业比重开始出现较明显的下降趋势，这些地区工业正处于转型升级的关键时期。还有 7 个省（区、市）人均 GDP 在 6 万元以下，按照工业化的规律，其工业增加值比重和就业比重会基本稳定甚至略有提升（见表 1-2）。总体上看，我国国内区域间工业产业转移既有能够提供转出的

表 1-2　各省（区、市）不同年份工业增加值占比和第二产业就业人数占比变化

省（区、市）	工业增加值占地区 GDP 的比重（%）				第二产业就业人数占总就业人数的比重（%）			
	2005 年	2010 年	2015 年	2019 年	2005 年	2010 年	2015 年	2019 年
北京	22.39	17.43	13.96	11.97	26.3	19.0	17.0	13.6
天津	45.95	41.54	35.07	31.11	41.9	34.0	35.7	30.3
河北	41.47	41.63	37.98	32.34	29.2	32.4	33.9	26.3
山西	53.74	55.30	38.84	38.81	25.7	26.3	25.6	24.1
内蒙古	31.27	33.18	31.83	31.71	15.6	32.8	25.5	18.8
辽宁	42.44	45.85	35.21	32.40	28.1	27.7	26.4	35.6
吉林	29.53	31.66	30.85	28.55	18.7	20.1	17.2	15.1

---

　　① 黄群慧:《"十四五"时期深化中国工业化进程的重大挑战与战略选择》,《中共中央党校（国家行政学院）学报》2020 年第 2 期。

续表

省（区、市）	工业增加值占地区 GDP 的比重（%）				第二产业就业人数占总就业人数的比重（%）			
	2005 年	2010 年	2015 年	2019 年	2005 年	2010 年	2015 年	2019 年
黑龙江	53.75	46.87	30.74	24.62	21.0	19.4	19.2	16.6
上海	43.91	38.76	29.34	25.18	37.3	40.7	33.8	24.4
江苏	50.52	46.84	40.42	37.73	37.2	42.3	42.1	40.0
浙江	47.42	45.37	40.92	36.06	45.1	45.0	45.3	44.4
安徽	29.33	37.35	35.08	30.35	21.4	25.1	28.4	28.8
福建	42.78	43.54	41.05	36.98	31.2	36.6	37.1	33.7
江西	37.27	46.12	41.87	35.57	27.2	29.6	32.4	33.6
山东	49.38	45.54	38.27	32.26	27.9	31.2	33.3	33.3
河南	44.55	46.72	39.90	33.39	22.1	29.0	29.9	29.8
湖北	37.26	41.60	38.48	34.58	20.5	20.7	22.8	23.0
湖南	32.58	37.97	36.65	30.07	21.5	23.0	23.5	22.1
广东	46.58	46.55	41.90	36.25	38.1	42.4	40.0	36.1
广西	29.35	33.62	28.11	24.70	11.9	11.8	19.2	24.4
海南	19.09	17.20	13.20	11.22	10.4	11.9	12.6	11.6
重庆	37.55	36.52	35.05	27.76	19.4	22.7	28.8	26.0
四川	34.11	40.83	35.38	28.40	19.7	24.9	24.6	23.3
贵州	35.00	32.86	30.32	26.59	10.3	11.9	16.2	23.5
云南	32.72	34.58	27.04	23.25	10.0	12.6	14.2	16.7
西藏	7.08	7.95	7.05	7.76	9.2	11.1	<u>14.4</u>	<u>17.2</u>
陕西	40.14	43.39	39.69	36.68	18.6	27.0	16.2	15.9
甘肃	33.96	40.92	30.99	26.61	14.7	15.4	16.1	15.1
青海	26.63	28.55	25.68	27.95	17.4	22.6	22.9	20.2
宁夏	36.97	38.04	33.91	33.95	22.3	27.7	23.5	23.7
新疆	38.18	40.40	29.77	28.18	13.3	14.1	27.2	24.2

注：1. 受数据可得性限制，下划线标出的数据为估算数据。

2. 考虑到 2020—2022 年新冠疫情的影响，采用 2019 年的数据。

资料来源：根据各年份《中国统计年鉴》和地方统计年鉴整理、计算。

源头，也有需要承接转移的接收方，从而保障国内工业只是发生区域间的转移，而不会出现总量规模的明显下降，中国工业出现产业空心化的风险也较小。当然，下一阶段的产业转移将更加高质量，欠发达地区不能只是接受单一环节的产能转移，而应在区域经济协调发展中形成符合自身优势的产业体系并形成与发达地区更加公平合理的分工关系。

（五）产业政策作用不可忽视，通过优化可继续发挥正向作用

在产业政策的合理性和有效性问题上，经济学上有持续的争论，不少诺贝尔经济学奖得主和优秀的经济学家都参与其中，但绝大多数经济学研究者都认可产业政策被所有国家政府广泛使用的事实。国际金融危机之后，全球掀起新一轮产业政策浪潮[1]，一贯强调市场经济的美国从奥巴马政府开始，也不再对实施产业政策遮遮掩掩。美国民主党和共和党对此虽然分歧巨大，但已经在通过加强政府促进产业发展资助上达成共识。其他那些坚信"市场至上"的发达国家也是如此，在再工业化、刺激增长、保障就业、应对生态变化、扶持科技等方面，各国都推出任务明确、国家意志鲜明和强调系统性的产业政策。在保障工业持续发展、工业比重稳定的过程中，产业政策要强调命运共同体、全球协作、共赢产业链。产业政策的实施对象不应当只局限于产业本身，促进技术创新才是产业政策核心的目标，产业政策的实施对象要从"正确的产业"到"正确的技术"，再到"活跃的创新活动"。同时，产业政策的实施不仅要涵盖大型企业、国有企业，也要包括中小企业、民营企业和外资企业，政策手段也可以更加丰富。此外，产

---

[1] 江飞涛、沈梓鑫：《全球产业政策实践与研究的新进展——一个基于演化经济学视角的评述》，《财经问题研究》2019 年第 10 期。

业基金能够获得市场回报，大数据、人工智能也可以应用到对经济形势的预测、对政策实施效果的监管上，政策"沙盘"可以进行提前模拟，从而降低政策实施成本及副作用。

总体上看，我国的工业化道路和工业发展模式既符合大国崛起的一般规律，又极具中国特色。适应新的阶段性特征、发展环境变化，工业在国民经济中的地位和中国现代化国家建设中的作用会有所调整，但仍然不可或缺。中国工业有继续扩大规模和做强的条件和基础，尽管当前面临着转型压力和外生不确定性，但把握机遇的能力大多是内生的，这有别于在以往发展阶段——机遇多来自外部而问题和制约多来自内部。立足自身优势，把握历史机遇，我国实现工业化并成为工业强国具有历史必然性。

第二章

前进的历程：75年来中国工业结构的演进历程

　　产业结构的变化是工业化和工业经济发展最直接的反映，三次产业比重的变化被经典的理论认定为判断一个国家和地区工业化进程最基础的指标。而随着世界工业化车轮的不断向前，三次产业结构趋向于稳定，我们需要从更细分的行业间的比重关系理解一个国家或地区所处的工业化阶段和工业经济发展的高度。新中国成立以来，我国三次产业结构、工业内部结构、工业产业组织结构、工业区域结构、不同技术特征行业结构都经历了巨大变化。这些变化不仅客观记录了新中国从一个一穷二白的落后农业国家转变为世界工业大国的光辉历史，也对我国未来工业发展和把我国建设成为世界工业强国有重要历史借鉴和参考意义。

一、工业占国民经济比重的变化

　　配第一克拉克定理指出：随着工业化的推进，第二产业占国民经济的比重将先上升再下降。新中国成立以来，我国工业占国民经济的比重先后经历三个时期，体现了工业化的一般规律，具体过程也具有中国特色。第一，在社会主义革命和建设时期，即 1949 年至 1978 年，除少数年份出现波动外，我国工业占国民经济的比重总体是上升的。1952 年，我国第二产业增加值占国民经济的比重为 20.8%[①]，工业增加值占国民经济的比重为 17.6%；到 1978 年，第二产业增加值占国民经济的比重上升到 47.7%，工业增加值占国民经济的比重则上升到 44.1%。第二，在改革开放和社会主义现代化建设新时期，即 1979 年至 2011 年，我国工业比重基本稳定，变化不大。到 2011 年，工业增加值占国民经济的比重为 40.0%，与 1978 年相比有小幅下降。第三，进入中国特色社会主义新时代以来，即 2012 年之后，我国工业增加值的比重出现较快下降趋势。2012 年至 2023 年，我国工业增加值占国民经济的比重从 38.8% 下降到 31.7%，下降 7.1 个百分点。到 2020 年，我国已基本实现工业化[②]，工业增加值的比重出现下降也是工业化进入中后期的具体表现。近几年，对工业占国民经济比重的关注不再按照工业化的一般规律，增加值继续由第二产业（以工业为主）向第三产业转移，这是工业比重的过早、过快下降引发的风险。

如果从就业的角度看，第二产业就业人数占全部就业人数的比重变化可以分为两个阶段（见图 2-1）。第一阶段是 1949 年至 2011 年，第二产业就业人数占总就业人数的比重总体呈现上升趋势。1952 年，我国第二产业就业人数占比为 7.4%，2011 年上升到 29.6%。在这一阶段内，又有两个快速上升时期。一是 1978 年至 1988 年，在经济调整时期和改革开放初期，工业企业的发展活力得到释放，创造了大量第二产业就业岗位，第二产业就业人数在全部就业人数中的比重快速提

---

① 出于前后一致的考虑，本章中增加值采用《中国统计年鉴》中的数据，产值数据和行业数据采用《中国工业统计年鉴》中的数据，如采用其他来源数据则进行说明。后文部分如有比例数相加不等于 100% 是由于对数据进行了四舍五入的处理。

② 黄群慧：《2020 年我国已经基本实现了工业化——中国共产党百年奋斗重大成就》，《经济学动态》2021 年第 11 期。

高。1978 年第二产业就业人数占比达到 17.3%，1988 年上升到 22.4%。二是 2001 年至 2011 年，加入世界贸易组织以后，我国承接国际产业转移，大力发展劳动密集型产业，在创造就业岗位的同时，吸引了大量第一产业劳动力向工业转移，第二产业就业人数的比重从 22.3% 上升到 29.6%，上升 7.3 个百分点。第二阶段是 2012 年之后，即进入中国特色社会主义新时代以来，第二产业就业人数的比重总体保持稳定，2012 年为 30.5%，2023 年为 29.1%；而工业就业人数的比重有所下降，从 2012 年的 24.9% 下降到 2022 年的 21.7%[①]，下降 3.2 个百分点。工业就业人数比重的下降与工业增加值的比重下降密切相关。同时要看到，工业就业人数比重的下降快于工业增加值的下降，说明我国在产业结构调整的同时，工业劳动生产率在提高，且工业劳动生产率提高速度快于其他产业。

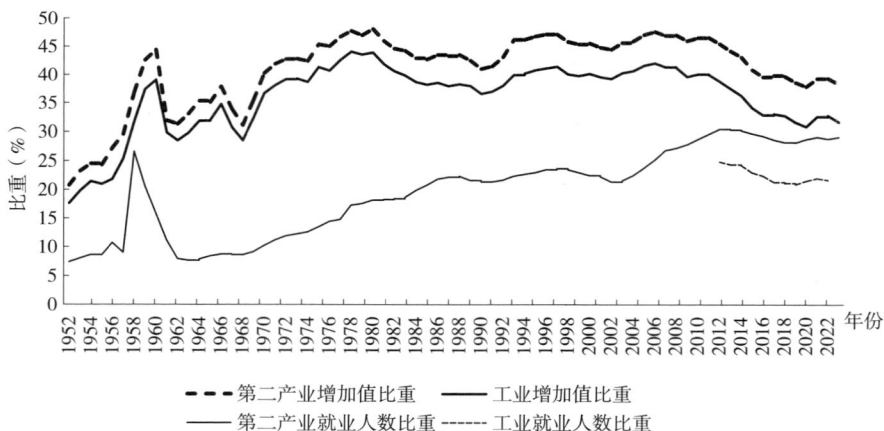

图 2-1 1952—2023 年我国第二产业、工业的增加值比重及就业人数比重变化趋势

资料来源：增加值比重数据来自《中国统计年鉴》，就业人数和就业人员比重数据来自司尔亚司数据信息有限公司（CEIC）数据库。

---

① 数据来自司尔亚司数据信息有限公司（CEIC）数据库。

二、工业轻重结构演进

霍夫曼定律指出，随着工业化的发展，消费资料工业占工业的比重将下降，而资本资料占工业的比重将上升。1949年以来，我国工业轻重结构演进总体上遵循霍夫曼定律，重工业比重不断提高，并且在大部分发展时期，轻、重工业的比例是均衡的。当然，也必须客观认识到，在一些特殊时期，工业轻重结构也出现过失衡的情况。75年的发展历程也证明了，保持轻、重工业均衡，以及在不同的工业发展阶段确定轻、重工业合理的比重区间，对工业和整个国民经济发展具有重大意义。

（一）社会主义革命和建设时期（1949—1978年）

从图2-2可以看出1952年、1957年、1963—1978年我国轻工业和重工业的结构变化。

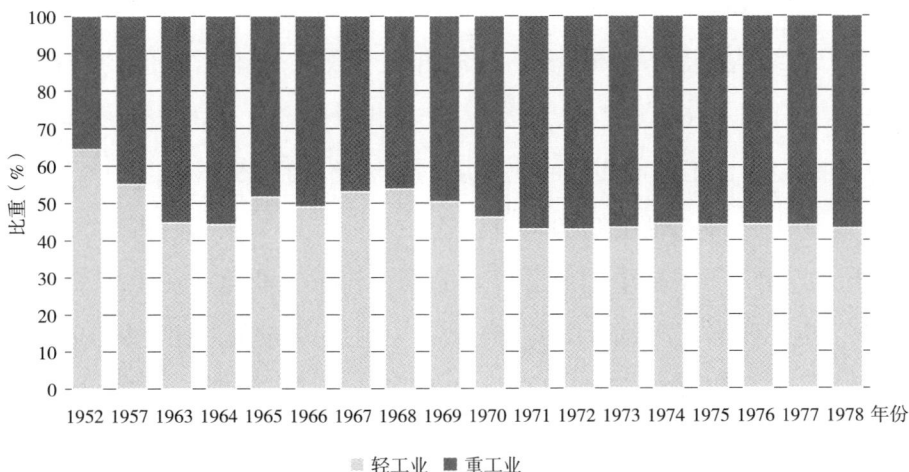

图2-2 1952年、1957年、1963—1978年我国轻工业和重工业结构变化

注：图中缺失的年份数据未公布。

资料来源：《中国工业统计年鉴》。

1. 1949 年至 1957 年，重工业发展起步，轻、重工业比例基本协调

新中国成立伊始，国家仅有部分国民党政府遗留的工业企业，工业体系总体上可谓一穷二白，是不折不扣的农业国家，这一时期工业发展的主要任务是初步建立能够独立运转的工业体系，尤其是建设重工业，实现从农业国向工业国的转变。1949 年前，随着人民解放战争在全国范围内逐步推进，新政权开始没收官僚资本主义工业企业，并于 1949 年基本完成。1949 年至 1952 年的主要任务是进行工业的民主改革和生产改革。按当年价格计算，我国工业总产值从 1949 年的 140 亿元增长到 1952 年的 343 亿元。1952 年，我国工业总产值超过 1936 年的水平，也就是说用了三年时间，中国工业经济总量规模恢复到日本发动全面侵华战争之前的水平。

"一五"时期，为了尽快奠定新中国的工业基础，中央政府采取了优先发展重工业的策略方针。1952 年到 1957 年，我国工业总产值年均增长率为 18%，高于农业总产值的 4.5% 和社会总产值的 11.3%。从三次产业结构来看，1952 年至 1957 年我国第二产业增加值的比重从 20.8% 上升到 29.6%。其中，工业总产值占社会总产值的比重从 34.4% 上升到 43.8%，工业增加值的比重从 17.6% 上升到 25.4%。

从工业内部的轻重结构来看，这一时期，重工业部门占比大幅度上升，工业经历了新中国成立以来的第一轮重工业化。在主要工业部门中，重工业部门产值增长了 155.6%，占工业总产值的比重从 1952 年的 35.5% 上升到 1957 年的 45.0%；而轻工业部门产值增长了 72.0%，增幅不足重工业的一半。在重工业内部，石油工业、化学工业、机械工业、冶金工业部门增长最快，四部门合计占工业总产值比重从 1952 年的 22.6% 增长到 1957 年的 36.7%。考虑到当时我国重工业发展落后

的实际情况，这一时期重工业发展速度快于轻工业，是符合国民经济发展需要的。此外，从结果来看，轻、重工业的比例是趋向于协调的。

总体而言，1949年至1957年，我国工业在国民经济中的地位不断提高，重工业取得前所未有的发展成就，是带动工业经济增长的主导力量。在重点发展重工业的同时，轻工业也得到发展，我国工业提供生产资料和生活资料的能力极大增强，基本实现了工业体系"从无到有"的目标。然而，这一时期，工业发展也存在一些问题：由于工业建设过程中存在急于求成的思想，1953年、1956年的工业建设出现冒进倾向。此外，工业技术水平的提升未能跟上工业扩张的步伐，导致产品质量和层次较低。国家财政收入、原材料工业和消费品购买力的增长未能跟上工业整体的发展速度，这对工业持续发展造成了一些负面影响。

2. 1958年至1965年，轻、重工业从发展失衡到恢复均衡

1958年开始的"大跃进"运动严重破坏了工业与国民经济其他部门的比例关系和工业内部轻重比例关系，我国工业化走了一条弯路。1958年至1960年，我国工业出现超出常理的爆发式增长，仅仅两年时间，第二产业增加值在国民经济中的比重从36.9%跃升至44.4%，提高了7.5个百分点；工业增加值占国民经济的比重从31.7%跃升至39.1%，提高了7.4个百分点。如果与1957年的水平进行比较，工业增加值所占比重则从25.3%跃升至39.1%，三年提高了13.8个百分点。由于"大跃进"运动以提高钢铁产量作为首要目标，各行业给"炼钢"让步，冶金工业和机械工业合计总产值占工业总产值的比重从1957年的25.4%提升至1960年的42.3%；与炼钢关系密切的煤炭工业增长较快，占工业总产值的比重从1957年的2.9%增长到1960年的3.9%。重工业的"跃进"导致轻、重工业比例出现失衡，轻工业总产值占工业

总产值的比重从 1957 年的 55.0% 下降到 1960 年的 33.4%；重工业相应从 45.0% 上升到 66.6%。在重工业内部，采掘工业与加工工业的比例失调也很严重，以当前产业链的分析视角看，从采掘到冶炼、加工，上下游比例失衡造成整个产业链的效率低下。

这种急于求成的发展是以降低产品质量、损害设备运行寿命和挤压其他产业发展资源（尤其是第一产业）作为代价的。爆发式的工业增长注定难以维持，并造成了后几年工业发展的阶段性困难，在实施几年后不得不进行调整。1961 年 1 月，中共八届九中全会提出"调整、巩固、充实、提高"的方针，但工业调整（主要是对重工业的抑制）直到当年 8—9 月召开的庐山工作会议后才正式开始，到 1962 年才全面展开。以 1957 年不变价格计算，1961 年，全国工业总产值下跌到 1019 亿元，1962 年进一步下跌到 850 亿元；1961 年，工业增加值占国民经济的比重下跌 9.3 个百分点，降至 29.8%，到 1962 年进一步下跌到 28.5%。1961 年到 1965 年，国家加大对轻工业和采掘工业的投资力度，到 1965 年，轻、重工业比例基本重新实现协调。以机械工业在工业总产值中所占的比重为例，1957 年为 16.9%，1960 年提高到 29.9%，1965 年回退到 22.3%。1965 年，轻工业总产值占工业总产值的比重从 1960 年的 33.4% 恢复到 51.6%，重工业相应从 66.6% 降低到 48.4%。以 1957 年不变价格计算，1965 年工业总产值为 1394 亿元，占当年国民经济总产值的比重为 32.0%，较 1957 年有所提升。1965 年的工业增加值为 554.2 亿元，占国民经济的比重也为 32.0%。

1958 年至 1965 年是我国社会主义发展的曲折探索时期，也是我国工业发展波动较大的时期。"大跃进"片面追求重工业发展目标，使我国工业发展和工业结构调整走了弯路，而随后的全面调整又使工业发展回到正轨。这段时期的历史经验证明，合理的轻重结构是工业和国民经济可持续发展的基本条件，农业与工业、轻工业与重工业、采掘工业与加工工业结构的失衡，都不利于工业和国民经济发展。由于及时的调整，尽管"大跃进"造成了消极影响，但我国工业发展仍是符合一般的产业结构演变规律的。

3. 1966年至1978年，重工业比重总体偏高

1966年至1968年，受"文化大革命"影响，工业生产秩序遭到严重破坏。1967年、1968年，中央人民政府也没能编制国民经济计划。这三年间，按1957年不变价格计算，工业总产值从1686亿元下跌到1380亿元，第二产业增加值占国民经济的比重从37.9%下降到31.1%，工业增加值占国民经济的比重从34.8%下降到28.5%，是新中国成立以来第二产业和工业最严重的一次下滑。

1969年，中央人民政府恢复了国民经济计划的制定，采取了一系列措施恢复工业生产秩序，工业重新实现增长，工业增加值占国民经济的比重从1968年的28.5%上升到32.3%。然而不久，在"以钢为纲"的方针下，再次出现了片面追求工业生产"高指标"的问题，导致1971年出现了全国职工人数、工资总额、粮食销量的"三个突破"，工业发展再次"跃进"。在这种情况下，轻、重工业比例再次失调，轻工业总产值占工业总产值的比重从1965年的51.6%下跌到1975年的44.2%，重工业相应从48.4%上升到55.8%。在重工业内部，冶金工业、机械工业等与钢铁相关的产业发展较快，而采掘工业、原材料工业相对滞后，再次出现了采掘工业和原材料工业难以支持加工工业持续发展的情况。1969年至1975年，机械工业总产值在工业总产值中的比重从23.4%上升到27.7%。冶金工业则经历了先升后降的过程，从1969

年的 9.0% 上升到 1971 年的 11.1%，又回落到 1975 年的 9.0%。

1976 年到 1978 年，中央人民政府对工业经济进行了调整，然而由于指导思想没有彻底转变，在一定程度上仍然存在高指标、乱建设等问题，甚至还发生了盲目引进国外设备的"洋跃进"。轻、重工业比重仍然失衡。到 1978 年，我国轻工业总产值占工业总产值的比重为43.1%，重工业总产值所占比重为 56.9%，与 1975 年基本持平。在重工业内部也存在失衡，原材料工业和能源工业无法满足加工工业的需求。1977 年至 1978 年，全国约有四分之一的企业因能源短缺而开工不足。[①]

4. 改革开放前工业轻重结构演进的特点与遗留问题

从新中国成立到改革开放，我国工业建设取得了诸多伟大成就，工业总产值从 1952 年的 343 亿元（以 1952 年不变价格计算）增加到 1978 年的 4231 亿元（以 1970 年不变价格计算），工业增加值从 1952 年的119.6 亿元增长到 1978 年的 1621.4 亿元。总体来看，工业在国民经济中的地位是上升的，工业增加值占国民经济的比例从 1952 年的 17.6% 增长到 1978 年的 44.1%。这段时期完成了新中国成立以来的第一次重工业化，1952 年重工业的比重为 35.5%，1978 年重工业的比重上升到 56.9%。总体上看，无论是与新中国成立之前比较，还是与同一时期其他国家比较，这一时期我国工业经济发展、重工业化的成绩都是值得肯定的。

当然，我们也必须看到，在取得伟大成就的同时，工业经济发展的确走了弯路，轻、重工业比重多次出现失衡。1957 年"一五"计划完成时，我国轻、重工业结构基本平衡，基本能够满足当时国民经济各部门生产建设和人民生活的基本需要。1958 年到 1962 年，轻、重工

---

① 汪海波等：《新中国工业经济史（第三版）》，经济管理出版社 2017 年版。

业比例失衡；经过调整，1965 年再次实现平衡，1966 年后再次失衡。我国工业结构失衡的表现是"轻轻重重"，即重工业占比上升，以透支其他产业发展资源来发展重工业。由于当时采取的是计划经济体制，工业轻重比例的摇摆不定在很大程度上是由国家发展战略和宏观经济决策的摇摆导致的。"一五"时期，我国工业基础薄弱，重工业发展严重不足，社会财力有限，这时计划经济体制在集中力量解决问题的积极方面表现比较明显，而消极方面则受到限制。相比较，在"大跃进"时期和"文化大革命"前期，这一体制消极方面的因素成为主导，导致轻、重工业比重的失衡。

由于长期片面推行优先发展重工业和"以钢为纲"的发展方针，到 1978 年为止，我国工业结构遗留了三方面的失衡：农业、工业发展失衡，轻、重工业发展失衡和重工业内部结构失衡。造成这三方面失衡的主要原因上文已经提到，即在指导思想上偏向重工业发展，忽视了经济发展规律和我国工业发展的客观条件。

（二）改革开放和社会主义现代化建设新时期（1979—2011 年）

从图 2-3 可以看出 1979—2011 年我国轻工业和重工业的结构变化。

1. 1979 年至 1984 年，轻、重工业比例重新均衡

1979 年，我国开始了对国民经济的全面调整。在工业方面，首先是修改原定的工业发展目标，适度放慢工业发展速度。在调整工业结构方面，主要是加快发展轻工业，侧重发展轻纺工业和消费品工业，有计划地放慢重工业发展速度。在此期间，我国先后进行了国有工业企业扩大企业自主权的改革和集体所有制工业的调整和整顿，并开始允许个体工业发展和外资工业企业进入。

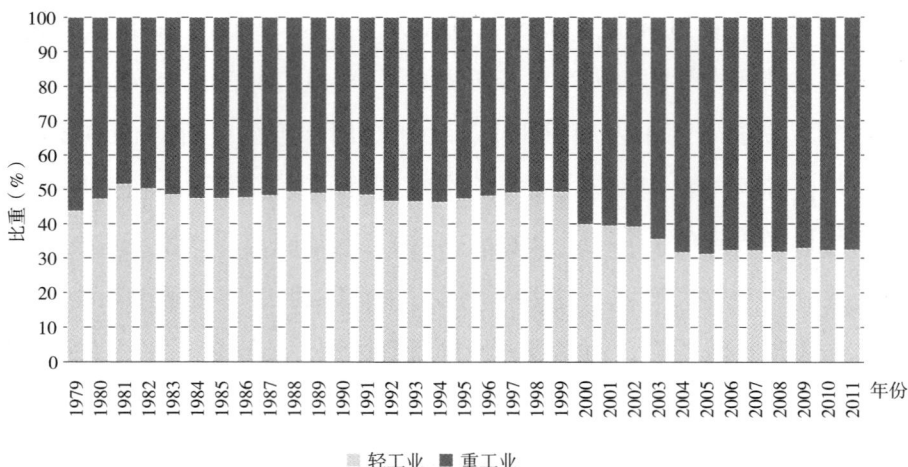

图 2-3　1979—2011 年我国轻、重工业结构变化

注：部分年份轻、重工业比例数据未公布，系经计算得出。

资料来源：《中国工业统计年鉴》。

　　经过这一时期的调整，我国工业发展扭转了指导思想和体制的方向，重新实现增长。工业增加值从 1978 年的 1621.44 亿元增长到 1984 年的 2815.82 亿元，工业增加值占国民经济的比重从 44.1% 下降到 38.7%，工业比重下降的主要原因是对工业进行的调整和整顿使工业增长速度慢于其他部门。同时，轻、重工业结构重新趋于均衡。1978 年至 1984 年，轻工业年均增长率为 12.3%，重工业年均增长率为 7.2%。轻、重工业的比例从 1978 年的 42.7 ∶ 57.3 调整到 1984 年的 49.6 ∶ 50.4。

　　2. 经济体制改革全面展开时期，工业轻重结构基本保持稳定

　　1984 年 10 月，中共十二届三中全会发布了《中共中央关于经济体制改革的决定》。由于缺乏经验，有关部门在确定 1985 年指标时，参考 1984 年的数据，这导致国营企业突击提高职工工资和奖金，以扩大工资总额基数；银行等金融机构大量发行固定资产贷款，以扩大信贷限额。

这两种因素进一步引起货币发行失控，引起物价上涨和工业"过热"。于是，1985年下半年到1987年，中央采取多项措施抑制工业过热发展。1988年，中央对1987年经济调整工作估计得过于乐观，放松了稳定经济的政策，使当年工业发展又出现了"过热"情况。在两次"过热"和中间的调整期间，国民经济和工业实现了高速增长。1985年到1988年，工业总产值从5811亿元增长到9716亿元，工业增加值从3478.2亿元增长到5814.0亿元，三年增长了67.2%。1985年到1988年，工业增加值占国民经济的比重保持在38%左右。轻、重工业比例基本维持在合理水平，1984年为47.4：52.6，1988年为49.3：50.7。工业增加值在国民经济中所占比重和轻、重工业比例的稳定性较过去有所提升，虽然出现经济"过热"，但是再也没有出现在几年之内大起大落的情况。当然，这一时期工业和农业的失衡、重工业内部的失衡问题仍然存在。

1988年9月，党的十三届三中全会提出"治理经济环境、整顿经济秩序、全面深化改革"的方针。到1991年，在实现工业适度增长、适当控制社会固定资产投资规模、调整工业产业结构、稳定物价等方面，基本完成了治理、整顿的主要任务。1989年，工业增加值占国内生产总值的比重为38.0%，1990年为36.6%，1991年为37.0%。轻、重工业比例继续保持基本协调且比较稳定，1989年轻、重工业产值比例为48.9：51.1，1991年为48.4：51.6。

这段时期，虽然我国开始了以市场为导向的改革，并在国有企业、集体工业、非公有制工业等部门取得了一系列改革成果，但工业发展（尤其是国营企业）仍然受到过去计划经济体制的影响，工业企业的发展模式和企业制度改革滞后，导致经济效益不高，在轻、重工业结构上也表现为一些老问题没有得到根治。

3. 1992年至2001年，工业高速平稳发展和新一轮重工业化

1992年10月，党的十四大确定的我国经济体制改革的目标是建立社会主义市场经济体制。次年11月，党的十四届三中全会审议通过了《中共中央关于建立社会主义市场经济体制若干问题的决定》。自此，我国经济体制改革开始向建立社会主义市场经济体制的目标整体性推进。

1992年，工业出现了恢复性的高增长，并为后续工业发展创造了良好的局面。在"南方谈话"和党的十四大精神的影响下，工业建设热情高涨，但再次出现了金融秩序混乱、投资膨胀、物价上涨、重工业内部结构失衡等"过热"表现。1993年8月，国务院办公厅印发《中共中央、国务院关于当前经济情况和加强宏观调控的意见》，多项措施并举，防止工业发展和国民经济再次出现大起大落。1997年，工业"过热"势头基本得到遏制。1998年至2001年，国家推行了一系列积极的财政政策和紧缩性货币政策，使工业发展进入平稳期。1992年至1997年，工业增加值的比重从38.0%上升到41.4%。1997年后，工业发展相对稳定，工业增加值比重在39.0%和41.0%之间小幅波动。其中，1999年受亚洲金融危机和有效需求不足等因素影响，下降到39.8%；2000年恢复到40.2%；2001年又下降到39.6%。

"八五"和"九五"计划期间，我国继续推进了工业结构调整。这期间工业结构调整的突出特点，一是加强基础工业和基础设施建设，二是重视加工工业改造，三是发展高技术产业。1992年，我国轻、重工业产值比例为46.6∶53.4。之后，轻工业在工业中的比重逐年增加，1998年，轻、重工业产值比例为49.3∶50.7，轻工业比重上升了2.7个百分点。

从1999年开始，我国工业出现了新一轮重工业化趋势，但本轮重工业化趋势与1957年至1978年几次重工业比重的提高有本质区别。

1978 年前，我国重工业比重增加，是因为受重工业优先发展战略影响，依靠增加投资，发展钢铁相关产业。"一五"计划结束后，虽然存在发展重工业的迫切愿望，但当时国内的工业生产技术、基础设施状况、能源工业和原材料工业的发展水平不足，导致工业轻重结构的失衡，对人民生活水平的提高以及工业和国民经济的发展造成不利影响。相对来说，1999 年的中国工业发展已经取得相当大的成就，生产技术得到一定改进，基础设施和基础产业对工业发展的限制有所缓解。出现重工业化趋势是符合工业化中后期的基本规律的。[①] 1999 年到 2001 年，我国轻、重工业比从 49.2 ∶ 50.8 变为 39.4 ∶ 60.6，重工业产值占工业总产值的比重三年提升了 9.8 个百分点。

总体而言，我国工业在这十年间高速平稳发展。工业增加值从 1992 年的 10340.2 亿元增长到 2001 年的 43854.3 亿元。相较于 1992 年之前的几个时期，工业增加值在国民经济中的比重波动较小。1992 年，工业增加值在国民经济中的比重为这一时期最低的 38.0%；1997 年则是最高的 41.4%。在轻、重工业比例方面，这一时期轻、重工业比例基本是协调的。1999 年我国工业的新一轮重工业化开始了，本轮重工业化是符合工业发展规律和国民经济发展要求的重工业化，重工业比例有所提升。当然我们也要认识到，这一时期的工业发展遗留了产业技术升级缓慢、企业制度改革滞后等问题，使工业企业的经济效益仍然处于较低水平。

4. 2002 年至 2011 年，重工业进一步发展，产业结构加速高级化、合理化

2002 年，党的十六大提出到 2020 年基本实现工业化的战略目标；

---

① 金碚、吕铁、邓洲：《中国工业结构转型升级：进展、问题与趋势》，《中国工业经济》2011 年第 2 期。

2003 年，中共十六届三中全会发布了《中共中央关于完善社会主义市场经济若干问题的决定》；2007 年，党的十七大明确、系统、完整地提出和阐述了科学发展观。这些目标、决定共同构成这一时期我国工业经济改革和发展的指导思想。在总体思想指导下，工业建设有三个重点任务：一是继续推进国有工业、集体工业等公有制工业的改革和发展；二是继续推进个体工业、私营工业、外资工业等私有制工业的发展；三是推进投资、财税、劳动、行政管理等体制机制改革。这些措施加快了我国工业发展适应市场体制的进程。

2002 年，我国工业增加值占国民经济的比重为 39.3%。2003 年非典疫情暴发，在及时的政策调控下，其对工业增长的负面影响并不大。2003 年到 2006 年，我国工业增加值在国民经济中的比重逐年增长，2006 年达到 1981 年以来最高点 42.0%，之后又开始回落。2009 年，受次贷危机影响，我国工业增加值占国民经济的比重出现较大波动，较上一年有所下降，为 39.6%。2010 年，工业增加值比重回升到 40.1%，2011 年工业增加值比重与上一年基本持平，为 40.0%。轻、重工业比例的变动总体上延续了 1999 年开始的重工业化趋势。2003 年时轻、重工业产值比为 35.5 ∶ 64.5，到 2010 年，轻、重工业比调整为 32.2 ∶ 67.8。2011 年，我国重工业化趋势结束，轻工业的比重回升到 32.4%，重工业的比重下降到 67.6%。

2002 年至 2011 年又是我国工业快速发展的十年，工业增加值从 2002 年的 47774.9 亿元增长到 2011 年的 195139.1 亿元。这一时期我国工业产业结构的演进趋势是结构升级加快，开始进行合理化调整，高技术产业、生产性服务业得到较快发展。这一时期的工业发展问题仍是发展模式偏粗放，存在产业技术不够先进、企业改革进度滞后等"老问题"。同时，我国工业与发达国家的工业产业结构也存在一定差距。

5.改革开放和社会主义现代化建设新时期工业结构的演进特点

改革开放以来，我国坚持社会主义市场经济体制改革，政府对产业发展的直接控制减弱。与计划经济时期相比，这一时期工业结构调整更加平滑，轻、重工业比例基本协调，工业生产秩序良好，没有出现大幅波动。随着我国进入工业化中期，工业产业结构也表现出相应的特征，工业在三次产业中的比重基本保持稳定。在工业内部，重工业比例提高，并呈现产业结构高级化、合理化的发展趋势。这是我国工业结构演变的一大进步。

（三）中国特色社会主义新时代（2012年至今）

1. 我国工业发展的条件和环境发生变化

进入中国特色社会主义新时代以来，我国工业发展的条件和环境发生变化，主要有以下方面。

第一，我国经济从高速增长的时期进入中高速增长的"新常态"，增长速度下降暴露出工业发展的一些结构性问题。党的十九大作出了我国社会主要矛盾发生变化的重大判断，在进一步解放、发展生产力的同时，我国工业也需要着力解决地区、行业之间发展不平衡不充分的问题。

第二，我国已拥有行业门类齐全、具有一定技术水平的工业体系，为工业进一步发展建立了良好的基础。高技术产业得到一定发展，工业产业结构进入合理化、高级化的阶段。在发展条件方面，人口红利逐渐消失，资源、环境等多种约束收紧，传统的粗放型工业发展模式难以为继，提高工业发展的质量和经济效益成为工业发展的主要方向。

第三，新科技革命兴起，新一代信息技术与制造技术融合，生产性服务业与工业融合，生产模式不断演变革新。我国工业发展既要经受新科技革命带来的"创造性毁灭"，又要抓住新科技革命的机遇。

第四，国际环境变化加快，世界面临"百年未有之大变局"。我国国际地位明显提高，全球影响力明显增大，工业企业出海速度加快。同时，国际经济格局深刻调整，发达国家吸引资本密集型产业和高技术产业回流，中低收入国家争夺劳动密集型产业，我国工业在国际分工中面临"两头挤压"。部分发达国家出于地缘政治目的，采取贸易保护政策，破坏全球产业链稳定，对我国工业出海造成不利影响。

2. 工业增加值比重开始下降，出现工业化后期特征

自 2012 年开始，我国工业增加值在国民经济中的比重出现下降趋势。2012 年至 2019 年，工业增加值比重从 38.8% 下降到 31.6%，平均每年下降 1.03 个百分点。这一时期，美国、英国、法国等发达国家普遍经历了第二产业比重下降的过程，但我国第二产业增加值和工业增加值比重下降速度更快。以 2010 年至 2020 年的数据为例，以工业比重下降的百分比计算，这一时期，我国第二产业比重下降速度约为美国、英国等发达国家的 4~5 倍。这固然与我国第二产业增加值的基数较大有关，但其中的结构性因素也不容忽视。另外，以发达国家的发展经验来看，工业比重开始下降的节点为人均收入水平超过 20000 美元时，而 2012 年，我国人均收入水平仅为 38354 元（约合 6100 美元），远未达到这一水平。从工业化进程来看，我国工业化进程落后于发达国家当时的水平。工业比重在这一时期开始下降引起广泛担忧。2020 年，受新冠疫情影响，我国工业增加值比重下跌至 30.9%，是 1969 年以来的最低水平。2021 年，新冠疫情中工业生产恢复，工业增加值比重回

升到 32.6%，2022 年进一步回升到 32.8%，而 2023 年又下跌到 31.7%。

3. 轻工业比重先回升后再次下降，重工业转向高质量发展

2012 年至 2016 年，我国轻工业延续了 2011 年的发展势头，轻工业比重继续上升。这一轮轻工业回调的主要原因是城镇化发展和消费结构的升级，使居民对高质量轻工业产品需求提升；同时，我国开始了对重工业发展模式的调整，淘汰部分煤铁、煤钢落后产能，重工业规模有所收缩。2012 年，轻工业占工业增加值的比重为 33.4%，较 2011 年略有上升；2016 年上升到 36.3%。2017 年起，这一轮轻工业比重的回调结束，重工业增速再次超过轻工业。2019 年，我国轻工业比重回落到 30.3%，低于 2011 年的水平；2022 年，轻工业比重进一步下降到 26.7%，是新中国成立以来的最低水平。重工业则相应从 2012 年的 66.6% 上升到 2022 年的 73.3%（见图 2-4）。

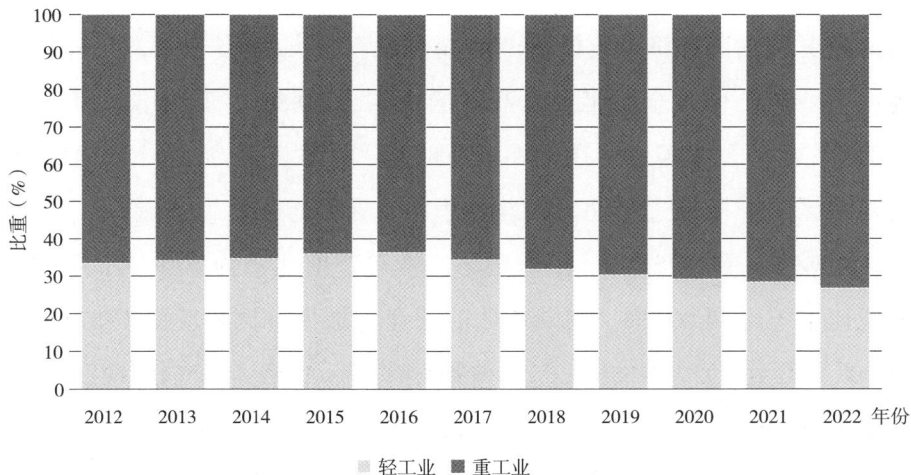

图 2-4　2012—2022 年我国轻工业、重工业结构变化

注：部分年份轻、重工业比例数据未公布，系经计算得出。

资料来源：《中国工业统计年鉴》。

三、工业区域结构演进

缩小区域发展差距、实现共同富裕是社会主义的本质要求，这也是"先富共富"理论的具体体现。由国内外工业化的实践可知，区域经济的协调发展是建成社会主义现代化强国的前提。我国工业区域结构演进的总体趋势是各地区发展差距逐渐缩小，可分为四个时期：1952年至1984年的发展趋势是中、西部地区工业发展快于东部地区；1985年至2004年，东部地区与其他地区的差距逐渐拉大；2005年至2011年，中、西部地区发展加快；2012年之后，东、中、西部地区均衡发展趋势增强。

（一）社会主义革命和建设时期（1949—1978年）

1. 1949年至1964年内陆地区的工业建设

新中国成立时，大部分工业集中于沿海地区，这种区域发展不平衡的情况到国民经济恢复阶段的后期也没有很大改观。1952年，沿海地区工业总产值占全国工业总产值的比重为70.8%，工业增加值占比则为64.3%。[①] 其实，早在"一五"时期，中央政府就有计划地侧重内陆地区，积极推进华北、西北、华中、西南等地区工业建设，取得了一定成效。到1957年，沿海地区工业总产值比重为67.9%，工业增加值比重下降到60.7%。内陆地区的工业增加值占比相应由1952年的35.7%上升到1957年的39.3%。分地区来看，1952年，东部地区工业增加值占49.3%，中部地区占12.6%，西部地区占13.6%，东北地区占24.5%。中、西部地区合计只占26.2%，这表明当时我国的工业发展是

---

① 由于统计原因，各省工业增加值统计数据相加不等于全国数据。为使各地区的比重相加为100%，本章采用各省数据之和代替全国数据。

很不平衡的。到 1957 年，这一比例调整到 47.7 ： 12.7 ： 15.6 ： 24.0，中、西部地区合计占 28.3%，上升了 2.1 个百分点。

1958—1960 年，东北地区工业增加值增长速度尤为突出，宁夏、青海、安徽、新疆等省份增长速度也较快，内陆地区工业比重进一步提高。1960 年，东、中、西、东北地区的比例为 46.8 ： 14.0 ： 13.3 ： 25.9。与 1957 年相比，东部地区下降了 0.9 个百分点，中部地区上升了 1.3 个百分点，西部地区下降了 2.3 个百分点，东北地区上升了 1.9 个百分点。沿海地区工业增加值比重进一步下降到 59.3%，内陆地区上升到 40.7%。而 1961 年至 1963 年的调整时期，相较全国平均水平，青海、安徽、贵州、河北等省份的工业回退速度更快，表现出工业增加值比重"大起大落"的特征。到 1963 年，东、中、西、东北地区的比例为 48.7 ： 13.7 ： 15.9 ： 21.7。与 1957 年相比，东部地区比重上升了 1 个百分点，东北地区比重下降了 2.3 个百分点，中、西部地区合计上升了 1.3 个百分点。沿海和内陆地区趋向均衡，工业增加值比例为 56.8 ： 43.2，与 1960 年相比，内陆地区又上升了 2.5 个百分点。

2. "三线"地区工业建设及对工业区域结构的影响

1964 年之后，国际形势发生变化，我国受到的战争威胁增大，而我国当时的工业城市几乎全部集中在东北地区和沿海地区，一旦战争爆发，这些地区极易被攻打，从而造成全国工业经济的瘫痪。在此背景下，党中央作出了加快"三线建设"的战略部署。"三线建设"具体可以划分为"三五"时期和"四五"时期。"三五"计划原本的中心任务是加快农业和轻工业发展，解决人民"吃穿用"问题，但 1965 年 9 月国家计划委员会提出，"三五"计划"必须立足于战争"，以此为指导思想修改了"三五"计划，其中一个重大调整就是开始实行"三线建设"。"四五"计划进一步要求加快"三线建设","力争在 1975 年建成部门齐全、工农业协调发展的强大的战略后方"。客观来说,"三线建设"中,在四川、甘肃、成都、贵州、湖北建成了一批重要工业项目,西南、西北形成了若干工业基地,促进了我国工业区域结构的均衡。从工业增加值来看,东北地区工业比重下降,中、西部地区工业比重上升。1970 年,东、中、西、东北地区工业增加值的比例为 48.6 : 15.8 : 15.0 : 20.6;1978 年这一比例为 48.6 : 16.6 : 16.6 : 18.2,中、西部地区比重合计为 33.2%,较 1964 年提高了 2.5 个百分点。

然而,由于"三线建设"是紧急上马的,未经过周密调研,在加强内陆地区工业能力的同时,也导致新的工业布局不合理问题:工业建设规模过大、速度过快,而且不少工厂选址"靠山""进洞",不利于形成生产单位之间的经济联系。"三线建设"强调战备需求,难免有违工业发展和建设的一般规律,造成生产成本高、设备利用率低、资源浪费等问题,不利于工业长期稳定健康发展,这使"三线建设"地区工业增长速度与投入不成比例。"三五"时期,内陆地区建设投资占全国基本建设投资的 66.8%,"四五"时期内陆投资占比为 53.5%。1964 年,内陆地区与沿海地区工业增加值的比例为 44.2 : 55.8;1970 年"三五"计划结束时,这一比例为 45.4 : 54.6;1975 年"四五"计划结束时这一比例为 44.3 : 55.7。虽然内陆地区建设投资额高于沿海地区,但 1975 年的内陆地区工业增加值比重与 1970 年相比反而下降了 1.1 个百分点,与 1964 年相比仅增长了 0.1 个百分点。

1952 年至 1978 年我国工业区域结构演变情况见图 2-5。

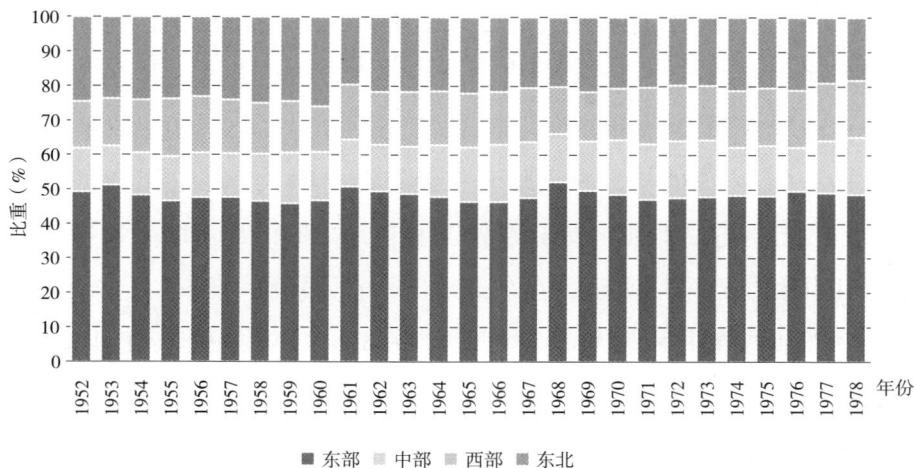

图 2-5　1952 年至 1978 年我国工业区域结构演变情况

资料来源：《中国统计年鉴》。

3. 改革开放前我国工业区域结构演进的特点

工业区域结构的演进是各地区工业发展速度存在差别的结果。从新中国成立到改革开放，我国工业发展易受到国家计划和短期经济目标的影响，在国家政策的支持下，内陆地区工业发展快于沿海地区，工业区域结构总体上是趋于更加均衡的。分地区来看，则有地区工业比重周期性上下浮动的特征，各地工业发展与国家计划和政策密切相关。虽然中、西部地区工业建设取得一系列重大成就，建成一系列重要工业项目，扭转了新中国成立以来我国工业集中于沿海地区的局面，但这种工业区域结构的分布和演变趋势并非由区域间的比较优势和资源禀赋的差异所推动，这种以计划手段在区域间配置工业发展资源的模式未能充分利用我国幅员辽阔、资源丰富的有利条件，未能在不同区域间形成有梯次的产业分工，不利于工业可持续发展。

（二）改革开放和社会主义现代化建设新时期（1979—2011年）

1. 1979年至1991年，推行符合经济发展规律的区域发展政策

1979年至1984年，中央政府在经济调整时放弃了"以战备为中心"的指导思想，根据各地禀赋情况和各地之间的经济联系安排工业布局工作和执行发展政策。在东部地区，着重加强对原有工业设施的技术改造，发展技术密集型工业；在中部地区，加强能源工业建设，巩固改革开放前中部地区工业发展的成果；在西部地区，则发展具有区域特色的地方工业和传统手工业，加强与东部地区的经济联系，这些方针和政策是符合经济发展规律的，也有利于工业和国民经济更快增长。1979年，东部地区工业增加值占全国的比重为48.2%，1984年与1979年持平；中部地区的比重略有上升，1979年为17.5%，1984年为19.2%；西部地区的比重略有下降，1984年为16.1%；出现明显下降的是东北地区，1979年为17.5%，1984年为16.5%。在这一时期，沿海地区工业增加值的比重1979年为54.2%，1984年为54.0%；内陆地区相应为45.8%和46.0%，沿海和内陆地区的比重基本保持稳定。

1984年至1991年，我国对国有工业企业和城镇集体工业等部门进行了一系列改革，个体工业、私营工业和外资企业也得到发展。这一时期，全国工业进入快速发展时期。东部地区由于工业基础牢固，水上交通便利，加之国家优惠政策的倾斜，增长速度快于其他地区。这一时期，东部地区工业增加值的年均增长率为14.3%，中部地区为13.3%，西部地区为14.2%，东北地区为11.0%。东部地区的工业增加值占全国的比重开始稳步提升。1991年，东、中、西、东北地区的工业增加值比例为51.0：18.7：16.8：13.5，与1984年相比，东部地

区上升了 2.8 个百分点，中部地区下降了 0.5 个百分点，西部地区增加了 0.7 个百分点，东北地区下降了 3.0 个百分点。从沿海、内陆地区来看，1992 年，沿海地区工业增加值占全国的比重为 57.8%，较 1984 年上升了 3.8 个百分点；内陆地区相应从 46.0% 下降到 42.2%。与 1979 年至 1984 年相比，1984 年至 1991 年工业重心向发展条件更好的东部沿海地区转移趋势增强，这是改革开放之后优先发展沿海地区，"先富带动后富"发展方针的具体体现。

2. 1992 年至 2003 年，东部地区工业比重持续提高

1992 年至 2001 年是我国工业高速平稳发展的时期，东部地区的工业增长速度继续领先全国平均水平。在这一时期的前五年，即 1992 年至 1996 年，东部地区工业增加值的年均增长率为 22.6%，中部地区年均增长率为 20.1%，西部地区年均增长率为 20.2%，东北地区年均增长率为 18.4%。1997 年至 2003 年，我国工业增长速度慢于前五年，东部地区工业增长速度继续领先，年均增长率为 10.5%；中部地区为 9.6%，西部地区为 8.2%，东北地区为 7.1%。增长速度的长期领先使东部地区工业增加值在全国的比重进一步提升。1992 年，东部地区工业增加值占全国的比重为 52.5%，中部地区为 18.4%，西部地区为 15.9%，东北地区为 13.2%；2003 年，东部地区的比重上升到 59.5%，中部地区下降到 17.2%，西部地区下降到 14.0%，东北地区下降到 9.3%。

沿海地区和内陆地区的工业增加值比重也出现差距拉大的趋势。1992 年，沿海地区与内陆地区的工业增加值比例为 57.8∶42.2。1994 年，沿海地区工业增加值的比重自 1957 年后再次超过 60%，达到 61.2%。到 2001 年，沿海地区与内陆地区的工业增加值比例为 62.4∶37.6，与 1992 年相比，沿海地区的比重上升了 4.6 个百分点。

2003 年，沿海地区工业的比重达到 63.4%，新中国成立以来，这一比重仅低于 1952 年的 64.3% 和 1953 年的 63.7%。

3. 2004 年至 2011 年，中、西部地区发展加速

进入 21 世纪之后，我国先后启动西部大开发、中部地区崛起等区域发展战略，工业发展的优惠政策向中部、西部、东北地区倾斜。在这一时期，东部地区的劳动力成本逐渐上升，土地资源逐渐紧张，工业发展的禀赋条件发生变化。两种因素共同促成一轮从东部地区向中、西部地区的产业转移。2004 年，东部地区工业增加值的比重达到 60.0%，较前一年增长了 0.5 个百分点。从 2005 年开始，东部地区的比重连年下降。2011 年，东部地区工业增加值的比重下降到 53.3%，较 2004 年下降了 6.7 个百分点。中部地区和西部地区工业增加值比重的增长是从 2004 年开始的，当年中部地区工业增加值的比重为 17.5%，较 2003 年上升 0.3 个百分点；西部地区为 14.2%，较 2003 年上升 0.2 个百分点。到 2011 年，中部地区工业的比重达到 21.5%，较 2004 年上升了 4.0 个百分点；西部地区工业的比重达到 17.1%，较 2004 年上升了 2.9 个百分点。由于中、西部地区工业增加值比重的提高，沿海地区的工业增加值的比重升高的趋势也发生扭转。2011 年，沿海地区工业增加值的占比下降到 57.2%。内陆地区工业增加值的比重在这一时期不断提高：2002 年为 37.2%；2003 年为 36.7%；2011 年为 42.8%。

值得注意的是，从 1960 年开始，东北地区工业的比重长期下降。东北三省在我国工业中占有重要地位，是我国最早发展重工业的地区之一。自 1960 年开始，东北地区工业增加值的比重开始持续震荡下降，1978 年下降到 18.2%，1991 年下降到 13.5%，2001 年下降到 10.6%。2003 年，我国提出振兴东北老工业基地战略，在一定程度上减缓了东

北地区工业比重下降的趋势。2004年，东北地区工业的比重为8.4%，2011年下降到7.1%，7年下降1.3个百分点，与过去比较，下降的速度开始减慢。

1979年至2011年我国工业区域结构演变情况见图2-6。

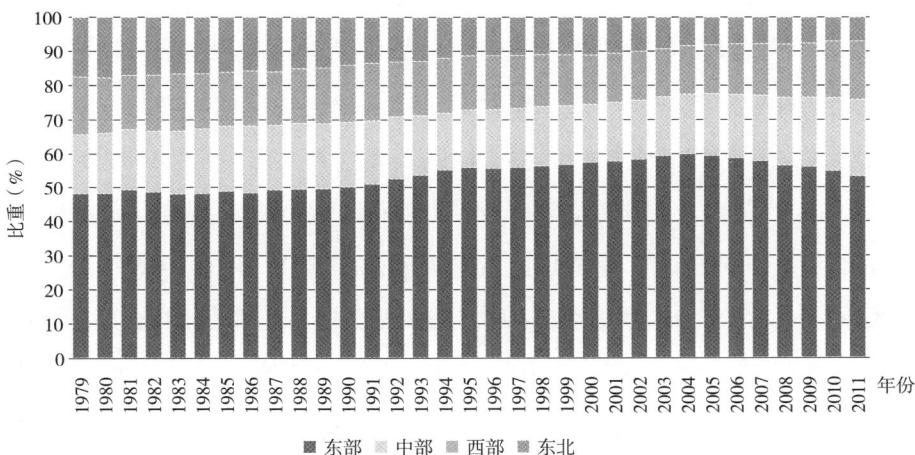

图2-6 1979年至2011年我国工业区域结构演变情况

资料来源：《中国统计年鉴》。

4. 改革开放和社会主义现代化建设新时期我国工业区域结构演进特点

这一时期，我国工业区域发展不平衡程度有所增加，东部地区工业的比重长期占据优势。这主要是由于东部地区具有区位优势，较早享受了国家工业发展的优惠政策，较早建立了良好的工业基础，从而持续创造工业发展的动力。我国加入世界贸易组织后，东部地区的交通优势更加明显，尤其是沿海交通优势，东部地区能够更好地融入全球产业链和全球贸易中。在这一时期的最后十年，随着东部地区禀赋条件优势的减弱，产业开始向中、西部地区转移，中、西部地区迎来新一轮发展机遇，我国工业的区域结构重新趋于均衡发展。

（三）中国特色社会主义新时代（2012年至今）

进入中国特色社会主义新时代以来，党中央多次强调推动区域协调发展、平衡发展。2019年，习近平总书记提出："按照客观经济规律调整完善区域政策体系，发挥各地区比较优势……形成优势互补、高质量发展的区域经济布局。"[①]"十四五"规划纲要提出深入实施区域协调发展战略，在西部大开发、振兴东北老工业基地、中部地区崛起、东部地区加快推进现代化和支持特殊类型地区发展等方面作出了具体规划。

2012年以来，我国东、中、西部地区的工业总体上呈现出均衡发展的趋势。东部地区工业增加值占全国的比重2012年至2016年经历了一轮回升，从52.4%回升到54.4%。2016年之后，东部地区工业增加值的比重开始下降，2022年下降到53.2%。中部地区工业增加值的比重略微下降，2012年为22.9%，2022年为21.8%。西部地区工业增加值的比重则稳定增长，2012年为17.8%，2022年为20.5%。分沿海、内陆来看，沿海地区所占比重先上升，之后回落。2012年，沿海地区工业增加值的比重为56.2%，内陆地区为43.8%。2017年沿海地区与内陆地区工业增加值的比例为57.1：42.9，2022年的这一比例为56.1：43.9。

需要关注的是，东北地区工业衰退的趋势在2012年后并未得到扭转，2022年东北地区工业增加值占全国的比重已跌至4.6%。2023年10月，中央政治局召开会议，审议《关于进一步推动新时代东北全面振兴取得新突破若干政策措施的意见》，东北全面振兴迎来新一轮重大发展机遇。

2012年至2022年我国工业区域结构演变情况见图2-7。

---

① 习近平：《推动形成优势互补高质量发展的区域经济布局》，《求是》2019年第24期。

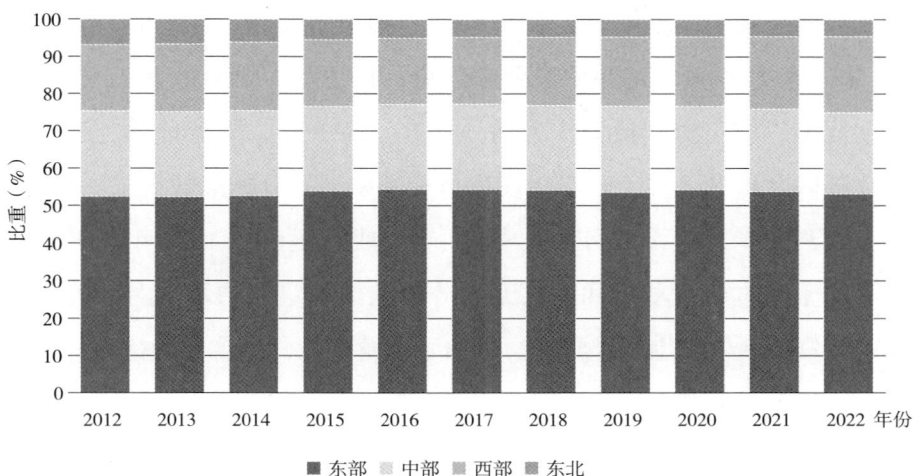

图 2-7　2012 年至 2022 年我国工业区域结构演变情况

资料来源：《中国统计年鉴》。

四、工业产业组织结构演进

新中国成立以来，我国经历了从计划经济体制到中国特色社会主义市场经济体制的转变。在计划经济时期，各级政府控制各种规模大小的工业生产，工业产业组织主要以单个工厂为单位，大型企业数量少，企业没有多少自主权。1988 年我国首次正式确立小型企业的地位，至此，工业产业组织开始向大中小企业优势互补、配套协作的方向演进。

（一）我国大中小型企业划分标准的变迁

我国大中小型企业划分标准和统计口径几度变迁，在讨论长达 75 年的工业产业组织变化前，有必要对相关数据统计标准进行说明。

新中国成立伊始，我国参考苏联实际生产情况和标准，以企业职工人数划分大中小型企业：职工人数在 3000 人（含）以上的为大型企业，500（含）~3000 人的为中型企业，500 人以下的为小型企业。1962 年，我国改为以固定资产价值作为划分标准。1978 年，国家计委、建委和财政部联合出台《关于基本建设项目和大中型划分标准的规定》，明确了工业和非工业建设项目大、中、小型的划分标准。1984 年，国务院在《关于基本建设项目和大中型划分标准的规定》的基础上，按照企业固定资产原值和生产经营能力给出了国营小型营利企业的标准。

1988 年，在考虑了不同行业中企业规模差异的前提下，国家首次正式从企业规模的角度明确了小型工业企业的定义，我国工业领域初步形成了完整的大中小型企业分类标准。1999 年 11 月，国家统计局和国家经贸委将划分指标调整为企业销售收入和资产总额：资产总额和年销售收入均在 50 亿元以上的为特大型企业，资产总额和年销售收入均在 5 亿元以上的为大型企业；资产总额和年销售收入均在 5000 万元以上的为中型企业；资产总额和年销售收入均在 5000 万元以下的为小型企业。新标准自 1999 年发布年鉴时开始使用，这一变动叠加 1998 年工业企业统计对象调整的影响，使 1998 年的数据较前一年的数据发生突变。

2003 年，国家经济贸易委员会等四部门颁布了《中小企业标准暂行规定》，细化了行业分类，选取企业职工人数、销售额与资产总额作为指标。中小型工业企业标准为：职工人数 2000 人以下，或销售额 30000 万元以下，或资产总额为 40000 万元以下；中型工业企业须同时满足职工人数 300 人及以上，销售额 3000 万元及以上，资产总额 4000 万元及以上；其余为小型工业企业；中型工业企业指标上限即为大型工业企业指标下限。在产业组织结构方面，这一标准调整的主要影响是提高了大型企业的门槛，降低了中型企业的门槛。

　　2011 年，工业和信息化部等四部门颁布了《中小企业划型标准规定》，以从业人员数和营业收入为划分指标。该文件在小型企业下进一步界定了微型企业，并将个体工商户纳入微型企业范畴。该文件的主要意义是将微型企业纳入国家政策支持范围。工业企业的具体标准为：从业人员 1000 人以下或营业收入 40000 万元以下的为中小微型企业。其中，从业人员 300 人及以上，且营业收入 2000 万元及以上的为中型企业；从业人员 20 人及以上，且营业收入 300 万元及以上的为小型企业；从业人员 20 人以下或营业收入 300 万元以下的为微型企业。国家统计局发布了《统计上大中小微型企业划分办法》，以营业收入、从业人员、资产总额作为指标，划定大中小微型企业。2017 年，基于新实施的《国民经济行业分类》，国家统计局对 2011 年的《统计上大中小微型企业划分办法》进行了修订，形成《统计上大中小微型企业划分办法（2017）》，主要基于新的《国民经济行业分类》对所属行业进行了对应更新，不涉及对大中小微行业的划型标准。

　　此外，在统计对象上，1997 年及之前，工业企业的统计数据包括全部工业企业，工业统计调查按照隶属关系划分。1998 年，国家统计局将工业统计范围划分为规模以上和规模以下两部分，规模以上工业企业是指全部国有和年主营业务收入 500 万元及以上的非国有工业法人单位。自 1998 年起，《中国统计年鉴》中公布的工业企业统计数据主要来自规模以上企业，本章所使用的数据也相应为规模以上工业企业数据。2007 年，规模以上工业企业统计范围调整为年主营业务收入 500 万元及以上的工业法人单位，不再区分国有与非国有。2011 年，国家统计调查将纳入规模以上工业统计范围的工业企业起点标准从年主营业务收入 500 万元提高到 2000 万元，形成现行统计标准。在规模以上工业企业之外，还存在大量规模以下的工业企业，规模以下工业企业也是我国工业体系的重要组成部分，然而由于数据所限，本章不进行研究。严格来说，由于本章后文主要使用规模以上工业企业数据，低估了小微型企业的份额，高估了大中型企业的份额，然而这不影响对工业产业组织演进趋势的分析。

（二）社会主义革命和建设时期（1949—1978年）

新中国成立初期，由于之前官僚资本主义的剥削和战争的破坏，当时绝大多数工业生产组织（主要以工厂为单位）的规模都较小。"一五"计划期间，施工的工矿建设单位超过10000个，其中限额以上仅921个，中小规模的工业生产组织仍是主要的力量。1958年至1960年，为实现急剧提高的钢铁产量指标，全国新建大中型工业项目2200个左右，小型工业项目则超过90000个，仅1958年就新建了数百万座土高炉、炼铁厂，煤炭工业相应建设了数百个小煤矿、洗煤厂，工业生产活动进一步小型化、分散化。

1961年到1965年的整顿使工业生产活动分散化、小型化的发展势头有所减弱。1962年，以工业为主的全国基本建设项目约为25000个，其中大中型工业项目1000个左右，大中型工业项目占比从1958年的约2.4%上升到1960年的约4%。在这一时期，我国工业生产仍然具有小型化、分散化的特征，各地区分散建设、重复建设情况严重，地方保护主义盛行。国民经济好转后，1964年至1965年，工业出现了集中化趋势。这两年，除少数遭受自然灾害的行业外，其余各行业的产品质量、产量都有所提高，经济效益也有所提高。然而，受国内形势影响，这两年所取得的经验在当时被忽视了。

1966—1976年，我国工业生产小型化、分散化程度再次提高。

1970 年，全国计划会议提出并强调发展地方"五小"，即以支援农业发展为目标，建设为农业服务的小钢铁、小机械、小化肥、小煤窑、小水泥工业。由于"五小"工业不但能够支援农业发展，还能解决劳动就业问题，缓解地方政府的财政困难，地方政府对发展"五小"具有很大的积极性。1975 年，"五小"工业的水泥、化肥产量分别占全国的58.8% 和 69%。另外，1962 年至 1976 年，城镇集体工业的产值占比从约 10% 上升到 15%。相较全民所有制工业而言，城镇集体工业规模较小，这也使我国工业产业组织结构维持了小型生产单位占据绝大多数的状况。

改革开放前，我国工业产业组织结构的突出特点是小、散，小企业、小工厂占绝大多数，工业生产缺乏大范围的统一组织，与发达国家以大中型企业为主的组织结构存在明显差别。其主要原因是，当时我国用行政办法管理经济，各地、各级政府都具有一定的自决权，各地都热衷于建立"小而全"的工业体系，忽视在更大范围、以更大规模组织工业生产。客观上讲，受当时交通、信息设施的限制，以及国家工业治理能力不足，各地发展各自工业体系在一定程度上是符合当时发展条件的。然而与大型企业和企业集团相比，小企业力量弱小，小而散的产业组织结构既不利于长期内行业技术进步和产品质量的提高，也不利于形成规模效应和提高行业经济效益。

（三）改革开放和社会主义市场经济体制建设时期（1979—2011 年）

1. 工业集中化趋势与大中型企业发展

自 1979 年开始，经过经济调整，我国工业生产出现集中化趋势，大中型企业数量的比重和总产值的比重均有所上升。1984 年，在单位数上，大、中、小企业的比例为 0.4 ： 1.0 ： 98.6；在总产值上，大、中、小企业的比例为 26.2 ： 18.7 ： 55.1。1988 年，依据《大中小型工业企业划分标准》，我国有大型工业企业 3178 个，中型工业企业 7498 个，数量比重分别为 0.8% 和 1.8%。与 1984 年相比，大型企业比重上升 0.4 个百分点，中型企业比重上升 0.8 个百分点。

　　1991 年 12 月，国务院决定选择一批大型企业进行组建企业集团试点。1995 年，党中央依据当时我国生产力发展水平和国有企业发展与经济体制改革的经验，提出了国有企业改革"抓大放小"的方针。在大中型企业改革方面，主要是初步建成现代企业制度，深化企业集团试点工作。这一方针在促进我国工业集中化发展和工业产业组织结构调整，提高大型企业经济效益等方面产生了有利影响。1998 年，我国有大型工业企业 7558 家，占全部规模以上企业单位数的 4.6%；大型企业主营业务收入占全部规模以上工业营收的比重为 43.9%。1998 年，我国有中型企业 15850 家，占全部工业企业单位数的比重为 9.6%，主营业务收入比重为 14.0%。2002 年，我国有 11 家企业进入《财富》杂志世界 500 强榜单，大型企业的主营业务收入占比增长到 48.6%，比 1998 年上升了 4.7 个百分点；中型企业主营业务收入占比下降到 12.6%，比 1998 年下降 1.4 个百分点。

　　2003 年，大中小企业划型标准发生变化，大量大型企业被划入中型企业。大型企业单位数从 2002 年的 8752 家减少到 1984 家，中型企业单位数从 14571 家增加到 21647 家。同一时期也是小型企业的快速发展期，大中型企业的比重也相应被压缩。在单位数方面，大型企业占比从 2003 年的 1.0% 下降到 2010 年的 0.8%，中型企业占比从 2003 年的 11.0% 下降到 2010 年的 9.5%。在主营业务收入方面，大型企业占比从 2003 年的 36.7% 下降到 2010 年的 34.1%，中型企业占比从 2003 年的 32.9% 下降到 2010 年的 28.8%。

2. 个体和小型工业的发展

我国乡镇企业和个体经济工业的发展可以追溯到 1979 年。当时由于发展中小企业的思想还没有纠正过来，加之国家资源向国有经济和集体经济倾斜，小企业发展缓慢。1988 年，我国有小型工业企业 410253 家，占全部工业企业单位数的比重为 97.5%，与 1984 年相比下降 1.1%。1993 年，小型企业占全部工业企业单位数的比重进一步下降到 95.8%。

自 1993 年起，个体工业和小型企业的发展获得新中国成立以来最有利的发展条件。第一，党的十四大之后，思想进一步解放，各地区以更加积极的态度对待个体工业发展。1993 年，国家工商行政管理局公布《关于促进个体经济私营经济发展的若干意见》，放宽了对个体工业经营的限制。第二，我国工业进入高速、稳定的发展期，为个体工业和小型企业提供了丰富的发展机遇和广阔的发展空间。1995 年提出了"抓大放小"的方针，对小型国有企业改革也作了安排，主要是实现政企分开，使小型企业成为独立法人。这一时期小型企业发展加速，但由于思想上、制度上和经济上个体发展的不利条件还没有完全消除，小型企业的经济效益提升并不快。1998 年到 2002 年，小型企业占全部工业企业单位数的比重从 85.8% 上升到 87.2%，主营业务收入比重反而从 42.1% 下降到 38.8%。

党的十六大之后，国家出台了一系列有利于个体经济、私营经济发展的政策法规；我国加入世界贸易组织为中小企业创造了产品出海的历史机遇；同时，小型企业在资金、管理、产品、技术、员工培训等方面不断探索，取得了经验和成效。上述三方面因素使小型企业进入快速发展期。2003年到2010年，小型企业占全部工业企业单位数的比重从88.0%上升到89.7%，主营业务收入比重从30.4%上升到37.1%，利润总额在全部规模以上工业企业中的比重从21.8%上升到34.1%，小型企业的质量型、效率型指标占比增长速度明显快于数量型指标占比的增长速度。

3. 改革开放和社会主义市场经济体制建设时期我国工业产业组织结构的演进特点

这一时期，我国工业产业组织结构演进可以分为两个阶段。第一阶段是20世纪的最后20年，工业集中化程度不断提高，大型企业和企业集团的工业发展潜力不断释放，大型工业企业成为我国工业发展的中坚力量。第二阶段是党的十六大之后，小企业进入前所未有的快速发展期，我国工业产业组织结构出现了新一轮分散化趋势。不过，这一轮分散化趋势与计划经济体制下的小而散的格局在原因上有本质的不同，这一轮分散化趋势是由中小企业的发展充分调动了广大劳动者的积极性和创造力所推动的。但是，小型企业的发展壮大不能掩盖其规模小、技术水平低、管理能力差和产品同质化等问题，这些问题是计划经济体制下小企业发展问题的延续。

（四）中国特色社会主义新时代（2012年至今）

1. 中小企业从高速发展期进入平稳发展期

进入中国特色社会主义新时代以来，我国经济先延续了高速增长的态势，而后进入中高速增长的"新常态"时期。中小企业的管理和运作日益成熟，创新发展成为中小企业的主流。中小企业充分发挥灵活性强的优势，在国民经济中的地位大大提高，在促进产业技术创新、转变工业发展方式和工业产业结构调整等方面日渐发挥不可替代的作用。2014 年，国务院发布《关于扶持小型微型企业健康发展的意见》，同年开始推出"大众创业，万众创新"等一系列鼓励小微企业发展的措施，使中小企业数量大幅增长。2012 年，全国有规模以上小型工业企业 28.0 万家，2022 年达到 42.7 万家。规模以上小型工业企业占全部工业企业单位数的比重从 2012 年的 81.6% 上升到 2022 年的 90.5%，中型企业占全部工业企业单位数的比重从 15.7% 下降到 7.8%。

2012 年到 2015 年，中小企业的利润水平也相应提高，小型工业企业的利润比重从 34.5% 上升到 37.2%，中型工业企业利润比重从 24.9% 上升到 27.2%（见图 2-8）。2016 年后，劳动力等生产要素和资源约束进一步收紧，工业整体增速下滑，加之国内外宏观经济形势的影响和 2020 年突如其来的新冠疫情，中小企业暴露出综合能力弱、技术水平低、抗风险能力差的短板，经济效益开始下降。2021 年，工业和信息

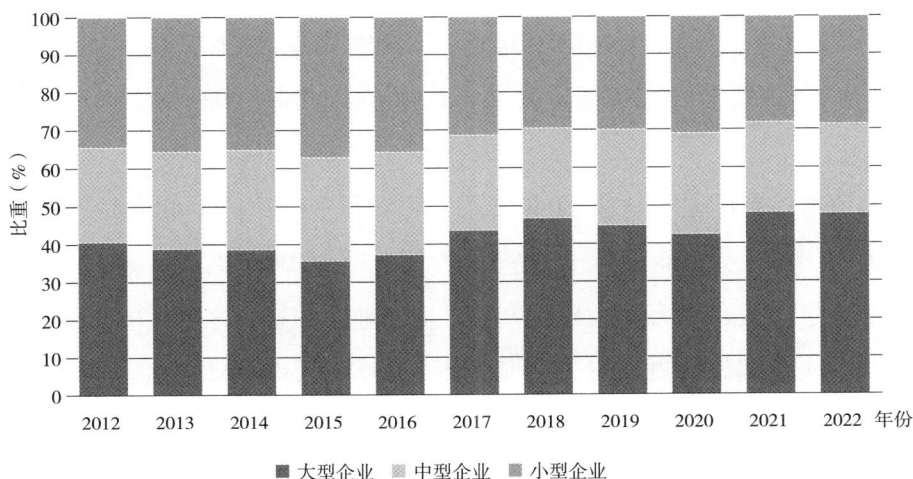

图 2-8　2012 年至 2022 年我国大、中、小企业利润比例情况

资料来源：《中国统计年鉴》。

化部会同国家发展改革委等十九部门联合发布的《"十四五"促进中小企业发展规划》提出了中小企业的发展目标：中小企业实现整体发展质量稳步提高，创新能力和专业化水平显著提升，经营管理水平明显提高，服务供给能力全面提升，发展环境进一步优化。但是，2022年，中小型工业企业仍然经营困难，利润增速不及大型工业企业，小型企业利润比重下降到28.7%，中型企业利润比重下降到23.4%，分别比2015年低8.5个百分点和3.8个百分点。

2.经济进入新常态后，大型工业企业活力和优势显现

2012年，我国开始深化国有企业改革。在一系列政策的引导下，大型国有企业改革取得成效，活力逐步得到释放，竞争力不断增强，发展势头向好。2012年到2015年，大型企业增长速度和经济效益仍然不及中小企业，大型企业的利润总额比重从40.2%下降到35.6%。2016年后，随着多方面因素发生变化，中小企业发展势头受挫，大型工业企业则表现出资金、经营等方面的优势。大型工业企业利润比重从2016年开始波动上升，2022年，利润比重达到47.9%，是2011年新的企业划型标准实施以来的最高水平，也是2003年以来的最高水平。

值得注意的是，从2021年开始，利润与资产比例（单位资产盈利能力）出现了大型企业与小型企业的"倒挂"。2008年，小型工业企业的单位资产盈利能力首次超过大型工业企业。在接下来的12年里，小型工业企业都保持更高的盈利水平。而2021年，大型工业企业单位资产盈利能力反而超过了小型工业企业，并在2022年继续高于小型工业企业。

五、工业行业结构演进

　　轻工业部门生产技术简单，与人民生活关系密切，在相当长的时间里，纺织工业和食品工业在我国工业中占有重要地位。"一五"计划期间，我国重工业快速发展，与轻工业相比，机械工业等重工业部门产品复杂，附加值高，逐步取代轻工业产业，成为我国工业的支柱力量。进入21世纪以来，装备制造业比重总体提高，消费品工业比重总体降低，高技术产业蓬勃发展，工业行业结构出现高级化的趋势（见图2-9）。

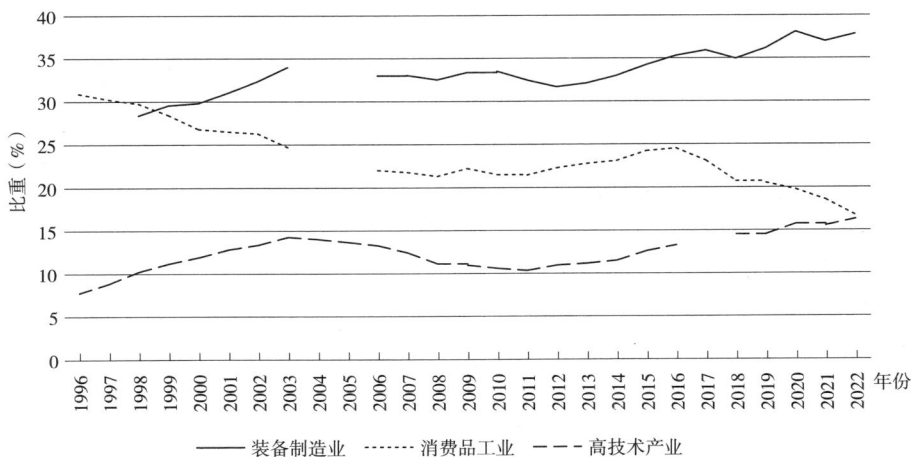

图2-9　1996—2022年我国装备制造业、消费品工业和高技术产业比重变化趋势[①]

资料来源：2004年、2013年、2018年的数据来自《中国经济普查年鉴》，其他年份数据来自《中国工业统计年鉴》，部分行业部分年份的数据缺失。

---

　　① 基于《中国工业统计年鉴》统计指标，1952—1984年采用的是主要工业部门总产值，1985—2008年采用的是规模以上工业企业行业总产值，2009—2017年采用的是规模以上工业企业主营业务收入，2018—2022年采用的是规模以上工业企业营业收入。

（一）新中国成立以来工业主导产业的转换

1. 1952 年至 1984 年，机械工业等五部门长期保持支柱产业的地位

新中国成立初期，我国工业的支柱产业是食品工业和纺织工业。"一五"计划结束时，重工业建设取得一系列成就，机械工业成为新的支柱产业，与食品工业、纺织工业具有相当的地位，同时冶金工业和化学工业的地位也大大提高。1952 年，食品工业总产值占工业总产值的比重为 24.1%，纺织工业为 27.5%，机械工业为 11.4%，冶金工业为 5.9%，化学工业为 4.8%。1957 年，机械工业总产值占工业总产值的比重上升到 18.2%，冶金工业上升到 9.3%，化学工业上升到 8.2%，食品工业下降到 19.6%，纺织工业下降到 18.2%。

自 1958 年起，重工业的规模进一步扩大，机械工业、冶金工业、化学工业支柱产业的地位得到进一步确立，工业形成了机械工业、纺织工业、食品工业、化学工业和冶金工业五大支柱产业的格局，其中机械工业的地位尤其重要，是比重最高的主导产业。1965 年，机械工业总产值占工业总产值的比重为 22.3%，纺织工业为 15.8%，食品工业为 12.6%，化学工业为 12.9%，冶金工业为 10.7%；五部门合计占工业总产值的比重为 74.3%。与 1957 年相比，机械工业的比重上升了 4.1 个百分点，化学工业上升了 4.7 个百分点，冶金工业上升了 1.4 个百分点。由于重工业发展突出，纺织工业和食品工业均有较大幅度下降，其比重与 1952 年相比分别下降了 11.7 个百分点和 11.5 个百分点。1966 年至 1978 年，机械工业延续了比重扩大的趋势。1978 年，机械工业总产值的比重为 27.3%，较 1965 年又提高了 5.0 个百分点。纺织工业总产值的比重为 12.5%，食品工业为 11.2%，化学工业为 12.4%，冶金工业为 8.7%；包含机械工业在内，五部门合计为 72.1%。到 1984

年经济调整时期结束，机械工业总产值的比重为 25.0%，较 1978 年有
所降低，但在主要工业部门中仍然占据优势；纺织工业为 15.4%，食
品工业为 12.3%，化学工业为 11.8%，冶金工业为 8.2%；五部门合计
为 72.7%。

1952—1984 年我国机械工业等五个主要工业部门的产值比重变化
趋势见图 2-10。

在工业产品产量方面，1952 年到 1984 年，金属切削机床、汽
车、布、成品糖、合成氨、化肥[①]、钢材等主要产品产量都大幅提升[②]。
1949—1984 年我国主要工业部门部分产品产量情况见图 2-11。到 1984
年，工业各行业均形成了一定的产业规模和产品层次。

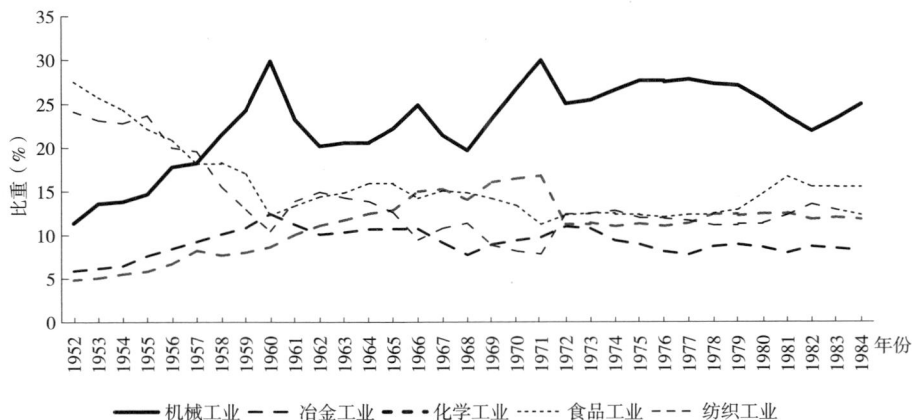

图 2-10 1952—1984 年我国机械工业等五个主要工业部门的产值比重变化趋势
资料来源：《中国工业统计年鉴》。

---

① 该指标为农用氮、磷、钾化学肥料（折纯）产量。
② 工业产品产量数据来源为对应年份的《中国统计年鉴》。

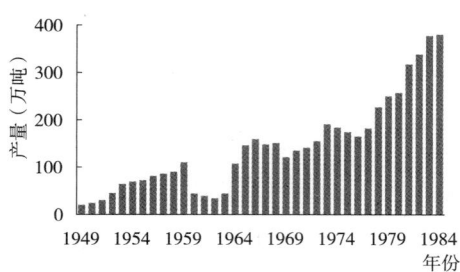

a）成品糖

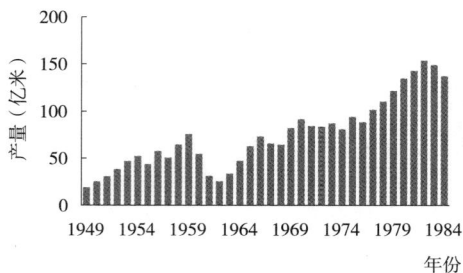

b）布

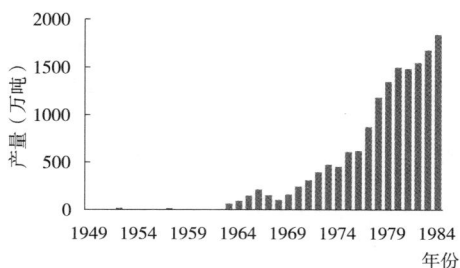

c）合成氨

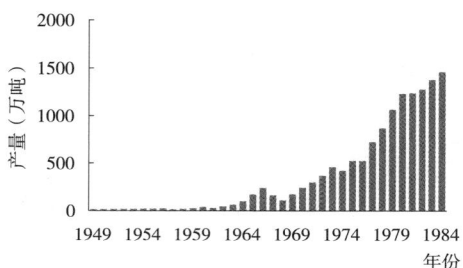

d）化肥

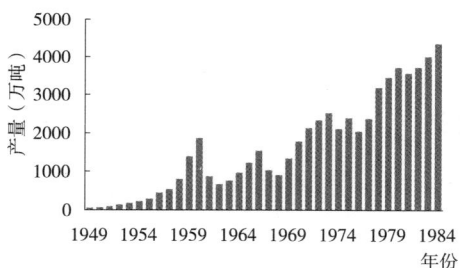

e）粗钢

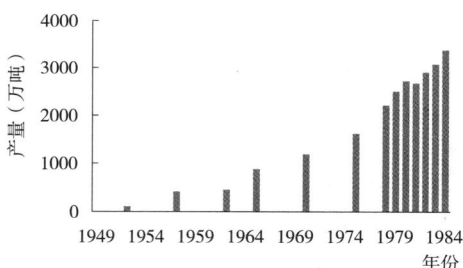

f）钢材

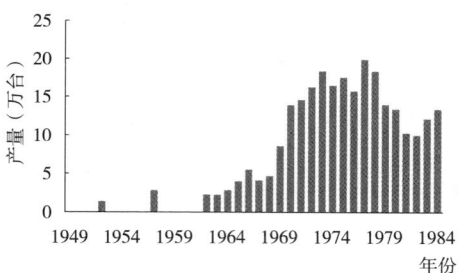

g）金属切削机床

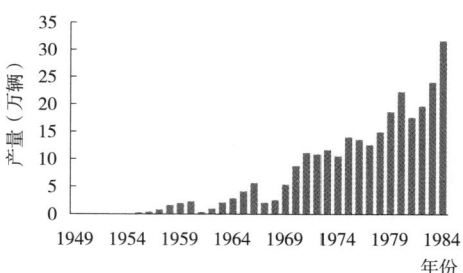

h）汽车

图2-11　1949—1984年我国主要工业部门部分产品产量情况

资料来源：《中国统计年鉴》。

2. 1985 年至 1992 年，纺织业成为主要的支柱产业，机械工业等重工业部门发展势头良好

自 1985 年起，统计标准调整，进一步将工业行业大类拆分为更小类，单个行业占全国工业营收比重有所下降。从行业数据来看，这一时期，纺织业成为支柱产业。1985 年，纺织业主营业务收入占全部工业行业主营业务收入的比重为 12.1%，但纺织业比重延续下降趋势，1992 年下降到 9.4%。从工业主要部门内部看，在食品工业中，1985 年，食品制造业的比重为 6.9%，酒、饮料和精制茶制造业为 1.8%，烟草制品业为 2.4%，三者合计为 11.1%（农副食品加工业数据缺失）；1992 年，食品制造业的比重为 6.0%，酒、饮料和精制茶制造业为 2.1%，烟草制品业为 2.6%，三者合计为 10.7%，较 1985 年下降了 0.4 个百分点。在机械工业中，1985 年，金属制品业的比重为 2.8%，电气机械和器材制造业为 4.2%，计算机、通信和其他电子设备制造业为 3.1%，三者合计为 10.1%（通用设备制造业、专用设备制造业、交通运输设备制造业等行业数据缺失，这使此处低估了机械工业的比重）；1992 年，金属制品业为 2.8%，电气机械和器材制造业为 4.3%，计算机、通信和其他电子设备制造业为 3.3%，三者合计为 10.4%，较 1985 年上升了 0.3 个百分点。在化学工业中，1985 年，化学原料和化学制品制造业的比重为 6.9%，医药制造业为 1.5%，化学纤维制造业为 1.1%，三者合计为 9.5%；1992 年，化学原料和化学制品制造业的比重为 6.7%，医药制造业为 1.9%，化学纤维制造业为 1.5%，三者合计为 10.1%，较 1985 年上升了 0.6 个百分点。在冶金工业中，1985 年，黑色金属冶炼和压延加工业比重为 6.6%，有色金属冶炼和压延加工业比重为 1.9%，二者合计为 8.5%；1992 年，黑色金属冶炼和压延加工业比重为 8.2%，有色金属冶炼和压延加工业比重为2.1%，二者合计为10.3%，较1985年上升了1.8个百分点。机械工业、冶金工业、化学工业等重工业部门发展势头良好，并日渐成为我国工业发展的中坚力量。

3. 1993年至2011年，工业支柱产业从纺织业转换为重工业产业

这一时期，我国轻工业产值占比不断下降，在行业结构上表现为支柱产业从轻工业转换为重工业产业。计算机、通信和其他电子设备制造业，黑色金属冶炼和压延加工业，化学原料和化学制品制造业等重工业产业取代纺织业，成为这一时期的支柱产业。计算机、通信和其他电子设备制造业在2003年前快速发展，1993年其主营业务收入在所有工业产业中的比重为3.5%，2003年达到这一时期的最高值11.1%，之后其比重缓慢回落，2011年下降到7.5%。黑色金属冶炼和压延加工业的比重波动较大，1993年为9.3%，2002年下降到5.9%；在2003年之后几年内比重又回弹，2008年达到9.1%；到2011年又回落到7.8%。化学原料和化学制品制造业的比重波动上升，1993年为6.0%，1996年增长到6.9%，2004年下降到6.0%，2011年又提高到7.1%。在工业产品产量方面，我国合成氨、塑料①、金属切削机床、汽车、钢材、彩色电视机等主要产品产量都大幅提升，手机、集成电路、微型计算机等产品经历了从无到有，再到规模化生产的过程。1985—2011年我国主要工业部门部分产品产量见图2-12。

1993年后，在轻工业部门中，纺织业和农副食品加工业是比重较高的产业。纺织业的比重持续下降，从1993年的8.1%连续下降到2011年的3.8%。农副食品加工业的比重则先降低后回升，1996年为5.4%，2004年触底到3.9%，2011年又回到5.2%。这种变化反映了我

---

① 该指标为初级形态塑料。

国在中低端和劳动密集型行业比较优势的减弱，也体现了产业结构的优化和升级。

另外，随着其他工业部门用电量增加，电力、热力生产和供应业在工业中也占有一定份额，且稳步增加。1993 年，电力、热力生产和供应业的营收所占比重为 5.0%，2011 年上升到 5.6%。我国全部工业企业发电量从 1993 年的 8382.6 亿千瓦时增长到 2011 年的 47130.2 亿千瓦时。

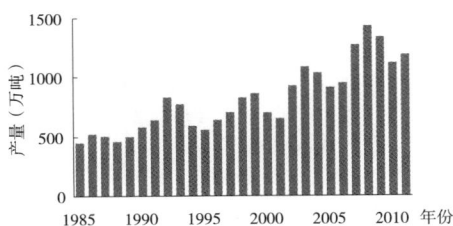

a）成品糖

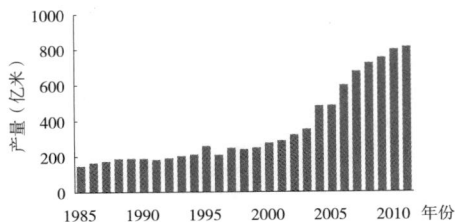

b）布

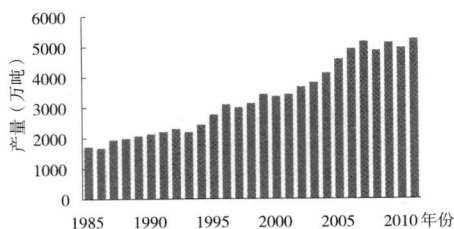

c）合成氨

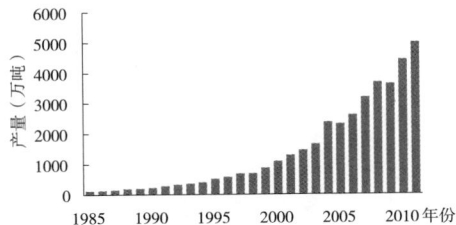

d）塑料

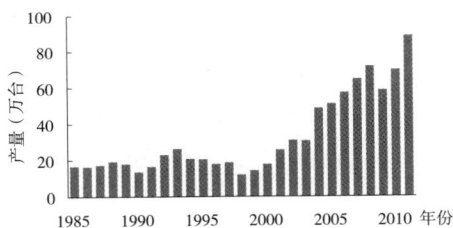

e）金属切削机床

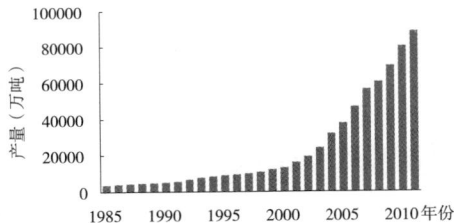

f）钢材

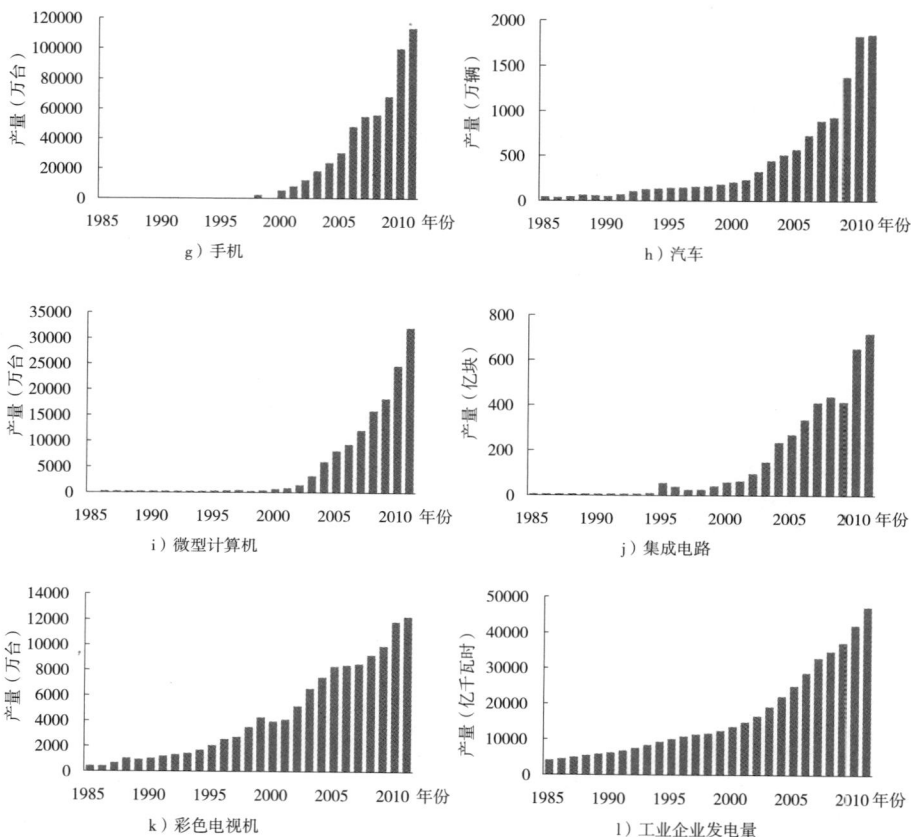

图 2-12　1985—2011 年我国主要工业部门部分产品产量

资料来源:《中国统计年鉴》。

4. 2012 年之后，技术密集型产业保持主导地位

2012 年之后，资源密集型产业比重开始下降。化学原料和化学制品制造业的比重从 2012 年的 7.3% 降低到 2019 年的 6.2%。新冠疫情期间，化学原料和化学制品制造业的比重有所反弹，2022 年回到 6.8%。黑色金属冶炼和压延加工业的比重从 2012 年的 7.7% 波动下降到 2022 年的 6.4%。相比较，技术密集型产业的比重进一步扩大。电气机械和

器材制造业的比重从 2012 年的 5.9% 波动上升到 2022 年的 7.6%。计算机、通信和其他电子设备制造业比重从 2012 年的 7.6% 持续上升到 2022 年的 11.6%。汽车制造业比重波动上升，2012 年时其营收占工业全部行业的比重为 5.5%，2018 年达到历史最高点 7.6%，受新冠疫情影响，2022 年又下降到 6.7%。

在工业产品产量方面，随着产业结构向高级化、合理化方向演进，成品糖、布等轻工业产品产量有所下降，集成电路、汽车、彩电等技术密集型产品以及钢材、塑料等原材料产品产量维持增长。工业企业发电量稳步提升，从 2012 年的 49875.5 亿千瓦时增长到 2023 年的 94564.4 亿千瓦时，增幅达 89.6%。

2012—2023 年我国主要工业部门部分产品产量见图 2-13。

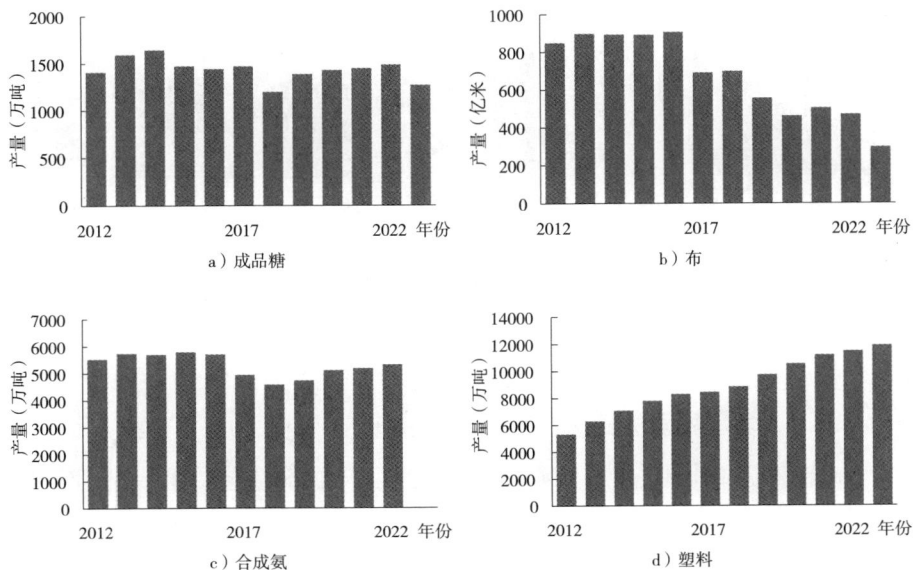

a）成品糖　　　b）布

c）合成氨　　　d）塑料

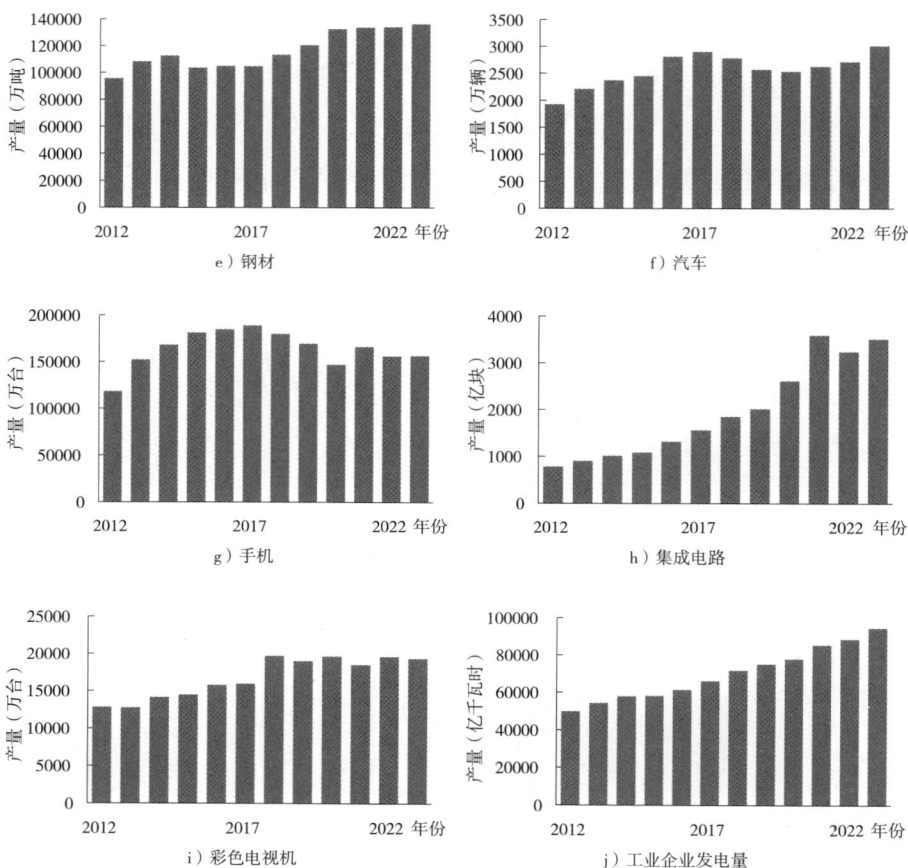

图 2-13　2012—2023 年我国主要工业部门部分产品产量

注：2023 年我国的合成氨产量未公布，故有缺失。

资料来源：《中国统计年鉴》。

（二）装备制造业的发展与结构演进

装备制造业是工业的核心产业，是实体经济的重要组成部分。以现行《国民经济行业分类》标准（2017 年）划分，装备制造业包括金属制品业，通用设备制造业，专用设备制造业，汽车制造业，铁路、船舶、航空航天和其他运输设备制造业，电气机械和器材制造业，计算机、通信和其他电子设备制造业，仪器仪表制造业等八个大类行业。

1985 年至 1992 年，我国装备制造业平稳发展。这一时期装备制造业的发展与工业发展基本同步。金属制品业营收比重在 2.6% 和 2.9% 之间浮动，电气机械和器材制造业在 4.1% 和 4.3% 之间浮动，计算机、通信和其他电子设备制造业波动幅度较大，1985 年其营收比重为 3.1%，1986 年下降到这一时期的最低点 2.6%，1988 年又增长到这一时期的最高点 3.5%，1992 年其营收比重为 3.3%（见图 2-14）。

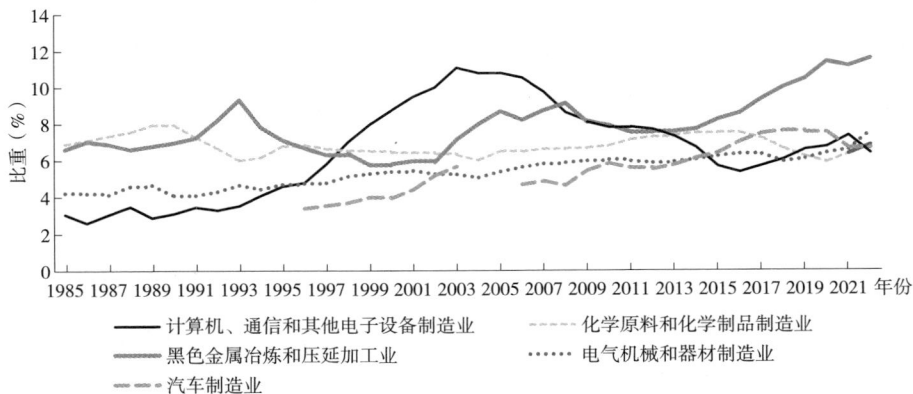

图 2-14　1985—2022 年我国计算机、通信和其他电子设备制造业等五个高比重
行业营收比重变化趋势

注：2004 年和 2005 年我国的汽车制造业营收数据未在对应年度统计年鉴中公布，故有缺失。
资料来源：《中国工业统计年鉴》。

1993 年至 2011 年，装备制造业进入快速发展期，八个装备制造业行业营收总和的比重从 1993 年的 21.0% 上升到 2003 年的 34%。2003 年之后，装备制造业发展出现波动，2004 年其营收占工业全部行业的比重下降到 25.8%。到 2011 年，装备制造业的营收比重又上升到 32.5%。从装备制造业内部结构来看，计算机、通信和其他电子设备制造业，电气机械和器材制造业，汽车制造业和通用设备制造业四个行业的主营业务收入合计占装备制造业全部行业的 60% 以上，1999 年后这四个行业的比重超过 70%，2004 年达到历史最高值 77.3%。

2012 年之后，装备制造业迎来新一轮发展。智能化、服务化、绿色化成为装备制造业发展的趋势，装备制造业成为工业发展的重要引擎。八个装备制造业行业营收总和的比重从 2012 年的 31.7% 进一步波动上升到 2022 年的 37.8%。在装备制造业内部，计算机、通信和其他电子设备制造业的比重仍然领先于其他行业，汽车制造业上升到与电气机械和器材制造业相当的位置，通用设备制造业的比重则出现下降趋势。2012 年到 2022 年，计算机、通信和其他电子设备制造业，汽车制造业和电气机械和器材制造业三个行业合计主营业务收入占装备制造业的比重从 59.8% 上升到 68.5%。

2012 年至 2022 年我国装备制造业内部结构变化趋势见图 2-15。

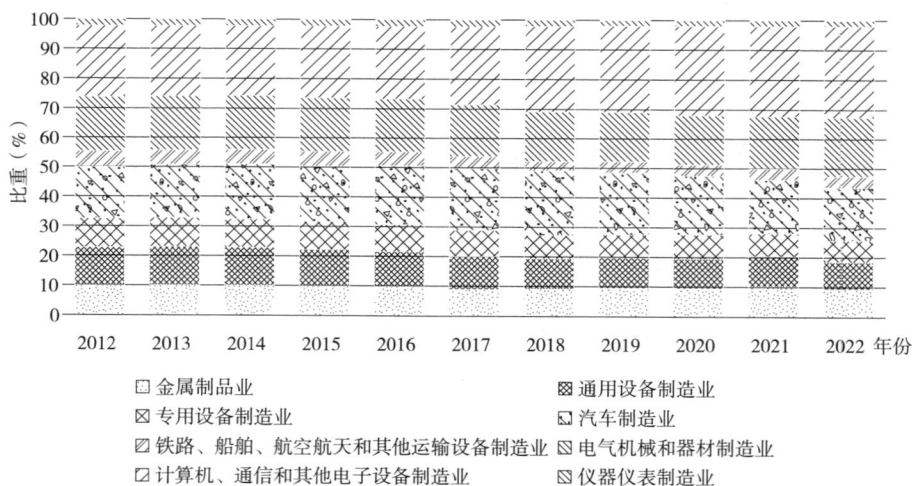

图 2-15 2012 年至 2022 年我国装备制造业内部结构变化趋势

资料来源:《中国工业统计年鉴》。

（三）消费品工业的结构演进

消费品工业是我国重要的民生产业，也是我国传统优势产业，包括农副食品加工业，食品制造业，酒、饮料和精制茶制造业，烟草制品业，纺织业，纺织服装、服饰业，皮革、毛皮、羽毛及其制品和制鞋业，家具制造业，造纸和纸制品业，印刷和记录媒介复制业，文教、工美、体育和娱乐用品制造业，医药制造业，化学纤维制造业共 13 个大类行业。纺织工业与食品工业与人民生活关系密切，生产技术相对简单，且具有一定产业基础，在消费品工业中长期占有重要位置。

1996 年至 2011 年，食品工业与纺织工业主营业务收入合计占消费品工业的比重保持在 70% 以上。食品工业的比重先从 1996 年的 37.0% 下降到 2000 年的 35.1%，又回升并进一步增长到 2011 年的 42.2%。纺织工业的比重从 1996 年的 38.3% 持续下降到 2011 年的 30.1%，纺织工业始终是消费品工业中比重较高的行业。医药制造业的比重变化出现一定波动，1996 年至 2002 年从 1.8% 提升到 2.1%，后又下降到 2008 年的 1.5%，2011 年又回升到 1.7%。1996 年至 2011 年，文教、工美、体育和娱乐用品制造业的比重从 1.5% 逐渐下降到 1.0%。

2012 年之后，消费品工业出现结构升级的趋势。医药制造业，文教、工美、体育和娱乐用品制造业，印刷和记录媒介复制业，家具制造业的份额有所提升，其中医药制造业占消费品工业的比重从 2012 年的 8.4% 上升到 2022 年的 11.8%。纺织工业比重持续下降，从 2012 年的 29.4% 下降到 2022 年的 20.0%，其中纺织工业从 15.6% 下降到 10.4%。食品工业比重仍然保持稳定，始终保持在 40% 以上。2012 年，食品工业的比重为 41.0%，2018 年上升到 41.2%，之后又增长到 2022 年的 45.4%。在食品工业内部，农副食品加工业的比重稍微下降，而食品制造业和烟草制品业的比重有所提升。

2012 年至 2022 年我国消费品工业内部结构变化趋势见图 2-16。

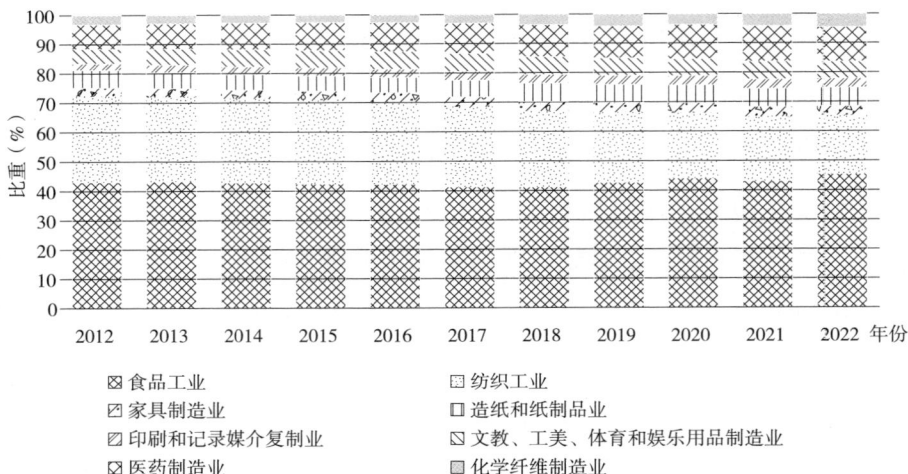

图 2-16　2012 年至 2022 年我国消费品工业内部结构变化趋势

资料来源：《中国工业统计年鉴》。

（四）高技术产业的发展与结构演进

高技术产业指研发投入大、产品附加值高、国际市场前景良好
的技术密集型产业，包括医药制造业，航空、航天器及设备制造业，
电子及通信设备制造业，计算机及办公设备制造业，医疗仪器设备
及仪器仪表制造业，信息化学品制造业六大类。[①] 高技术产业与装
备制造业存在一定重叠，两者的区别在于装备制造业强调产品的用
途，高技术产业强调产品的技术复杂度。因此，高技术产业既包括
装备制造业中的高端制造和先进制造产业，还包括其他工业行业中

---

①　定义和行业分类由国家统计局给出，本节数据来自不同年份的《中国高技术产业
统计年鉴》。

的技术密集型产业。

"八五"计划期间，我国高技术产业得到初步发展。1994年，医药制造业，计算机、通信和其他电子设备制造业，仪器仪表制造业三个行业营业收入之和占所有工业行业营业收入的比重达到6.66%。从"九五"计划开始到2011年，我国高技术产业进入快速发展期。1995年到2003年，我国高技术产业比重从7.40%上升到14.26%，年均提高0.86个百分点。与装备制造业类似，2004年，高技术产业比重的扩大趋势也出现了转折。2011年，高技术产业的比重下降到10.40%。

进入中国特色社会主义新时代以来，随着新一轮科技革命和产业变革的推进，高技术产业迎来新一轮发展期。2012年至2022年，高技术产业占工业的比重从11.0%增长到16.76%，年均提高0.576个百分点。与装备制造业在工业中的比重变化存在波动不同，高技术产业虽然增长幅度有波动，但始终维持了增长态势。这说明高技术产业不仅是我国工业发展的重要领域，也是推动我国工业增长的重要力量。

从高技术产业内部结构来看，电子及通信设备制造业占最大比重。1995年至2011年，电子及通信设备制造业占高技术产业的比重从52.4%略微下降到49.6%。如图2-17所示，2012年后，电子及通信设备制造业迎来新一轮快速增长，占高技术产业的比重从2012年的51.8%上升到2022年的68.5%。医药制造业和计算机及办公设备制造业也是较为重要的高技术行业。1995年以来，医药制造业比重出现多次波动，先从1995年的23.0%下降到2004年的10.9%，又上升到2015年的18.4%，之后再次缓慢下降到2022年的12.1%。计算机及办公设备制造业在高技术产业中的比重从1995年的9.7%上升到2004年的33.0%，又下降到2022年的12.4%。

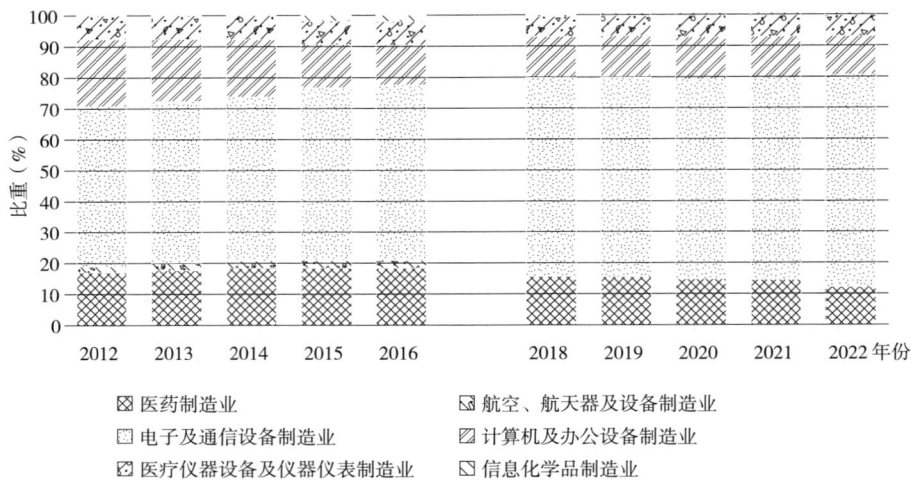

图 2-17　2012—2022 年我国高技术产业内部结构变化趋势

资料来源:《中国高技术产业统计年鉴》,2017 年数据未公布。

第三章

伟大的成就：75年来工业发展的成果

一、历史回顾与基础奠定

中国工业发展的历史是一部不断探索、积累、创新的历史。中国近代工业起步于晚清时期，受到西方工业文明的冲击和影响，开始了工业化的初步尝试。这一时期，工业发展虽然面临着资金、技术、人才等多方面的制约，但是也积累了一定的工业基础和经验。基础设施是工业发展的基石。中华人民共和国成立后，国家大力推进交通、能源、通信等基础设施建设，为工业的快速发展提供了必要的物质条件和支撑。在不同历史时期，中国政府制定了一系列工业政策和规划，如"一五"计划、"三线建设"等，这些政策和规划对推动工业结构调整、优化产业布局、提升工业技术水平等发挥了重要作用。工业发展也离不开人才的支撑。中国高度重视工业教育和人才培养，建立了一批工科院校和职业技术学院，培养了大量工程技术和管理人才，为工业发展提供了人才保障。

（一）工业起步：近代工业发展的背景与条件

1.洋务运动为近代工业的起点

洋务运动的口号是"师夷长技以制夷"，那一时期开办的工厂成为中国近代工业的起点。在漫长的封建社会，中国长期停留于手工作坊阶段，直到近代，清末的洋务运动时期开始引入西方的工业技术、机器设备，开办了一些大规模制造的工厂，拉开中国近代工业的序幕。新中国成立后各个部门的调查统计报告显示，许多行业的工业基础都源自洋务运动时期官办或民营的工厂。例如：我国新法钢铁冶炼的工业起始于 1890 年创办的汉阳钢铁厂，并且得益于第一次世界大战的铁价暴涨，我国的采矿炼铁工业在当时得以迅速发展；我国的机器制造是从军械制造转变而来，起始于 1866 年天津机器制造局，成为机电行业的起点；我国利用机械大规模开采煤矿源自 1875 年开办的开平矿务局（即开滦煤矿）、1880 年开办的山东中兴煤矿，以及 1882 年开办的河北临城煤矿，这三个煤矿均是李鸿章派人设立的；我国的火柴工业以 1889 年的重庆森昌火柴公司为起点；我国的毛纺织工业最早源自左宗棠 1878 年在甘肃创立的织呢总局。然而，这些工厂无论是机械设备、工业技术、还是技能型工人都来自西方国家，谈不上工业化，工业体系亦无从谈起。

2. 外资对近代工业的影响

从封建社会到中华民国再到新中国的成立，中国社会体制几经变革，其间经历了中日甲午战争、北伐战争、抗日战争、解放战争。由于政局动荡，民族衰微，各国势力在中国竞相争夺资源利益，在帝国主义势力渗透下，中国的工业带有明显的半殖民主义性质。抗日战争时期，日本在东北、华北建立了为支持其侵略、配合其国内钢铁生产的煤炭企业。在东北和华北地区，大部分工业工厂为日本所操控，而上海、江苏等地的工厂则与英美联系密切。据统计，为了配合远洋运输，各种大小工厂多设立于沿海口岸，上海、天津、广州、青岛四个城市的工厂就占全国总数的70%，其工人总数也占全国的69%[①]。更为被动的是，中国的货币和金融市场也被英美银行所控制，当时在中国市场上有大量的美元和港币流通。在国际贸易中，外国船舶占有重要地位，上海从事进出口业务的船舶中英美船舶就占70%以上。此外，外资还掌握着上海的电厂、电车、电话等公用事业，上海和天津的美商、法商发电量占全国的15%。整体来看，外资对中国近代工业乃至整个社会经济都有很强的掌控力。

3. 战争对近代工业的破坏

长期的战争进一步对国内的工业生产造成了毁灭性的破坏。中财委1950年中国经济情况报告显示[②]，在重工业方面，钢铁生产较1943年减少90%，其中铁产量从180万吨减至15万吨，土法炼铁未计算在内，钢产量从90万吨减至10万吨；煤的产量约减少了50%，从5800万吨减至2800万吨；电力设备容量减少约50%，从230万千瓦减少至120万千瓦左右，而实际发电量减少更多。在轻工业方面，造纸业在东北被破坏甚重，1950年纸浆及纸的产量仅及过去产量的三分之一。再比如，1950年山西手工业典型调查材料显示，长治市719户人口的主要生活来源是皮毛业生产。他们的收入90%靠皮毛业，其余靠商业。战前计产粗细皮衣15000件，现产18000件，都是小件，不如大的值钱，资金低于战前95%。1923—1924年，皮毛业生产在交城最为盛行，当时有万余工人做皮货，城关附近亦有几千名女工缝制皮衣，为当地人民主要的副业收入，现只有50人做皮货，已减少99%以上。

---

① 资料来源：张大巅：《新中国重工业的回顾与前瞻》，载于《中国工业》1951年第3卷第5期。

② 资料来源：《中华人民共和国经济档案资料选编－工业卷（1949—1952）》，中国物资出版社1996年版。

4. 产业结构特征

从产业结构来看，现有统计资料表明，中国近代工业在国民收入中的占比约为10%，农业和手工业占比约为90%。如表3-1所示，1933年的全国国民收入调查数据显示，工厂制造业的占比约为8.3%，矿冶业的占比约为1.5%，合计9.8%。

表3-1 中国近代工业、农业和手工业的比重

产业	产值金额（亿元）	在国民收入中的占比（%）
农业及畜牧业	155.82	62.5
手工制造业	56.20	22.5
人力运输	6.80	2.7
工厂制造业	20.67	8.3
矿冶业	3.67	1.5
产业性运输	6.18	2.5

资料来源：《中华人民共和国经济档案资料选编——工业卷（1949—1952）》，中国物资出版社1996年版。

从工业内部结构来看，轻工业在整体工业中的比重处于绝对优势地位。国家统计局的资料显示，1933年工人为644229人，其中最发达的纺织业工人为328119人，占比为50.9%，加上食品及其他轻工业，轻工业就业人数占比达到64%，而重工业生产部门，煤炭工业就业人数占17.0%，钢铁工业就业人数占0.1%，电力工业就业人数占2.9%，金属加工业就业人数占6.5%，化学工业就业人数占6.2%、建筑业就业人数占3.2%（见图3-1）。[①] 相关统计资料的研究表明，1936年前后是

---

① 资料来源：国家统计局相关资料，1956年9月。

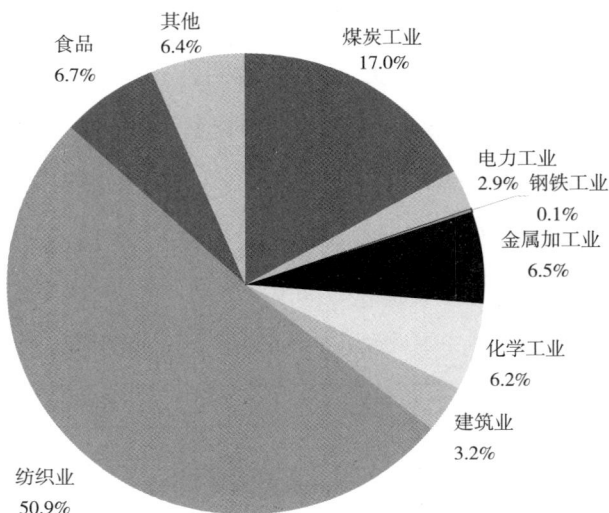

图 3-1　1933 年中国工人的行业分布

资料来源：国家统计局相关资料，1956 年 9 月。

1949 年前中国工业发展水平最高的时期，那时中国工业职工（不包括手工业）人数约为 424 万人，其中生产工人约为 322 万人，这一数值也略高于国民经济恢复期 1951 年的工人数。

5. 国际比较

横向比较，近代中国的工业基础在国际社会无足轻重。以国际钢铁协会统计的粗钢产量对比来看，如表 3-2 所示，1900 年美国的粗钢产量已经达到 1035.2 万吨，全球占比超过三分之一，随后迅猛上涨，到 1920 年达到 4280.9 万吨，全球占比接近 60%，而此时，中国的粗钢产量仅有 6.8 万吨。到 1930 年，中国的粗钢产量进一步下跌至 1.5 万吨，从全球占比来看，微乎其微，而当时印度的粗钢产量已经达到 62.9 万吨，远超中国 40 多倍。到 1949 年，全球粗钢总产量约为 1.6 亿吨，其中美国为 7074.1 万吨，苏联为 2330.0 万吨，英国为 1500.2 万吨，德国为 915.6 万吨，法国为 915.2 万吨，印度为 137.4 万吨，而中国仅有 15.8 万吨。

表 3-2 1900—1949 年部分国家粗钢产量对比

		1900 年	1910 年	1920 年	1930 年	1940 年	1949 年
美国	产量（万吨）	1035.2	2651.4	4280.9	4135.3	6076.6	7074.1
	占比（%）	36.6	44.0	59.0	43.5	43.2	44.2
苏联	产量（万吨）	221.1	344.4	16.2	576.4	1900.0	2330.0
	占比（%）	7.8	5.7	0.2	6.1	13.5	14.6
英国	产量（万吨）	498.0	647.0	912.2	744.3	1318.4	1500.2
	占比（%）	17.6	10.7	12.6	7.8	9.4	9.4
德国	产量（万吨）	661.6	1369.9	853.8	1151.1	1914.1	915.6
	占比（%）	23.4	22.7	11.8	12.1	13.6	5.7
法国	产量（万吨）	159.0	341.3	270.6	944.4	441.3	915.2
	占比（%）	5.6	5.7	3.7	9.9	3.1	5.7
印度	产量（万吨）	—	—	15.9	62.9	131.2	137.4
	占比（%）	—	—	0.2	0.7	0.9	0.9
中国	产量（万吨）	—	—	6.8	1.5	53.4	15.8
	占比（%）	—	—	0.1	0.0	0.4	0.1

资料来源：国际钢铁协会。

总体来看，新中国成立初期，中国工业基础非常薄弱，民族工商业在战争中遭到了严重破坏，经济受外资控制明显，工业只占国民收入的 10% 左右，且主要是以纺织业为代表的轻工业，轻工业的占比约为三分之二。

（二）基础设施建设：工业发展的基石

1.基础设施发展的主要历程

新中国成立初期，中国工业的落后状态导致整个经济与社会建设的基础设施非常落后。从交通运输来看，1949 年，全国铁路营业里程仅有 2.18 万公里，公路里程为 8.08 万公里，内河航道为 7.38 万公里，民航只有 7 条国内航线。水资源时空分布极度不均，水利设施匮乏。能源供给基础单薄，只有零星的油田集输管道。邮电通信发展水平较低，邮政局所仅有 2.6 万处，电话普及率仅为 0.05 部 / 百人。

在新中国成立后相当长时间内，在我国工业化的推进过程中，重工业和基础设施建设成为政府投资的重点。其中，对于基础设施改进来说最具有代表性的是 20 世纪 60 年代至 70 年代的"三线建设"。"三线建设"是中国在中西部地区进行的一场以加强国防为中心的大规模工业迁移和基础设施建设。从 1964 年开始，"三线建设"贯穿三个五年计划时期，涵盖 13 个省、自治区，投入了 2050 余亿元资金和几百万人力[①]，安排了数千个建设项目。这一系列建设显著改变了中国内地工业布局不合理的状况，形成的固定资产原值约 1400 亿元，约占当时全国的三分之一。

"三线建设"时期对于交通运输基础设施的大规模建设有效改变了西部地区交通闭塞的情况。据统计，1965—1980 年，政府对"三线"地区铁路建设的投资达 209 亿元，新建了铁路干线和支线 8046 公里，建成了川黔、贵昆、成昆铁路，形成了连通云南、贵州、四川三省的铁路运输网，修建了太原—焦作—枝城—柳州和青藏铁路等大干线。这些铁路网所覆盖的地区，有不少是地质复杂、地形险峻，在过去难以逾越的地方，而通过"三线建设"的铁路建设，极大地改变了这些地区的交通状况。"三线建设"还通过改造原有公路和修建新的干

---

① 王庭科：《三线建设与西部大开发》，《上海党史研究》2000 年第 5 期。

线支线公路，新增通车里程 22.78 万公里，到 20 世纪 80 年代末，基本实现了县县通公路，95% 的乡镇有了汽车运输。内河航运建设也是"三线建设"的重点。1964 年前，长江航道基本还处于半自然状态，有的航段条件还十分艰险。随着"三线建设"的推进，内河航运发展十分迅速。1964 年由水路进入西南地区的物资只有 273 万吨，1965 年就达到 670 万吨。之后，长江沿线的各主要港口，如武汉、重庆、涪陵、万县、巴东、宜昌等进行了以半机械化为主要内容的技术改造并进行了扩建。这些港口的泊位由几十个增加至 200 多个，年吞吐量也由几百万吨增加到 3042 万吨。① 以重庆为例，其现代立体交通的基础就是"三线建设"时期奠定的。"三线建设"改变了过去重庆没有公路桥的历史，扩建和新建了十几个码头，至 1973 年，重庆拥有了川黔、襄渝、成渝三条铁路干线和长江黄金水道，为重庆成为西南地区和长江上游地区的经济中心和交通枢纽中心奠定了基础。②

基础设施建设需要大量资金，虽然当时的中国政府财政收入有限，但政府投资的主要方向是以基础设施为主的生产性领域。如图 3-2 所示，尤其是改革开放前，我国政府主导的投资 80% 以上集中在基础设施等生产性领域，而非生产性领域的投资则相对较少。1979—1989 年，我国基础设施资本存量的年均增长率为 6.94%。自 20 世纪 90 年代起，国家开始对交通、通信等基础设施的发展作出明确部署，发行特别国债用于基础设施建设，同时带动大量社会资本的进入，主要用于水利、交通、通信、城市基础设施、城乡电网改造等项目的投资。据统计，1998—2002 年，政府共发行了 6300 亿元国债来改善基础设施。这些国

---

① 李彩华：《三线建设研究》，吉林大学出版社 2004 年版。

② 张凤琦：《论三线建设与重庆城市现代化》，《重庆社会科学》2007 年第 8 期。

债资金的主要用途有以下几个：一是应对 1998 年的大洪水，加强水利基础设施建设，对长江干堤进行了一次全面加固，疏浚江河、移民建镇、退耕还湖等；二是农网改造，实行城乡居民用电同网同价；三是农村粮库建设；四是能源交通基础设施建设，高速公路里程迅速增加，实施了农村"村村通公路、县县通油路"工程；五是城市基础设施建设，主要是污水、垃圾处理设施，轨道交通；六是文化教育基础设备，对旅游景点的交通道路、卫生设施建设给予补助，高校扩招、大学筒子楼改造。进入 21 世纪，政府开始鼓励外资和民营资本进入基础设施项目投资，基础设施投资主体开始多元化，资金来源渠道多样化，有效缓解了基础设施建设资金不足的问题。例如，为了解决电力短缺问题，我国建立了每度电两分钱的电力建设基金，铁路建设基金则是通过铁路每吨公里运费加价 3 分 3 厘钱来筹集，高速公路的建设采用"贷款修路，收费还贷"的方式解决，机场建设收取机场建设费。总之，随着基础设施的不断改进，其对经济增长的促进作用日益明显，良好

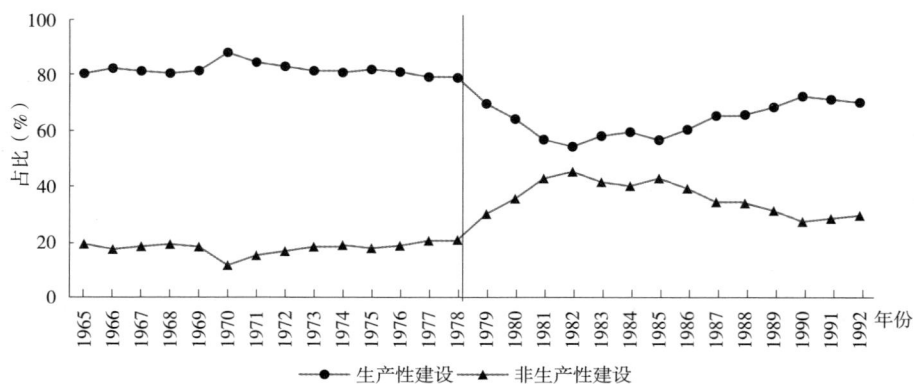

图 3-2　1965—1992 年我国生产性建设和非生产性建设项目的投资结构跨期变化

资料来源：国家统计局固定资产投资统计司，《中国固定资产投资统计年鉴（1950—1995）》，中国统计出版社 1997 年版，第 94、96 页。

的基础设施条件降低了制造业的生产成本和流通成本，增强了中国产品开拓市场和参与竞争的能力。

2. 基础设施建设取得的成就

历经 75 年的不懈努力与持续发展，我国基础设施建设领域取得了显著成就。这些成就不仅体现在交通网络的全面优化与扩展，城市化进程的加速与深化，更在于能源供应体系的稳固与高效，以及水利工程的宏伟与创新。交通、能源、通信和水利等基础设施构成了现代工业社会的框架，为工业生产提供必要的物质条件和公共服务，是工业活动顺利进行的前提。良好的基础设施能够降低工业生产成本，提高物流效率，加快产品流通速度，从而提升工业生产效率和竞争力。基础设施建设还可以通过改善区域间的联系，促进资源的有效配置和产业的合理布局，有助于缩小地区发展差距，推动区域经济均衡发展。

（1）交通网络四通八达

新中国成立以来，我国交通运输基础设施建设取得了辉煌成就，有力支撑了经济社会的快速发展。中国交通运输业每年的投资额都非常大，且持续增长，交通运输基础设施水平显著提高。1978 年，我国交通固定资产投资金额为 63.6 亿元，而 2023 年我国全年交通固定资产投资达到 39142 亿元，是 1978 年的 615 倍。

在铁路方面，新中国成立初期，铁路运营里程仅有 2.18 万公里，到 1978 年增长到 5.17 万公里，而截至 2022 年，中国铁路营业里程已达 15.49 万公里，其中电气化里程 11.45 万公里。中国铁路技术实现了从普速到高速、从引进到自主研发的转变；成功构建了具有完全自主知识产权的高速、普速、重载三大领域铁路技术标准体系，总体技术水平迈入世界先进行列；建成了青藏铁路、京沪高铁、中老铁路等代表性工程。

在公路方面，新中国成立初期，我国公路总里程仅为 8.08 万公里，到 1978 年提升到 89.02 万公里，提升了 10 倍。截至 2022 年底，我国公路总里程达到 535.48 万公里，其中高速公路通车里程达到 17.73 万公里，位居世界第一。

在民用航空方面，改革开放初期，我国仅有 78 个民用运输机场，而到 2023 年，这一数字增长到 259 个，增长了 2 倍多。1978 年，国内航线仅有 150 条，全年共执行航班 4.55 万班；2023 年，我国共有定期航班航线 5206 条，其中国内航线 4583 条（包括港澳台航线 65 条），国际航线 623 条。中国民用航空局发布的《2023 年民航行业发展统计公报》的数据显示，截至 2023 年底，我国民用航空运输线路长度按不重复距离计算的航线里程为 875.96 万公里，其中国内航线 591.65 万公里（包括港澳台航线 10.16 万公里），国际航线 284.31 万公里。

在水运和管道运输方面，我国已成为世界上具有重要影响力的水运大国，港口规模世界第一，2020 年港口货物吞吐量完成 145.5 亿吨，集装箱吞吐量完成 2.6 亿标箱，两者均居世界第一。内河货运量连续多年居世界第一，2020 年全国内河货运量完成 38.15 亿吨，内河航道通航里程近 12 万公里，同样位居世界第一。在水运领域，我国科技创新达到世界先进水平，引领世界智慧港口的新潮流，自动化码头设计建造技术、港口机械装备制造技术达到世界领先水平。我国管道运输业自 1970 年起步，经过 50 多年的发展，2022 年管道输油（气）里程达到 13.64 万公里，已成为国内重要的能源运输方式。我国已建成东北、华北、中原、华东和西北等地区的输油（气）管道系统，形成四通八达、输配有序的石油、天然气管网运输体系。

1949—2022 年我国基础设施发展情况见表 3-3。

表 3-3　1949—2022 年我国基础设施发展情况

单位：万公里

	1949 年	1978 年	1990 年	2000 年	2010 年	2020 年	2022 年
铁路营业里程	2.18	5.17	5.79	6.87	9.12	14.63	15.49
铁路电气化里程	—	0.10	0.69	1.49	3.27	10.63	11.45
公路里程	8.08	89.02	102.83	167.98	400.82	519.81	535.48
等级公路里程	—	—	74.11	131.59	330.47	494.45	516.25
高速等级公路里程	—	—	0.05	1.63	7.41	16.10	17.73
一级等级公路里程	—	—	0.26	2.01	6.44	12.31	13.48
二级等级公路里程	—	—	4.34	15.27	30.87	41.83	43.16
等外公路里程	—	—	28.72	18.67	70.35	25.36	19.24
内河航道里程	7.36	13.60	10.92	11.93	12.42	12.77	12.80
定期航班航线里程	—	14.89	50.68	150.29	276.51	942.63	699.89
国际航线线路长度	—	5.53	16.64	50.84	107.02	382.87	153.74
管道输油（气）里程	—	0.83	1.59	2.47	7.85	12.87	13.64

注：1. 铁路电气化里程 2014 年及以前为国家铁路电气化里程，2015 年起为全国铁路电气化里程。

2. 2005 年起公路里程包括村道。

3. 2004 年起内河航道里程为内河航道通航里程数。

4. 2011 年起民航航线里程改为定期航班航线里程。

5. 2013 年管道运输统计口径有所调整，2012 年管道运输数据按同口径调整。

资料来源：国家统计局。

（2）能源工业生产能力极大提高

1949 年，中国的原煤产量仅有 3243 万吨 。到了 2023 年，规模以上工业原煤产量达到 46.6 亿吨，相当于 1949 年的近 144 倍。1949 年，中国的原油产量仅为 12 万吨 。而到了 2023 年，中国的原油产量达到 2.08 亿吨，相当于 1949 年的 1730 多倍。1949 年，中国的天然气产量仅为 0.07 亿立方米 。到了 2023 年，天然气产量达到 2297 亿立方米，是 1949 年的 32800 多倍，其中非常规天然气产量突破 960 亿立方米，约占天然气总产量的 41.8%。

1949 年，全国发电装机容量仅为 185 万千瓦，发电量为 43 亿千瓦时 。而到了 2023 年，中国的电力生产能力实现了巨大的增长。国家能源局发布的数据显示，截至 2023 年 12 月底，全国累计发电装机容量约为 29.2 亿千瓦，是 1949 年的 1578 倍；2023 年我国的电力生产量达到 9.46 万亿千瓦时。除了电力生产领域装机量和生产量的显著进步，我国在可再生能源，特别是太阳能和风能发电方面也发展迅速。2023 年底，太阳能发电装机容量约为 6.1 亿千瓦，同比增长 55.2%；风电装机容量约为 4.4 亿千瓦，同比增长 20.7%；水电装机容量为 42154 万千瓦，同比增长 1.8%；火电装机容量为 139032 万千瓦，同比增长 4.1%；核电装机容量为 5691 万千瓦，同比增长 2.4%。同时，煤电装机占比首次降至 40% 以下，显示出中国电力结构正朝着更加清洁、可持续的方向发展。

2002—2023 年我国原煤、电力生产量见图 3-3。

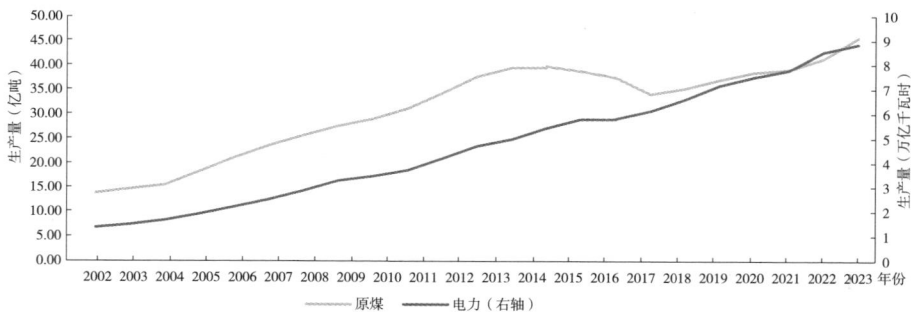

图 3-3　2002—2023 年我国原煤、电力生产量

资料来源：国家统计局。

（3）信息通信和邮政基础网络快速发展

1949 年以来，信息通信和邮政基础网络经历了翻天覆地的变化。在信息通信领域，中国从 1G 时代的空白起步，迅速发展到 2G 时代的跟随、3G 时代的突破、4G 时代的同步发展，最终在 5G 时代实现全球领先。如今，中国拥有全球规模最大的 4G 商用网络和快速扩张的 5G 基站，固定长途电话交换机容量和移动电话交换机容量均实现了数百倍的增长，移动电话普及率显著提升。截至 2023 年底，中国的移动电话用户规模达到 17.27 亿户，移动电话用户普及率达到 122.5 部 / 百人，这一普及率比全球平均水平（107 部 / 百人）高出 15.5 部 / 百人。

在邮政基础网络方面，中国从邮政网络规模小、网点少、设备陈旧、技术落后的起点出发，通过不断加强基础设施建设和提高普遍服务能力，实现了跨越式发展。目前，中国已建成数百个邮政和快递类专业物流园区，邮路和快递服务网络覆盖全国。2020 年的邮政行业发展统计公报显示：全行业拥有各类营业网点 34.9 万处，其中设在农村的有 11.1 万处；快递服务营业网点有 22.4 万处，其中设在农村的有 7.1 万处。我国快递服务作为邮政业的重要组成部分，从无到有，迅速发展，如今我国已成为世界第一快递大国。近年来，快递业务量每年以百亿件的速度增长，展现了中国邮政业的强劲动力和广阔前景。

（三）重要工业政策与规划：国家层面的工业发展策略

1949 年以来，中国的重要工业政策和发展策略经历了多个阶段，每个阶段都紧密围绕国家的发展需求和时代背景进行调整和优化。

1. 国民经济恢复和计划经济时期

新中国成立初期，重点放在恢复战争破坏的工农业，遏制通货膨胀，建立独立、完整的工业体系。"一五"计划期间，中国集中力量发展国家工业化的重要项目，建成了一批重要的工业企业，如钢铁联合企业、汽车制造厂等，极大提升了现代工业生产能力。"二五"计划期间，中国继续以重工业为中心进行工业建设，提出建立社会主义工业化巩固基础的任务。尽管受到"文化大革命"和"大跃进"影响,但"三五"和"四五"计划时期的"三线建设"加强了国防建设和基础工业,促进了国民经济的新飞跃,并且通过后期的经济政策调整,国民经济逐渐恢复,工业发展也回到正轨。

计划经济时期,工业方面的产业政策制定和实施依赖于工业管理部门的建立和有效运作。新中国成立初期,为了加速实现社会主义工业化,中国政府成立了多个工业管理部门来统筹和推动工业发展。这些部门包括:中央财政经济委员会,负责统一管理全国的财政经济工作,确保经济的稳定与发展;国家计划委员会,负责编制年度计划和五年长期计划;第一机械工业部和第二机械工业部,分别负责重型机械和民用机械的制造;冶金工业部、煤炭工业部、电力工业部、石油工业部和化学工业部,分别专注于金属冶炼、煤炭开采、电力生产、石油加工和化学产品生产;建筑材料工业部和纺织工业部,负责建筑材料和纺织品的生产;轻工业部,涵盖除纺织外其他轻工业产品的制造;铁道部、交通部和邮电部,分别负责铁路、公路水路民航以及邮政电信服务;农业部虽主要负责农业生产,但也涉及农用机械等农业相关工业生产等。在中央的工业管理体系建立之后,为了统一与加强对地方工商业的领导,各地设立了工商业的管理部门。根据各地工商业禀赋特征,各地名称上差异较大,有工业厅、工商厅、工矿厅、商业厅、工商局、工业局、工商处、工商部等,图3-4展示了当时中央和地方工业部门的管理关系。

在整个计划经济时期,中央人民政府通过国家计划委员会等机构对工业生产、资源分配、产品价格等实行管理和宏观调控;强调重工业优先发展,集中力量建设钢铁、机械、能源等基础工业,以快速建

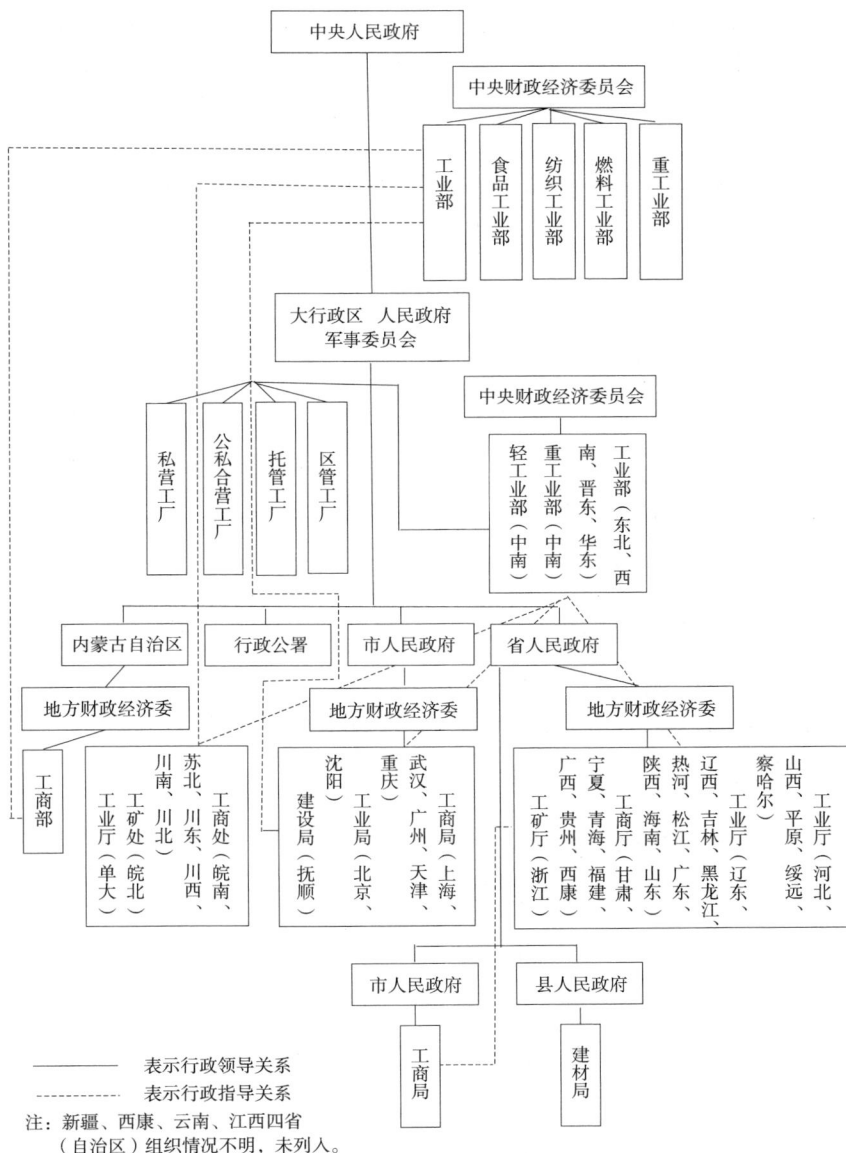

图 3-4 新中国成立初期中央与地方工业部门的管理关系

资料来源：轻工部，《关于确定工业行政系统明确职责及领导关系的建议》，转引自中国社会科学院、中央档案馆，《中华人民共和国经济档案资料选编：工业卷（1949—1952）》，中国物资出版社 1996 年版，第 191 页。

立独立完整的工业体系；实施大规模的五年计划，明确每个阶段的工业发展目标和重点建设项目；通过行政手段保障指令性计划的执行，确保国家工业化战略的顺利实施。这种政策制定方式在一定程度上促进了工业的快速发展，但也存在资源配置效率不高、缺乏市场调节机制等问题。

2. 改革开放至加入世界贸易组织

在1978年至2000年这一关键时期，中国工业发展迎来了历史性的转型与飞跃。政府部门引领和实施了一系列影响深远的工业政策。这些政策以改革开放为旗帜，推动了经济结构的重大调整，从原先的重工业优先转向轻工业和劳动密集型行业的均衡发展，有效解决了轻重工业比例失调的问题。同时，市场化改革的深入推进，特别是1984年中共十二届三中全会提出的社会主义有计划商品经济理念，为企业注入了新的活力，促进了经济体制的深刻变革。

在所有制结构改革方面，政府确认了私营经济的合法地位，形成了以公有制为主体、多种所有制经济共同发展的新格局。财政体制的改革，特别是分税制的实施，合理划分了中央与地方的财政事权和支出责任，极大激发了地方发展工业的积极性。

在对外开放方面，中国着手加入世界贸易组织，中国工业逐渐融入国际产业分工体系。在技术创新方面，政府强调提升自主创新能力，突破关键核心技术制约，为工业的持续健康发展提供强有力的技术支撑。

总体而言，这些政策和发展策略体现了中国政府在不同历史阶段对工业发展重点的精准把握和战略调整，不仅推动了工业经济的快速增长，也为中国经济的现代化、国际化和高质量发展奠定了坚实基础。

3. 加入世界贸易组织之后的黄金十年

自 2001 年加入世界贸易组织起，中国步入了发展的黄金十年。这一时期，中国政府部门积极适应全球化趋势，推动工业经济实现跨越式发展。通过深度融入世界经济体系，中国充分利用国际市场资源，吸引了大量外资，引进了先进的技术和管理经验，加速了国内产业的升级换代。产业结构得到了显著优化，高新技术产业迅速崛起，传统产业通过技术改造焕发新生。创新驱动发展成为国家战略，研发投入不断增加，国家和企业两级研发体系逐步完善，产学研结合推动了科技成果转化，增强了工业的核心竞争力。

同时，政府部门实施了区域协调发展战略，通过西部大开发、振兴东北老工业基地等措施，促进了区域经济的均衡发展，有效缩小了地区发展差距。面对资源环境约束，推行节能减排政策，鼓励循环经济和清洁生产，加强环境保护法规的制定和执行，推动了工业的绿色转型。此外，政府还注重产业政策与市场机制的结合，完善市场体系，提高资源配置效率，为各类市场主体创造了公平竞争的环境。

在 2008 年国际金融危机爆发后，中国政府迅速采取了一系列刺激经济的政策措施，有效地稳定了工业增长和就业，展现了中国经济的强大韧性和内生动力。这十年间，中国工业的快速发展不仅极大地提升了国家的综合国力和国际影响力，也为全球经济增长作出重要贡献，中国逐步成为世界经济的重要引擎。

这一时期的工业政策和发展策略体现了中国政府对工业发展规律的深刻认识和科学规划，通过积极参与国际分工、推动产业结构优化、强化创新驱动、促进区域协调发展、坚持绿色发展、坚持产业政策与市场机制相结合、支持中小企业和非公有制经济，以及有效应对国际金融危机，中国工业实现了跨越式发展，为中国经济的持续健康发展奠定了坚实基础。

4. 新时期的新型工业化阶段

2012年，中国经济增长面临放缓的压力，政府实施了"稳增长、调结构、控通胀"的宏观调控政策，经济增长率明显下降，7.5%的经济增速目标标志着中国经济增长进入了一个"适度增长"的新常态。中国工业发展迎来了新的历史阶段，政府部门开始着力推动工业现代化和提升国际竞争力。通过实施创新驱动发展战略，中国加速了关键核心技术的研发，增强了工业的自主创新能力。产业结构的优化升级成为政策焦点，通过供给侧结构性改革，加快了传统产业的转型升级，同时促进了战略性新兴产业的快速发展。

这一时期，中国工业政策的另一个显著做法是推动信息化与工业化的深度融合，为工业发展注入了新的动能。在全球化浪潮中，中国积极参与国际产业分工，通过共建"一带一路"等对外开放举措，构建了全面开放的现代化产业体系。绿色发展成了中国工业政策的重要组成部分，政府部门推动工业发展方式的绿色转型，构建低碳工业体系，提高了工业的可持续发展能力。此外，产业政策也经历了重要的转型，由选择性向功能性转变，更加注重创新激励和市场竞争秩序的完善，明确了中国制造业的发展方向，旨在实现从制造大国向制造强国的转变。

这一时期，中国已经进入后工业化阶段，因此在产业政策上提出了"新型工业化"的概念。党的十六大报告指出：实现工业化仍然是我国现代化进程中艰巨的历史性任务。信息化是我国加快实现工业化和现代化的必然选择。坚持以信息化带动工业化，以工业化促进信息化，走出一条科技含量高、经济效益好、资源消耗低、环境污染少、人力资源优势得到充分发挥的新型工业化路子。这一时期"新型工业化"的概念中，强调信息化在工业化中的作用，主要目标是基本实现工业化，注重依靠科技进步和提高劳动者素质，改善经济增长质量和效益。党的十七大在党的十六大的基础上，总结五年来的实践，进一步提出"发展现代产业体系，大力推进信息化与工业化融合，促进工业由大变强，振兴装备制造业，淘汰落后生产能力"，从而又丰富了新型工业化道路的内涵。党的十八大指出：坚持走中国特色新型工业化、信息化、城镇化、农业现代化道路，推动信息化和工业化深度融合、工业化和城镇化良性互动、城镇化和农业现代化相互协调，促进工业化、信息化、城镇化、农业现代化同步发展。新型工业化的内涵不局限于工业自身的良好发展，而是延伸到有利于整个经济社会高质量发展、提高发展质量、促进人民幸福的工业发展。

总体来看，2012年之后的中国工业政策体现了政府部门在推动工业高质量发展中的积极作为，展现了在适应经济发展新常态下，对工业政策进行的创新和调整，以适应全球经济的变化和国内经济发展的需求。

（四）工业教育与人才培养：技术与管理人才的培养

1. 早期的工业人才培养

新中国成立初期，中国缺乏各类工业人才，这一时期工业人才的培养主要依靠工科院校，如清华大学、上海交通大学等，这些院校开设了与工业发展紧密相关的专业，培养了大量工程技术人才。同时，苏联在人才方面的援助对于新中国成立初期的工业技术和管理人才的培养起到了重要作用。档案资料显示，仅1952年由中央和东北计委派往苏联留学的在职干部有273名，教育部及各经济部门所属高等院校学生有287名。1953年教育部准备送往苏联的留学生有1100名，其中财经系统有 650 名[①]。图 3-5 显示了 1953 年我国各部委派往苏联的技术干部的名额分配情况，其中最多的为重工业部 255 人，其次是燃料工业部 126 人。中央人民政府还建立了技术学校和职业培训机构，为在职人员提供专业技能培训，并通过夜校、函授教育等形式提供在职培训和继续教育，以适应技术更新的需要。此外，通过政策引导和激励措施，鼓励青年知识分子到基层和生产一线锻炼，科研与生产相结合的方式也促进了科技成果的应用和人才实践能力的提升。这些综合措施为新中国的工业化和现代化建设奠定了坚实的人才基础。"文化大革命"时期，工业教育受到严重影响，许多学校停课，人才培养中断。然而部分工厂和农村开展了"七二一"大学等多种形式的在职培训和技术教育。

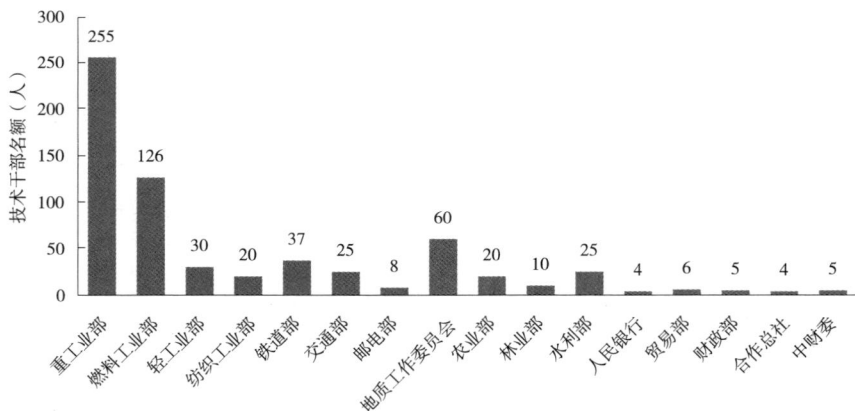

图 3-5　1953 年我国各部委派往苏联的技术干部名额分配情况

资料来源：中财委，关于各部行署一九五三年赴苏联留学生名额分配问题，1952 年，G128-3-296。

———————————————

① 资料来源：中财委，《1952 年派赴苏联留学生实习生名额》，1952 年 3 月 1 日，G218-3-416。

2. 改革开放后的工业人才培养

改革开放之后，中国的工业技术人才与管理人才的培养模式经历了深刻的变革，以适应市场经济和全球化的需求。这一时期，中国高等教育迅速扩张，特别是工程教育领域，培养了大量的技术人才。据统计，到2010年，中国已成为世界上最大的工程教育提供者，每年约有300万名工程类毕业生。高等教育机构不仅数量增加了，而且通过实施"211工程"和"985工程"，重点建设了一批高水平研究型大学，这些大学在工程技术人才培养方面发挥了重要作用。同时，职业教育体系也得到了加强，特别是通过与企业的紧密合作，实施了工学结合、校企合作的人才培养模式，以提高学生的实践能力和就业竞争力。在管理人才培养方面，中国引入MBA（工商管理硕士）和EMBA（高级工商管理硕士）等教育项目，培养了一大批具有现代管理知识和国际视野的管理人才。此外，中国还鼓励海外留学和国际交流，大量学生赴海外学习先进的技术和管理经验，然后回国贡献所学，促进了国内人才队伍的国际化和多元化。这些改革和措施，为中国工业的现代化和全球化竞争提供了强有力的人才支持。

中国工业教育与人才培养对国家工业发展起到了至关重要的推动作用。通过建立和完善多层次、多样化的教育体系，中国成功培养了大量工程技术人才及管理人才，为工业现代化提供了坚实的人才支撑。高等教育的扩张，特别是工程教育的大力发展，为工业领域输送了大量具备专业技能和创新能力的毕业生。职业教育与继续教育的强化，提高了工人和技术人员的实际操作能力和技术水平。同时，产学研结合的人才培养模式，加强了教育与工业实际需求的对接，促进了科技成果转化和产业升级。国际化的教育视野和海外人才的回流，进一步提升了中国工业人才的全球竞争力。这些人才的培养和发展，不仅加速了中国从制造大国向制造强国的转变，也为经济的持续健康发展和社会的全面进步作出了重要贡献。

二、工业发展的里程碑

新中国成立75年来，我国的工业发展取得了许多辉煌的成就。中国工业产值实现了持续增长，制造业增加值连续多年稳居全球首位，成为国家经济增长的重要引擎。中国工业产品的多样性和丰富度实现了快速提升，220多种工业产品产量位居世界首位，涵盖了从基础原材料到高端制造的全产业链，满足了国内外市场的需求。技术创新成为推动工业发展的关键力量。中国在工业技术创新方面取得了显著成就，研发投入的增加和专利申请量的快速增长，尤其是在智能制造、5G通信、高速铁路等领域的突破，展现了中国工业技术的先进性。中国工业在全球化中展现出强大的竞争力。通过积极参与国际合作、推动品牌国际化、与全球产业链深度融合，中国制造业不仅在规模上占据优势，更在技术创新、产品质量、品牌影响力等方面赢得了国际市场的认可。

（一）工业产值

工业是最重要的物质生产部门，为居民生活、各行业的经济活动提供其他行业无法替代的物质产品，是社会稳定运行的基础保障。从工业化的一般规律看，一个经济欠发达地区的工业化初期就是经济起飞的阶段，通常也是工业比重迅速提高的阶段，工业是欠发达地区经济增长的有效引擎。在新中国75年的发展进程中，我国的工业几乎从

"一穷二白"起步，如今已经取得了显著的成就，并且在世界舞台上占据了重要的地位。2023年，中国制造业增加值占全球的比重约为30%，连续14年位居全球首位，体现了中国制造业在全球的重要地位，以及中国作为世界制造业第一大国的持续影响力。

1. 工业增加值快速增长

从历年中国工业增加值及其增速来看，1952年，我国全部工业增加值约为119.5亿元，通过20年的建设，在1972年达到1000亿元。其间，中国工业发展几经波折。在三年困难时期和"文革"期间，工业增加值均有一定程度的下滑。1978年党的十一届三中全会后，国家开始实行一系列经济改革，推进对外开放，这一阶段工业发展的最大特点是工业结构的调整，从优先发展重工业转向优先发展轻工业。进入20世纪90年代后，随着城市化的进程加快，基础设施投资力度加大，汽车、住房、家电等耐用品消费和投资型消费品开始兴起，带动了相关工业的快速发展。1978年我国工业增加值为1621.4亿元，1992年达到10340.2亿元，首次突破1万亿元，2000年达到40258.5亿元，平均每年同比增速超过10%。加入世界贸易组织后，中国打开了融入全球市场经济的格局，利用劳动力成本优势发展外向型的出口经济，逐渐演变成世界工厂。中国本土工业得到爆发式的增长，尤其在21世纪的首个10年。从工业增加值来看，2001—2011年中国全部工业增加值每年基本保持了10%以上的同比增速。

1952—2011年中国工业增加值与同比增速情况见图3-6。

2. 制造业蓬勃发展

从工业的主要部门制造业的发展来看，也能看出其蓬勃发展的势头，尤其我国加入世界贸易组织之后，制造业总产出和增加值迅速提

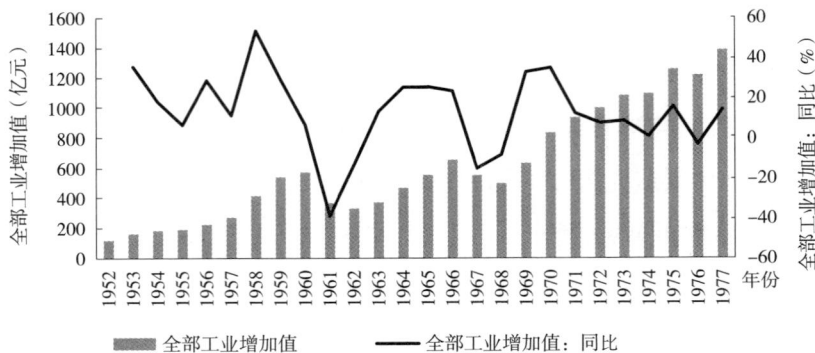

a）1952—1977年

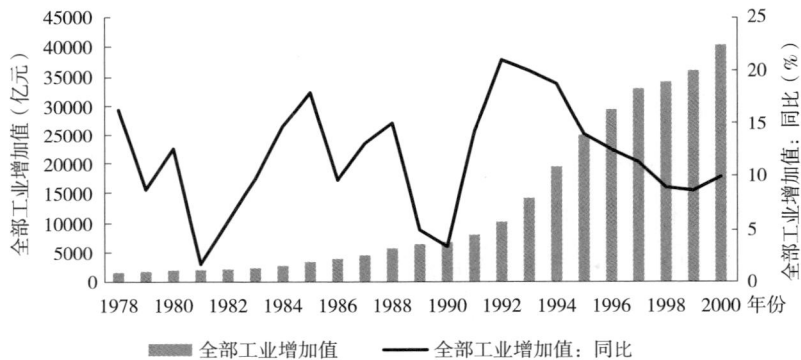

b）1978—2000年

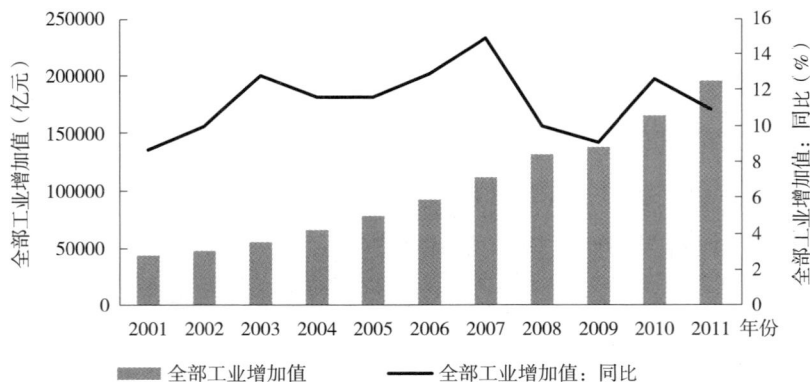

c）2001—2011年

图 3-6　不同时期中国工业增加值与同比增速情况

资料来源：国家统计局。

升。据统计，我国制造业总产出从 2000 年的 1.50 万亿美元增长至 2020 年的 19.51 万亿美元，20 年间增长了约 12 倍，年均增速达到 13.7%；制造业增加值从 2000 年的 0.39 万亿美元增长至 2020 年的 3.85 万亿美元，20 年间增长了近 9 倍，年均增速达到 12.2%。如图 3-7 所示，分行业来看，电气和光学设备，化工和化工产品，食品、饮料和烟草在总产出和增加值上均位列前三，近 20 年来"阶梯式"的递增模式也印

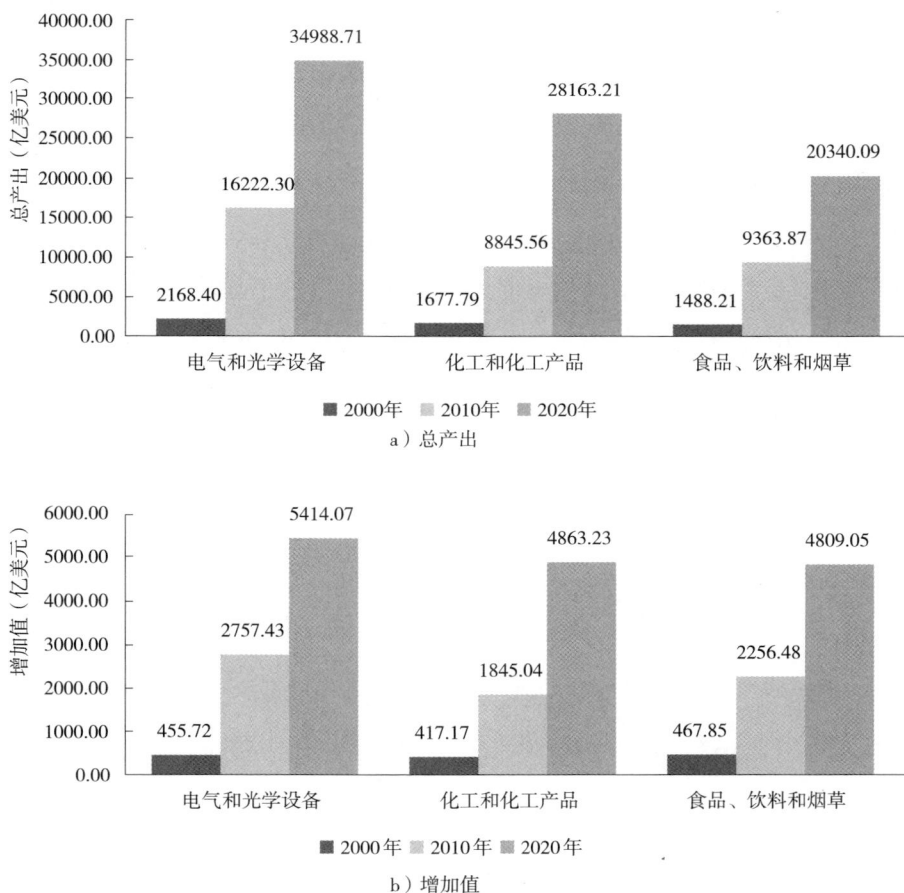

a）总产出

b）增加值

图 3-7 2000 年、2010 年、2020 年中国制造业前三位行业的总产出与增加值

资料来源：根据亚洲开发银行多地区投入产出表（ADB-MRIO）测算。

证了我国制造业整体的快速增长趋势。

3. 工业成为经济增长引擎

工业的产业链链条长，产业关联性强，在工业产值和制造业产值快速递增的过程中，也带动了整体国民经济的快速发展。以行业的乘数效应来看，如图3-8所示，大部分制造业细分行业的简单增加值乘数在0.9左右，说明每增加1单位的本部门的最终需求，可以带动0.9个单位的整体经济的增加值，对于经济具有良好的驱动效应。一类增加值乘数体现的是本部门对其他产业部门的带动作用，大部分行业部门的一类增加值乘数大于3，其中皮革、皮革制品和鞋类，基本金属和金属制品，电气和光学设备，化工和化工产品对其他行业部门的间接驱动乘数效应较大。例如，皮革、皮革制品和鞋类，每增加1单位的本部门的最终需求，带动的其他行业的总体增加值是本行业增加值的6.27倍。由此可见，中国制造业是经济增长的重要动力和引擎。

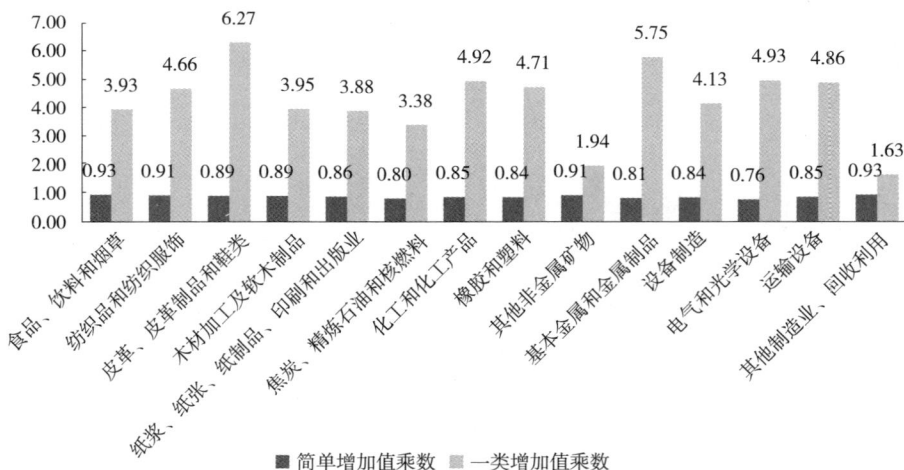

图3-8　2020年中国制造业细分行业增加值乘数

资料来源：根据亚洲开发银行多地区投入产出表（ADB-MRIO）测算。

（二）工业产品的丰富度

1. 完整的工业体系

中国已建成完整的工业体系，这一体系涵盖从基础原材料到高端制造的全产业链，其产品丰富度在全球处于领先地位。中国拥有联合国产业分类中的全部工业门类，包括 41 个工业大类、207 个工业中类、666 个工业小类，成为全世界唯一拥有全部工业门类的国家。在世界 500 种主要工业产品中，中国有超过四成产品的产量位居世界第一，包括钢铁、汽车、电子产品、化工产品等。从产业配套能力来看，中国工业体系的完备性为各类工业产品提供了强大的配套能力，能够快速响应市场需求，实现从原材料到成品的快速转化。中国庞大的市场规模和生产能力形成了显著的规模经济优势，有效降低了生产成本，提高了产品竞争力。此外，中国在多个地区形成了产业链集群，如长三角、珠三角等，这些集群通过产业协同和集聚效应，进一步提升了生产效率和创新能力。中国构建的完整工业体系不仅为国内经济发展提供了坚实基础，也为全球工业增长和技术创新作出了重要贡献。

2. 大规模市场条件下的消费升级

表 3-4 展示了改革开放之后，随着住房改革的推进，居民收入水平的快速提升，我国居民的消费水平快速升级，家电耐用品消费开始兴起，带动了相关工业的快速发展。我国汽车、电冰箱、洗衣机、彩色电视机的产量在这一阶段呈指数级增长，尤其是 20 世纪 80 年代初，家电产品每年产量翻倍增长。这与我国原来工业产品产量较低，民众需求大量无法满足有关，但也充分体现了我国改革开放后各种民用工业在全国大规模市场的刺激下，迅速发展，带动了快速工业化。

表 3-4　1978—2000 年主要工业产品的产量和同比增速

年份	汽车		电冰箱		洗衣机		彩色电视机	
	产量（万辆）	同比增速（％）	产量（万台）	同比增速（％）	产量（万台）	同比增速（％）	产量（万台）	同比增速（％）
1978	14.9	—	2.8	—	0.04	—	0.4	—
1979	18.6	24.6	3.2	13.6	1.8	4425.0	1.0	150.0
1980	22.2	19.7	4.9	54.1	24.5	1255.2	3.2	237.9
1981	17.6	−21.0	5.6	13.5	128.1	422.1	15.2	373.8
1982	19.6	11.8	10.0	79.7	253.3	97.7	28.8	89.4
1983	24.0	22.2	18.9	88.7	365.9	44.5	53.1	84.3
1984	31.6	31.9	54.7	190.4	578.1	58.0	134.0	152.2
1985	44.3	40.1	144.8	164.5	887.2	53.5	435.3	225.0
1986	36.4	−18.0	225.0	55.4	893.4	0.7	414.6	−4.8
1987	47.3	29.9	401.3	78.4	990.2	10.8	672.7	62.3
1988	64.7	36.9	757.6	88.8	1046.8	5.7	1037.7	54.2
1989	58.7	−9.3	670.8	−11.5	825.4	−21.1	940.0	−9.4
1990	50.9	−13.2	463.1	−31.0	662.7	−19.7	1033.0	9.9
1991	70.9	39.2	469.9	1.5	687.2	3.7	1205.1	16.7
1992	106.2	49.8	485.8	3.4	707.9	3.0	1333.1	10.6
1993	129.7	22.1	596.7	22.8	895.9	26.5	1435.8	7.7
1994	135.3	4.4	768.1	28.7	1094.2	22.1	1689.2	17.6
1995	145.3	7.3	918.5	19.6	948.4	−13.3	2057.7	21.8
1996	147.5	1.5	979.7	6.7	1074.7	13.3	2537.6	23.3
1997	158.3	7.3	1044.4	6.6	1254.5	16.7	2711.3	6.8
1998	162.8	2.9	1060.0	1.5	1207.3	−3.8	3497.0	29.0
1999	183.2	12.5	1210.0	14.2	1342.2	11.2	4262.0	21.9
2000	206.8	12.9	1279.0	5.7	1443.0	7.5	3936.0	−7.6

资料来源：国家统计局，《中国汽车工业年鉴》。

3.全行业的产品产量全球领先

从主要工业产品来看，在 500 种主要工业产品中，中国有 220 多种产品产量位居全球第一，涵盖从基础原材料到高端制造的全产业链，其中包括但不限于以下几个领域。（1）能源产品，包括煤炭、石油、天然气等基础能源物资，其中原煤等能源产品的产量位居世界前列。（2）金属产品，如钢铁、有色金属等金属冶炼产品，中国产量也占据世界领先位置。（3）化工产品，如化学原料、化学制品、化肥、农药等，中国是全球重要的化工产品生产国。（4）建筑材料，如水泥、玻璃、陶瓷等建材产品，中国的产量在全球占据重要地位。（5）机械产品，包括通用设备、专用设备、电气机械和器材等，中国的机械制造业规模庞大。（6）汽车领域，中国是全球最大的汽车生产和消费国，汽车产量连续多年位居世界第一。（7）电子信息产品，如智能手机、计算机、电视等电子产品，中国的产量在全球市场占有重要份额。（8）纺织产品，如服装、纺织品等，中国拥有完整的纺织产业链和强大的生产能力。（9）家电产品，如空调、冰箱、洗衣机等家用电器，中国是全球最大的家电生产基地之一。（10）新能源产品，如光伏产品、风能设备、新能源汽车等，中国在新能源领域的技术创新和产量均处于全球领先地位。（11）高端装备制造，包括高铁、船舶、航空航天器等，中国在这些高端装备制造领域取得了显著成就。（12）智能制造，随着工业 4.0 的推进，中国的智能制造水平不断提升，工业机器人等智能装备的产量也在快速增长。

（三）技术创新与突破

1.工业创新驱动发展战略

工业技术创新与升级是中国从制造大国向制造强国转变的关键驱

动力。新中国成立以来，特别是改革开放以后，中国的工业技术创新经历了从引进、吸收到自主研发的跨越式发展。在早期，中国的工业基础相对薄弱，工业技术水平落后于发达国家。然而，随着国家对科技和工业的重视，中国开始大量引进国外先进技术，并在此基础上进行吸收和再创新。进入21世纪，中国开始实施创新驱动发展战略，旨在通过科技创新引领经济结构的转型升级，工业技术实现了快速发展，特别是在制造业领域，中国不仅在产量上取得显著成就，更在质量、品牌和技术创新上实现了突破。2023年，我国高技术制造业增加值占规模以上工业增加值的比重达到15.7%。这一比重的提高，反映了中国在高端制造领域的不断进步和创新能力的不断提升。特别是在关键领域如新能源汽车、太阳能电池、服务机器人和3D打印设备等，均实现了显著增长，其中新能源汽车产量同比增长30.3%，太阳能电池产量增长54.0%，服务机器人和3D打印设备产量分别增长23.3%和36.2%。这些数据表明，高技术制造业作为中国经济发展新动能的重要组成部分，对经济增长的贡献率持续提升，促进了中国工业经济的高质量发展。

2. 研发投入与产出快速递增

创新驱动成为工业转型升级的重要特征，我国越来越注重研发投入。从20世纪末至2013年，我国大中型工业企业的R&D人员全时当量和R&D研发经费投入基本保持两位数的同比增速。如图3-9所示，1995年我国大中型工业企业R&D人员全时当量为28.2万人年，2014年突破200万人年，增长了6倍多，此后基本保持在200万人年左右，2020—2022年这三年有明显增长，2022年达到262.07万人年。1995年我国大中型工业企业R&D经费为141.7亿元，到2022年增长

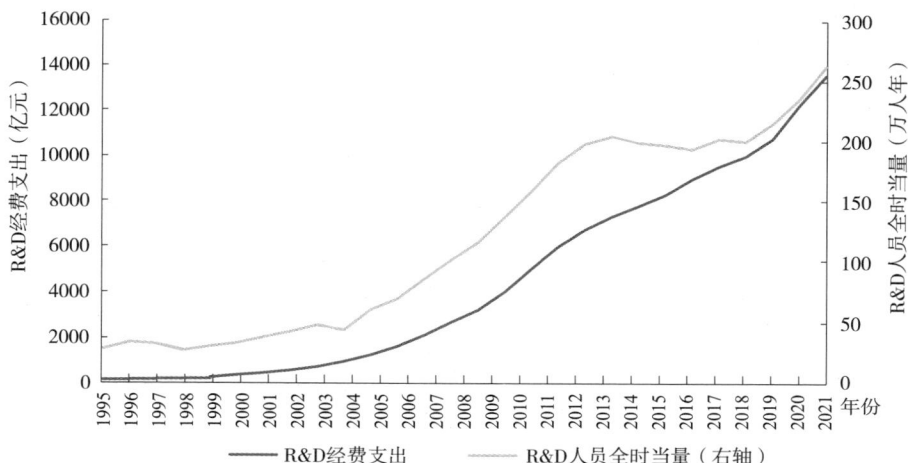

图 3-9　1995—2022 年全国大中型工业企业 R&D 活动情况
数据来源：国家统计局。

为 13568.60 亿元，增长了 94 倍多，年平均增速约为 18%。

在研发投入增长的同时，创新产出也屡见成效。科技部的统计数据显示，2011 年和 2019 年规模以上工业企业分行业的专利申请数量如图 3-10 所示，2011 年所有规模以上工业企业申请专利数量突破 30 万件，8 年后，每年的申请数量都突破 100 万件，其中单个细分行业如计算机、通信和其他电子设备制造业 2019 年的申请数量超过 20 万件。从专利申请的行业分布及跨期变化情况来看，专利申请占比较大的行业包括计算机、通信和其他电子设备制造业，电气机械及器材制造业，专用设备制造业，通用设备制造业，汽车制造业，金属制品业，化学原料及化学制品制造业，橡胶和塑料制品业。近年来受信息技术快速发展迭代，新能源汽车产业、新材料产业等快速发展的影响，计算机、电气机械、汽车制造、化工、通用设备、专用设备等行业的专利申请数量增长最快，增幅最大。

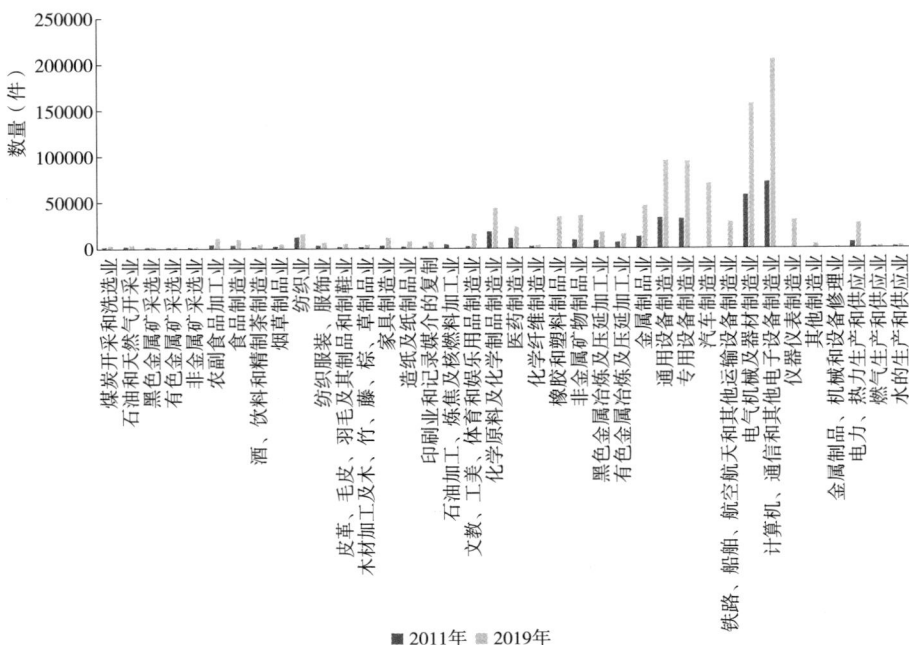

图 3-10　2011 年和 2019 年规模以上工业企业分行业专利申请数量
资料来源：科技部。

3. 数字化和智能化转型

工业技术创新的另一个重要趋势是数字化和智能化转型。以 5G、人工智能、大数据、云计算等前沿技术为代表的新一轮科技革命，正深刻重塑着全球工业格局，带动了数字化和智能化的发展大潮。2023年，中国数字经济核心产业的增加值占国内生产总值（GDP）的比重达到 10%，成为经济增长的重要引擎。数字经济的创新也非常活跃，2023 年数字经济核心产业的发明专利授权量达到 40.6 万件，占全社会同期发明专利授权总量的四成半，近五年年均增速达到 21.0%。特别是在人工智能领域，中国展现出强劲的创新活力，截至 2023 年底，人工智能发明专利有效量达到 37.8 万件，同比增速超过 40%，是全球平均增速的 1.4 倍。同时，中国信息通信研究院发布的《中国数字经济发展研究报告（2023 年）》显示，2022 年，中国数字经济规模达到 50.2 万亿元，同比名义增长 10.3%，已连续 11 年显著高于同期 GDP 名义增速，数字经济占 GDP 的比重相当于第二产业占国民经济的比重，达到 41.5%。

在数字化和智能化趋势的推动下，中国政府通过加强新型数字基础设施建设，推动智能制造和工业互联网平台的广泛应用，实现了生产过程的自动化、智能化，提升了生产效率和产品质量。大数据和云计算的应用使企业能够高效处理海量生产数据，优化决策流程。人工智能技术在质量控制、预测性维护和供应链管理等方面的应用，进一步提高了生产的智能化水平。同时，数字化和智能化转型也促进了定制化生产和小批量多样化制造，增强了企业对市场变化的适应性并提高了产业链的协同效率。

中国制造业的智能化水平虽然正在快速提升，并且在某些领域已经走在世界的前列，但是与发达国家相比还存在一定差距。用工业机器人的安装密度来衡量中国制造业的智能化水平，表 3–5 展示了2000—2019 年部分国家四大类工业行业工业机器人的使用情况，工业机器人平均使用最多的国家为日本，平均每万名雇用工人对应使用202.46 台机器人，接下来为韩国、德国、法国、美国和英国。中国工业机器人的安装量并不高，仅为 8.28 台 / 万人；印度则更低，为 1.62 台 / 万人。由此可见，中国与发达国家在智能制造水平上还有较大差距。分行业来看，工业机器人使用最多的行业为装备工业，平均每万名雇用工人对应 184.89 台机器人。接下来为原材料工业和电子信息制造业。消费品工业使用工业机器人的数量最少，仅为 17.64 台 / 万人。而中国在各行业的工业机器人使用情况除高于印度外，均低于日本、韩国、德国等表中其他发达国家。

表 3-5　2000—2019 年部分国家四大类工业行业工业机器人的使用情况

单位：台 / 万人

国家	消费品工业	原材料工业	装备工业	电子信息制造业	国家平均
中国	1.83	11.63	20.71	1.95	8.28
法国	27.78	65.42	212.73	7.66	66.12
德国	44.15	124.53	277.12	17.76	103.18
印度	0.06	2.15	5.16	0.10	1.62
日本	35.54	259.09	325.25	212.01	202.46
韩国	9.19	62.10	293.92	204.92	123.21
英国	9.10	31.79	140.96	6.97	38.11
美国	13.46	47.88	203.24	13.88	56.67
行业平均	17.64	75.57	184.89	58.16	74.96

资料来源：根据国际机器人协会数据计算。

（四）全球化中的工业竞争力

1. 世界工厂地位

加入世界贸易组织后，中国打开了融入全球市场经济的格局，利用劳动力成本优势发展外向型的出口经济，逐渐演变成世界工厂。从中国制造业的出口金额来看，2001 年中国制造业出口额为 2358.2 亿美元，此后 10 年大部分年份同比增速保持在 20% 以上。如图 3-11 所示，从中国进出口总额来看，2000 年，中国出口总额 2.06 万亿元人民币，进口总额 1.86 万亿元人民币；到了 2023 年，出口总额达到 23.77 万亿元人民币，进口总额达到 17.98 万亿元人民币，分别增长了 10.5 倍和 8.7 倍。在这一过程中，中国大量引进外资企业，在长三角、珠三角、环渤海湾形成多个世界级的制造业中心，随同外资企业而来的是相应的人才、技术和现代化企业管理制度。在知识的外溢作用下，中国本土工业得到爆发式的增长，尤其是在21世纪的首个10年。国际市场为中国工业发展带来了可观的收益，工业企业的利润快速增长，进一步夯实了我国实体经济的资本基础。

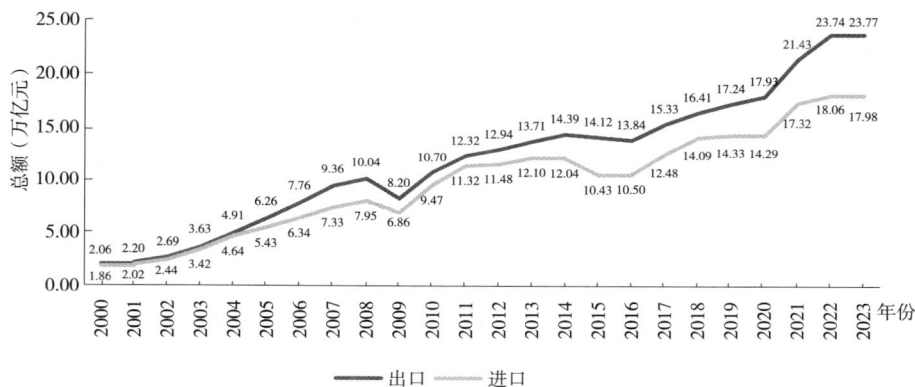

图 3-11　2000—2023 年中国进出口总额
资料来源：国家统计局。

2. 全球价值链参与度

从全球价值链的参与情况来看，用本行业产品作为中间投入品纳入他国生产来衡量价值链的参与率，不考虑各行业的出口规模，将制造业所有细分行业进行算术平均，得到图3-12的结果。2000年我国制造业的全球生产参与率为10.8%，2007年增长至16.0%，2009年受全球金融危机影响，参与率明显下滑。2010—2015年，我国制造业基于生产的全球价值链参与率为13%~14%，2016年开始呈缓慢下滑趋势，2020年基于生产的全球价值链参与率为11.9%。同样，从贸易角度来看制造业整体在全球价值链的参与率，2000年我国制造业全球贸易参与率为29.4%，2007年增长至34.5%，2009年迅速下降，随后又触底

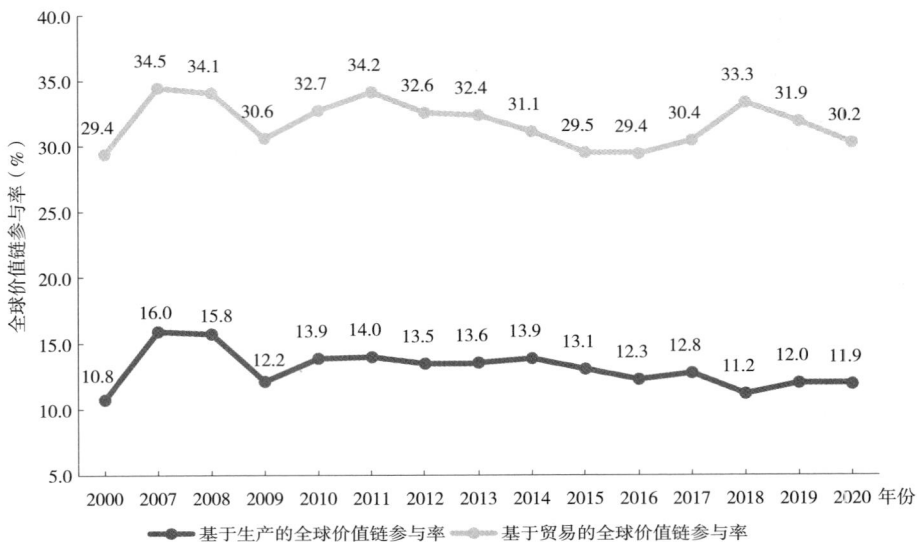

图 3-12 2000—2020 年中国制造业总体全球价值链参与率

注：各细分行业参与率的算术平均，未考虑各行业的出口规模权重。
资料来源：根据亚洲开发银行多地区投入产出表（ADB-MRIO）测算。

反弹，2011 年贸易参与率达到较高的 34.2%，但随后几年，国际贸易环境发生变化，中国经济也进入新常态，贸易的全球价值链参与率逐年下降，到 2016 年下降到 29.4%，2020 年为 30.2%。总体来看，中国制造业在全球价值链中具有重要的地位，连续多年贸易量全球领先，国际价值链的参与率呈现跨期阶段性特征。近年来，国际贸易环境日趋复杂，中国制造业在国际上的分工地位也发生了明显变化，中高端产业的竞争日趋激烈，随着国内产业结构的调整，在全球价值链的参与率上，无论是生产还是贸易均呈现下降趋势。

从制造业细分行业的比较来看，如图 3-13 所示，2020 年，在我国制造业细分产业中，出口产出比较高的产业包括纺织品和纺织服饰，皮革、皮革制品和鞋类，电气和光学设备，设备制造等行业，说明这

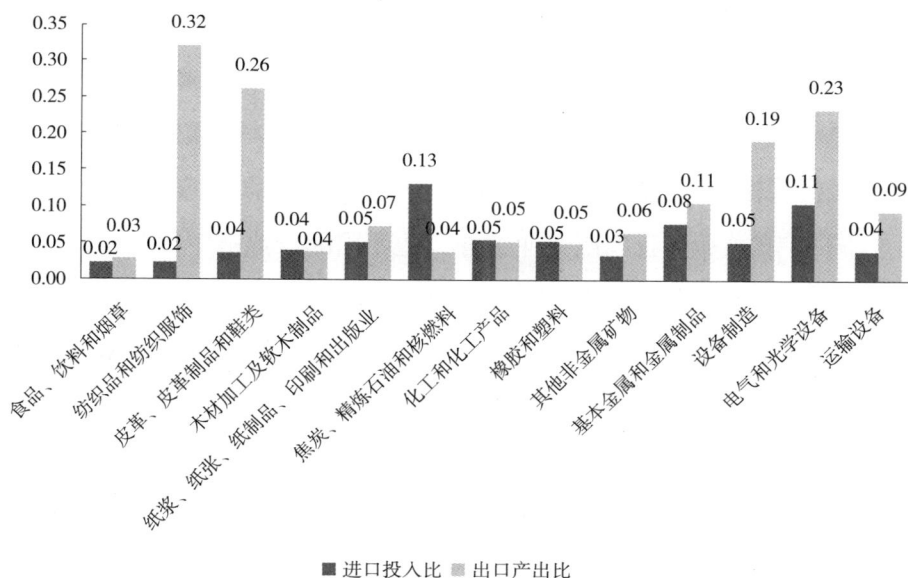

■ 进口投入比　■ 出口产出比

图 3-13　2020 年中国制造业细分行业进口投入比和出口产出比

资料来源：根据亚洲开发银行多地区投入产出表（ADB-MRIO）测算。

些行业是出口主导型的行业，为我国创造了大量的贸易顺差和外汇储备。进口投入比最高的行业是焦炭、精炼石油和核燃料，说明传统能源尤其是石油大量依赖于进口，存在较大的进口依赖性。总体来看，大部分制造业的出口导向和进口导向均不高，基本处于相对自主安全的产业状态。

3. 中国制造的比较优势

各国间的产业竞争与贸易往来是基于各国的要素资源禀赋形成比较优势，进而在自由市场上实现商品流通的结果，正是因为比较优势的存在，才使全球范围内形成各个行业的产业链分工体系。传统的显性比较优势是基于出口总额来测算的，比较一个经济体某产品的出口总额相对于整个经济体出口总额的份额，以及所有经济体某产品的出口相对于世界所有出口产品的份额：指数大于 1，表明这个经济体在出口某部门产品时具有显性比较优势；指数小于 1，则表明其具有劣势。新型的显性比较优势是基于出口增加值来测算的，指标含义类似，也是与 1 进行比较来反映比较优势或者劣势。

图 3-14 显示了我国制造业细分行业在国际产业链中的两种方法测度的比较优势，时间跨度为 2000—2020 年。由图可知，首先，无论是基于出口总额的传统显性比较优势还是基于出口增加值的新型显性比较优势，在国际产业链中我国最具比较优势的两个产业均为纺织品和纺织服饰，皮革、皮革制品和鞋类。虽然跨期来看，这两个行业的比较优势均出现平稳下降趋势，但相对于其他行业仍然处于领先地位，可见在我国制造业参与国际竞争的情况下，劳动密集型的服装行业依然是中国最具有比较优势的行业，只是比较优势地位在逐年下降。其次，我国的电气和光学设备也具有明显的比较优势，从出口总额来看，仅次于服装行业，2007—2018 年我国的电气和光学设备的国际比较优势地位比较平稳，但是 2019—2020 年出现较为明显的下降趋势。我国的电子信息产业经过多年的发展，已经涌现出一批具有国际竞争力的电子信息制造企业。全球贸易信息系统（GTA）的数据显示，2020 年我国电子信息制造业出口额达 6946.93 亿美元，在同行业全球出口榜单中高居首位，全球市场占有率连续 12 年位居第一，市场份额从 2019 年的 28.1% 上升至 2020 年的 28.6%。然而，电子信息制造领域正在经历重新排位的竞争。新冠疫情助长了贸易保护主义思潮，促使一些国家重新审视产业布局与开放政策。2020 年以来，欧洲国家、美国、日本、韩国纷纷出台国家战略及扶持政策，加强在半导体、人工智能、数字经济等信息技术相关领域布局。全球贸易信息系统的统计数据显示，

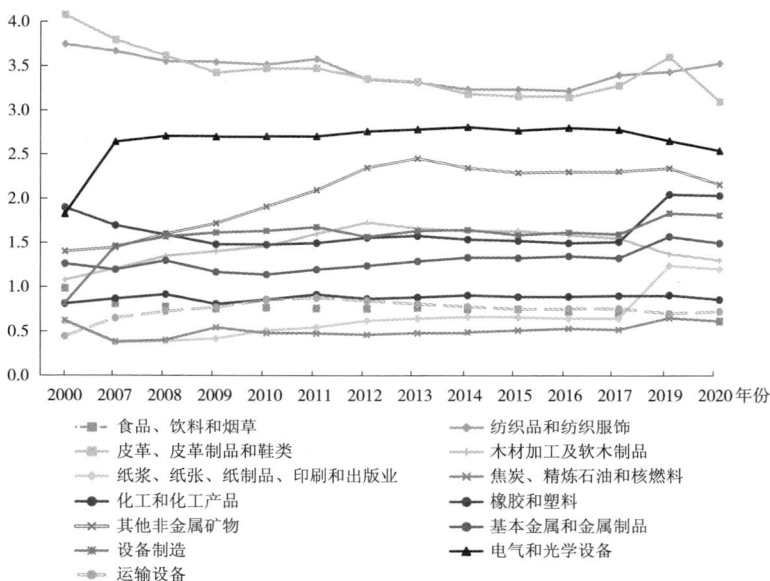

a）传统显性比较优势

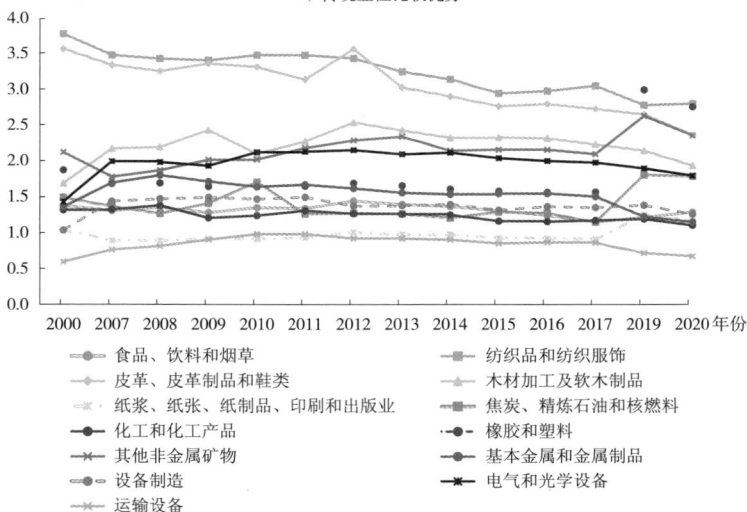

b）新型显性比较优势

图 3-14 中国制造业细分行业在国际产业链中的比较优势

注：为了保证数据的相对平稳，去掉了数值异常波动较大的 2018 年，删除了资源回收利用的其他制造业。

资料来源：根据亚洲开发银行多地区投入产出表（ADB-MRIO）测算。

2020年我国电子信息制造业外贸竞争力综合得分为103.48分，较2019年下滑0.12分。从图3-14利用出口增加值计算的比较优势来看，我国电气和光学设备产业确实只排在制造业细分行业的中段位置，并且近年来有较明显的下滑趋势，说明我国电气和光学设备产业从增加值来看的比较优势并不大，还存在关键技术有待突破、关键零部件依靠进口等问题，值得重视。最后，近年来我国非金属矿物行业的比较优势地位越来越突出，尤其是近十年非金属矿物已经成为我国出口创汇的重要行业部门。我国是世界上非金属矿物资源最丰富的国家之一，石墨、滑石、硅灰石等资源储量大，可满足当前许多发达国家对于新材料发展的需求，未来需要更好地制定非金属矿的出口战略，保障非金属矿产品出口的可持续发展。

基于2020年的贸易数据对我国不同制造业行业进行比较优势指数的排名，如图3-15所示，基于出口总额的比较优势指数排名前五的行业分别为纺织品和纺织服饰，皮革、皮革制品和鞋类，其他制造业、回收利用，电气和光学设备，其他非金属矿物。基于出口增加值的比较优势指数排名前五的行业分别为其他制造业、回收利用，橡胶和塑料，纺织品和纺织服饰，皮革、皮革制品和鞋类，其他非金属矿物。

总体来看，中国工业在全球舞台上展现出显著的竞争力，这主要得益于庞大的生产规模和连续多年稳居全球首位的制造业增加值。技术创新的持续投入，进一步巩固了中国在全球工业中的领导地位。中国制造业的产业链完善，有220多种工业产品产量位居世界首位，加之结构优化升级，高技术制造业和装备制造业的快速发展，显著提升了全球市场竞争力。智能制造和数字化转型的加速，以及工业

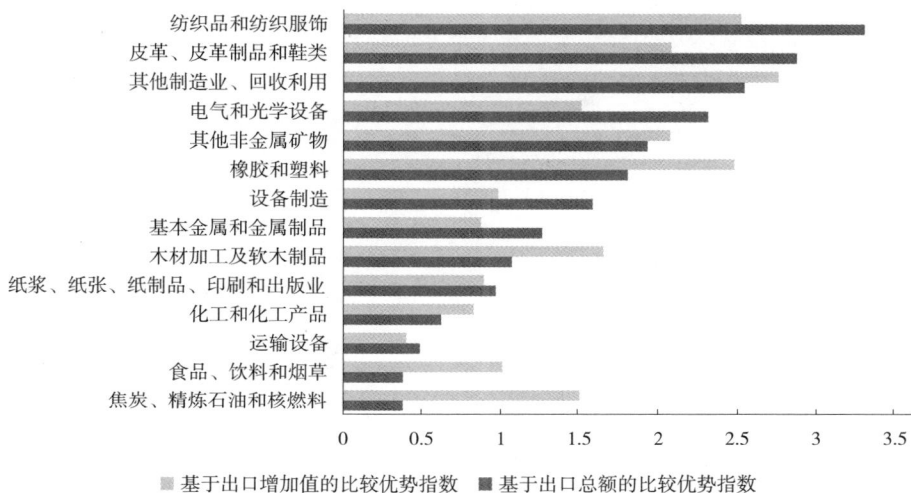

图 3-15　2020 年中国制造业细分行业的比较优势指数

资料来源：根据亚洲开发银行多地区投入产出表（ADB-MRIO）测算。

4.0 和智能制造的推进，为中国工业提供了新的增长动力。积极参与国际合作与交流，特别是通过"一带一路"倡议，加强了与全球产业链的融合。政府的政策支持，包括税收优惠和财政补贴，为制造业的全球化发展提供了良好的环境。同时，中国制造业注重品牌建设，推动品牌国际化，提升了全球市场的认知度和影响力。面对逆全球化趋势，中国制造业通过与当地共建工业能力，有效规避贸易壁垒，实现了海外营收的持续增长，成为推动中国制造全球化发展的典型案例。

第四章

宝贵的经验：75年来工业发展积累的经验

新中国成立 75 年来，中国工业发展和工业现代化取得了举世瞩目的伟大成就。我国从新中国刚成立时只能造桌子、椅子，只能造茶碗、茶壶，只能种出粮食、磨成面粉，只能造纸的落后国家，发展成为能造航空母舰、能造超音速战斗机、能造高档数控机床、能造新能源汽车、能造大型豪华游轮、能造神舟飞船、能造人形机器人等高精尖产品的制造业总体规模位居世界第一的制造大国，并正在走向世界制造强国的新征程上昂首阔步前进。我们在中国共产党的全面正确领导下，一切从实际出发，实事求是，把马克思主义基本原理同中国具体实际相结合、同中华优秀传统文化相结合，探索了既适合中国国情、又符合世界工业发展一般规律和趋势的工业发展战略和发展路径，坚持走中国特色社会主义发展道路，坚持走绿色低碳可持续发展之路，因而能够在较短的时间内实现工业经济的赶超跨越和高质量发展，创造了世界工业经济发展史上的"中国奇迹"和可供其他发展中国家借鉴的"中国经验"和"中国模式"。

一、始终坚持中国共产党对工业经济工作的全面正确领导

"坚持党的集中统一领导"，是中国工业经济发展铸就辉煌的基本

经验，是中国工业发展和工业现代化铸就辉煌的根本保障。在新中国成立 75 年来工业发展和工业现代化建设的各个重要历史时期，中国共产党始终是推动中国工业发展和工业现代化稳步前行的领路人和定海神针。

在新中国成立之初，中国工业不仅底子薄、基础差、技术水平低，而且既有的一些工业生产设备也因长期战乱等各种原因而损坏严重，不能正常生产，大多数工厂处于停产或半停产状态。面对这种不利局面，中国共产党迎难而上，提出用 3 年左右的时间，恢复国民经济，争取工业生产的根本好转。为此，我国在党中央的领导下采取了一系列极具针对性的措施。

（1）建立中央一级的工业领导机构，为工业经济的恢复和发展提供组织领导保障。1949 年 11 月 1 日，中央人民政府成立了重工业部，组织领导钢铁、有色金属、机器、船舶、兵器、航空、化学和建筑材料工业等工业部门的恢复重建工作；成立轻工业部，组织领导制糖、卷烟、油脂生产、酿酒及粮食加工等行业的恢复、重建工作。

（2）派遣大批有领导经验的干部到各厂矿企业去指导其恢复生产和投资建设工作。

（3）号召人民群众发挥主人翁精神，积极参加工厂与矿山的恢复重建工作。

（4）大量招聘流失的工程技术人员，并为其提供优厚待遇。

（5）聘请苏联专家为中国工业的恢复与重建献计献策。

由于措施得当，之前受帝国主义、封建主义、官僚资本主义"三座大山"压迫和长期战乱破坏的工业生产在新的起点上重新上路，并有了新的发展。1952 年我国的工业总产值比 1949 年增长了 1.45 倍，主要工业产品产量均大大超过了 1949 年，如纱产量增长了 1 倍，自行车产量增长了 4.7 倍，原油产量增长了 2.6 倍，生铁产量增长了 6.7 倍，钢材产量增长了 7.1 倍，农用化肥产量增长了 5.5 倍，金属切削机床产量增长了 7.6 倍，能源生产总量增长了 1.1 倍。

在社会主义建设时期，中国共产党积极争取国际援助，尤其是积极争取苏联与东欧社会主义国家的支持，与苏联签订了《中苏友好同盟互助条约》，从苏联与东欧国家引进 156 项重点工矿业基本建设项目，包括 44 个军工项目、20 个钢铁与有色冶金项目、52 个能源工业项目、24 个机械工业项目等。同时，我们自力更生，艰苦创业，集中全国优势资源，大规模投资建设以重工业为主导的工业基本建设项目，钢铁工业方面建设了"三大""五中""十八小"项目[①]，机械工业方面新建了一大批重型矿山、电站设备、交通运输设备、内燃机、机床工业、通用基础工业，汽车工业方面新建了第一汽车制造厂（即中国第一汽车集团有限公司的前身）、第二汽车制造厂（即东风汽车集团有限公司的前身），创建核工业、航空航天工业、精密仪表工业等尖端工业部门，开始了艰苦卓绝的"三线建设"工程[②]，我国建立起独立完整的工业体系和国民经济体系，极大地改善了我国工业的区域布局状况，奠

[①] "三大"即鞍钢、武钢和包钢，"五中"即山西太原钢铁公司、重庆钢铁公司、北京市石景山钢铁厂（首钢前身）、湖南湘潭钢铁厂、本溪钢铁厂，"十八小"即鞍钢、武钢和包钢 3 个大钢铁基地，新建扩建 50 万~100 万吨的山西太原、北京石景山、四川重夫、安徽马鞍山和湖南湘潭 5 个中型钢铁厂，前 4 个是扩建，后一个为新建，同时由地方建设 10 万~30 万吨的河北邯郸、山东济南、江西萍乡、江苏南京、广西柳州、广东广州、福建永安（三明）、安徽合肥、四川江油、新疆乌鲁木齐、浙江杭州、湖北鄂城、湖南涟源、河南安阳、甘肃兰州、贵州清镇（贵阳）、吉林通化和北京合金钢厂等 18 个中小型钢铁厂。

[②] "三线建设"始于 1964 年，终止于 1980 年，累计投入资金 2052.68 亿元，在中西部地区建成了约 2000 个大中型企业、设施和科研院所。

定了我国未来工业化和经济发展的重要物质和技术基础。

改革开放以来，中国共产党按照中国特色社会主义的本质要求，不断改革完善工业经济的体制机制和管理方式，积极发展以公有制为主体、多种所有制并存的所有制形式，促进了乡镇企业和私营工业企业的异军突起和多元经济主体间的竞争，提高了资源配置效率。同时，按照市场化改革取向的总要求，取消了原油、成品油、钢材、烧碱等重要工业品的计划定价①，实行由市场供求关系决定价格的市场定价，不断调整优化工业和国民经济结构及区域经济布局，持续推进技术创新和产业链与价值链升级，我国工业从小到大发展起来，并成为世界第一工业大国和世界制造中心。2012年与1978年相比，全国化肥产量增长了7.9倍，发电量增长了19.4倍，乙烯产量增长了39.1倍，钢材产量增长了43.3倍，汽车产量增长了129.3倍，集成电路产量增长了2563.7倍，彩色电视机产量增长了33746.1倍，我国的工业增加值占世界工业的比重提高至22.5%，上升了18.1个百分点。

党的十八大以来，中国共产党根据我国社会主要矛盾的变化和发展阶段的转变，从战略与全局的高度，提出"一带一路"倡议并作出加快供给侧结构性改革、推动建设创新型国家等一系列重大战略决策，不断强化党对工业和制造强国建设的领导和顶层设计，统筹推进工业和制造强国建设全局性工作，审议推动工业和制造业发展重大规划、重大政策和重大工程项目，指导各地区、各部门工业强基和制造强国建设工作，协调跨地区、跨部门的项目投资、技术研发和工业污染治理等重要事项，我国工业经济迈上更高质量、更有效率、更可持续、

---

① 到 2001 年，由市场调节价格的产品的销售额在社会商品零售总额、农副产品销售总额和生产资料销售总额中所占的比重分别达到 95.8%、92.5% 和 87.4%。

更为安全的发展道路，呈现出生产稳定增长、结构优化转型、多种经济类型蓬勃发展的良好局面，建成了规模大、体系全、竞争力较强的工业体系和经济体系，工业综合实力、创新力和竞争力迈上新台阶，载人航天、超级计算机、卫星导航、量子通信、核电装备、新能源和新能源汽车产业、大飞机制造、生物医药、高铁装备、百万千瓦级超超临界火电发电装备、高端医疗器械等高精尖产业取得新的重大突破。2023年与2012年相比，全国工业增加值增长了83.3%，制造业增加值占全球的比重提升至30.0%，比2012年上升7.5个百分点。

新中国成立75年来，我国工业发展和工业现代化的实践充分证明，只有坚持中国共产党的全面正确领导，才能保障中国工业和工业现代化高质量发展，才能使中国站起来、富起来、强起来，中国工业发展和工业现代化建设的过去、现在和将来都离不开中国共产党的全面正确领导。在推进产业基础现代化和产业链高级化，建设制造强国和打造现代化工业体系与经济体系，全面建设社会主义现代化国家、全面实现中华民族伟大复兴的新时期新征程中，我们必须一以贯之、一如既往地始终坚持并不断加强中国共产党的领导，全方位落实落细党对新型工业化和中国式现代化的全面正确领导，确保工业发展和工业现代化与制造强国建设始终沿着正确方向和道路阔步前进。

二、坚持既遵循工业发展的一般规律，又兼顾中国特殊的国情条件

工业发展和工业现代化是由落后向发达、从低效向高效、从简单

社会分工向复杂社会分工的结构升级过程。从世界工业发展和工业现代化两三百年来的发展历程看，工业化和工业现代化有其自身发展变化的普遍性规律。这些普遍性的规律表现为：在生产组织形式上，工业生产方式与传统手工生产方式的重要区别在于工业生产是用机器生产机器，现代化工业生产方式更趋向于自动化、网络化、数字化、智能化。在经济社会结构上，工业发展和工业现代化过程是产业结构和经济结构快速升级的过程。在这个过程中，农业在三次产业中所占比重持续下降，工业特别是制造业将成为国民经济的主导产业，第二产业及第三产业所占比例将上升。与此同时，社会的供求结构、就业结构、城乡人口结构和区域结构也将随之发生很大改变。在效率上，工业发展和工业现代化是生产力和经济效率提高的结果，也是生产力和经济效率提高的重要助推器，工业发展和工业现代化可以极大提高社会生产力，增加社会财富。工业发展和工业现代化的上述一般发展规律，中国在推进工业发展和工业现代化过程中也是必须遵循的，不然，工业发展和工业现代化进程就会遭遇挫折，甚至误入歧途。如在传统计划经济体制时期，中国在推动工业发展和工业现代化过程中人为限制人口流动，并通过工农产品价格剪刀差来为发展工业和工业现代化积累资金，结果造成农业和农村发展的长期落后，最终也妨碍了工业发展和工业现代化的顺利推进。改革开放以来，我们废除了限制城乡人口流动的各种不合理政策，并按市场化的要求理顺了工农产品比价关系，正确处理工业发展和工业现代化进程中各类生产要素之间、企业之间、产业之间、区域之间、经济和社会之间的复杂关系，不仅加快了工业发展和工业现代化进程，而且促进了工农、城乡、区域的协调发展，改变了二元经济结构状况。

同时，一国在推进工业发展和工业现代化时必须兼顾本国国情的特殊性。由于资源禀赋、历史文化传统、发展基础和社会政治制度等方面的差别，世界各国的工业发展和工业现代化不可能存在一个放之四海而皆准的统一模式，更不可能只存在西方资本主义工业化这样一种模式。工业发展和工业现代化战略必须适合本国的特殊情况，走自己的路，寻找适合自己特殊国情的模式和战略，而不能照搬照抄他国模式、他国经验，否则就会走弯路。在这方面，我们曾吃过亏，走过弯路，长期模仿苏联模式和片面发展重工业曾使我国工业和工业现代化发展水平与世界先进水平的差距越拉越大。例如，到1976年，在火电发电设备上，当时国外已批量生产全自动控制的50万~80万千瓦机组，国内能够批量生产的还是10万、12.5万、20万、30万千瓦机组，一般为手动、分散操作控制；在合成氨设备上，国外生产的30万吨以上成套设备，采用透平压缩机，能反复回收生产过程中的余热，而国内生产的6万吨成套设备，主压缩机为往复式压缩机，整整落后了一代[①]。改革开放后，我国在遵循世界工业发展和工业现代化的一般规律的同时，更加注意从中国实际国情出发，更加注意我国人口多、底子薄、城乡与地区差异大的特殊国情，走出一条符合我国国情的工业发展和工业现代化的发展道路，从而迅速从落后的农业国转变为比较现代的工业国，工业产值和主要工业产品产量数十倍、数百倍甚至数千倍地增长。党的十八大以来，我们从中国仍处于社会主义初级阶段，但社会主要矛盾已经发生根本变化的新国情出发，补短板、强弱项，加快推进产业基础现代化和产业链高级化，加快推动"五位一体"总

---

① 景晓村主编:《当代中国的机械工业（上）》，中国社会科学出版社1990年版。

体布局和"四个全面"战略布局，积极解决产业、区域和城乡发展上的不平衡、不协调、不可持续问题，取得了全面建成小康社会和基本实现工业化的伟大历史成就，推动工业发展和工业现代化进入高质量发展新阶段。

新时期新征程，在推进工业发展和工业现代化、建设制造强国的过程中，我们仍然要在遵循世界工业发展和工业现代化一般规律的同时，更加重视从中国的具体国情和社会制度出发，在习近平新时代中国特色社会主义思想的指引下，科学选择工业发展和工业现代化发展战略、发展模式和发展路径，推动工业发展和工业现代化迈向更高水平。

三、坚持有效市场和有为政府相结合，不断调整优化工业经济的体制机制

新中国成立75年来的发展历程表明，要高质量、高效益地发展工业，推进工业现代化，需要根据工业发展和工业现代化发展阶段与任务的变化，按照有效市场和有为政府相结合的原则，既发挥市场和市场机制优化资源配置的积极促进作用，又充分发挥政府这只"有形之手"的作用，使市场这只"无形之手"和政府这只"有形之手"相互配合，相互成就。一方面，通过有效市场，让市场竞争机制、供求机制和价格机制等决定资源配置，发挥市场机制高效配置生产要素资源的功能；另一方面，通过有为政府，为工业发展和工业现代化建设提供产权保护和公平合理的市场交易规则等公共产品，改善营商环境，降低市场主体的制度性交易成本。有效市场与有为政府在工业发展和

工业现代化进程中各有其不可替代的作用和功能，二者缺一不可，只有实现有效市场与有为政府有机结合、相互补充，才能推动工业和工业现代化高质量发展。

在社会主义改造和"一五"时期，我国在推进工业发展和工业现代化过程中：一方面，注意发挥市场调节和市场微观主体的积极作用，尤其注意调动广大人民群众建设社会主义的积极性、主动性和创造性；另一方面，没收以蒋、宋、孔、陈四大家族为代表的官僚资本主义工业、商业和金融业为人民政府所有，取缔帝国主义在华的种种特权，建立健全与当时社会生产力相适应的宏观经济管理体制和运行机制，使社会生产力有了突飞猛进的提高，主要工农产品产量极大提高，许多工业部门从无到有并发展壮大起来，工业发展和工业现代化成效斐然。

在"大跃进"和"文化大革命"时期，我们过于强调国家和政府宏观管理的作用，而忽视了市场和市场微观主体的积极作用，企业缺乏应有的活力，广大干部职工在"干多干少一个样、干好干坏一个样"的情况下缺乏发展生产、发展经济的积极性、主动性和创造性，使我国的工业发展和工业现代化建设遭遇重大挫折而步履蹒跚。

粉碎"四人帮"、结束"文化大革命"以后，特别是党的十一届三中全会以后，发展社会生产力，不断增加社会财富，以更好地满足人民日益增长的物质和文化需要已成为国家一切工作的重中之重。面对新形势，我国对经济体制和经济发展战略进行了重大改革与调整，坚持以经济建设为中心，注意发挥市场和市场机制优化资源配置的积极作用，并通过让权让利、扩大企业自主权、建立现代企业制度来激发企业活力，通过改善激励约束机制、实行按劳分配来调动劳动者的积极性、主动性和创造性。同时，加快转变政府职能，不断改革调整财政、金融、投资、外资外贸和产业政策，使其更加适应工业发展和工业现代化建设的需要。另外，把扩大对外开放作为促进工业发展和工业现代化的重要抓手，创办深圳、珠海、厦门、汕头、海南等经济特区，开放大连、秦皇岛、天津、烟台、青岛、宁波、福州、广州等14个沿海港口城市，开放合肥、南昌、长沙、成都、郑州、太原、西安、兰州等17个内陆省会城市，以及开放黑河、绥芬河、珲春、满洲里、二连浩特、伊宁、博乐、塔城、畹町、瑞丽、河口、凭祥、东兴、丹东等沿边城市，以吸引国外资金、先进的技术和管理经验。加入世界贸易组织后，我国不仅可以分享经济全球化深入发展的红利，而且可以利用世界贸易组织的争端解决机制在国际贸易和国际投资中争取更多的话语权和主动权，扩大我国工业和工业企业的发展空间。由此，全方位、多层次、宽领域的对外开放新格局逐步确立。这些改革开放新举措极大地推动和加快了中国工业发展和工业现代化进程。

党的十八大以来，针对工业发展和工业现代化过程中暴露出来的经济体制性、结构性矛盾，发展不平衡、不协调、不可持续等问题，一方面，我国通过全面深化经济体制改革，积极培育有效市场，让市场机制在资源配置中发挥决定性作用，通过市场化手段淘汰传统产业中的落后产能，培育壮大新动能、新业态、新产业，推动产业和经济结构优化和现代化；另一方面，充分发挥有为政府的作用，继续优化产业政策、区域布局政策和财税金融政策，打造有利于产业发展和技术创新的公共服务平台和载体，积极发展5G、城际高速铁路和城市轨道交通、新能源汽车充电桩、大数据中心、工业互联网等新型基础设施，营造市场化、法治化、国际化的营商环境，我国在 2020 年基本实现了工业化、全面建成了小康社会，产业转型升级、科技自立自强、城乡区域协调发展和高水平对外开放等达到了新的历史性高度。

新时期新征程，在推进工业发展和工业现代化过程中，我们仍然要发挥有效市场和有为政府两方面的积极作用。根据工业现代化与制造强国建设的重点任务和发展阶段变化，不断对经济体制机制和发展战略进行优化调整，既要着力健全完善市场体系，解决政府监管不到位的问题，防止市场失灵和市场失控，又要积极稳妥全面深化市场化改革，完善要素市场，大幅度减少政府对资源的直接配置和行政干预，防止政府失灵和政府缺位，建立健全人能尽其才、物能尽其用、货能畅其流、地能尽其利的工业管理体制和运行机制，为工业发展和工业现代化建设效率与效益的不断提高提供坚强的体制机制和战略保障。

四、坚持不断挖掘比较优势，积极打造竞争优势

提高资源配置效率，发挥比较优势，是现代经济学的一条基本原理，也是保障工业发展和工业现代化高效率建设的重要前提。因此，我们要遵循这个基本原理和重要前提，根据自己的资源禀赋状况扬长避短地发展具有比较优势的产业和产业链环节，产业才会有市场竞争力，才会有自生能力，工业发展和工业现代化才会更顺利。反之，如果违背比较优势理论，产业就会因缺乏市场竞争力而丧失自我发展的

内生能力，工业发展和工业现代化进程就会遭遇挫折，影响工业发展和工业现代化。

作为一个发展中大国，过去很长一段时期内我国具有的比较优势是人口众多，劳动力成本比较低。然而在计划经济时期，我国选择了违背比较优势原则的重工业优先的发展模式，把当时全国基本建设投资的50%都投向了重工业。这不仅使我国农业和轻工业发展处于落后状态，而且也制约和影响了重工业的发展，造成我国产业和经济结构长期处于不合理状态，资源配置效率和经济发展的效益低下，工业化和经济发展缓慢甚至在某些特定时期停滞不前。①

改革开放以来，我国发挥劳动力要素丰富的比较优势，积极发展轻工业和"三来一补"加工业等劳动密集型产业，迅速提高生产能力和扩大市场份额，带动了重工业、农业与服务业的大发展，我国也因此迅速发展成为"世界工厂"和世界制造大国。党的十八大以来，我国稳居世界第二大经济体，要素成本特别是劳动力成本低的比较优势逐渐丧失，我国在以习近平同志为核心的党中央的坚强领导下，发挥制度优势，实施创新驱动发展战略，努力在关系国计民生的部分重要领域、关键产业链环节和关键材料上积极打造竞争优势，形成在高铁、电力装备、新能源和新能源汽车、5G通信设备等部分产业上的世界领跑和不少产业与世界并跑的向好趋势，工业发展和工业现代化的质量、效率和动力出现了新的质的飞跃。

---

① 1976年，全民所有制独立核算工业企业每百元资金实现的利税比1965年下降35.2%，每百元固定资产原值实现的产值下降2.0%，工业固定资产投资交付使用率下降41.2%。

新时期新征程，加快推进工业化和现代化，仍然需要充分发挥我国人力资源丰富、工程技术人员特别是熟练产业工人规模庞大的比较优势，并以此为基础，深入实施创新发展战略，把创新作为引领工业发展和工业现代化的第一动力，面向经济主战场、面向国家重大需求、面向人民生命健康，打造一批优势拳头产品，培育一批具有生态主导力的链主企业和一批具有国际竞争力的优势产业，推动短板产业补链、优势产业延链、传统产业升链、新兴产业搭链、未来产业培链，拉长长板、补齐短板，尽快突破关键核心技术制约，进而打造出系统性、全面性和全局性的国际竞争新优势，把我国工业发展和工业现代化牢牢地建立在世界领先的现代化产业体系和现代化经济体系基础之上，以应对世界政治、经济形势的复杂变化。

五、坚持创新驱动，不断提高工业发展质量和效益

创新是引领发展的第一动力，现代化的工业体系和现代化产业体系需要高水平的自主创新能力做支撑。新中国成立75年来的发展历程表明，创新始终是我国工业发展和工业现代化向前推进的重要力量，要高质量、高效益地发展工业，高效地推进工业现代化，必须把创新引领作为第一动力。通过抓创新来推动工业提质量、提效益，谋发展、谋未来。

在社会主义建设时期，我国十分重视科技在促进工业发展和工业现代化中的重要作用，更加需要充分地提高生产技术，更加需要充分地发展科学和利用科学知识，发布了新中国的首个科技发展长远规划——《1956—1967年全国科学技术发展远景规划》，确定我国急需的

无线电技术、核技术等方面的 57 项重点任务，确定了 616 个中心问题。这一时期，我国取得了一批追赶世界水平的重大科技成果，包括成功研制"两弹一星"，成功试制电子管计算机，在世界上首次人工合成牛胰岛素，不仅促进了我国工业量的扩张，更重要的是促进了我国工业质的提高和新的产业部门的增多。在这个时期，我们生产出新中国第一台车床（1949 年）、第一炉不锈钢（1952 年）、第一种抗生素（1953 年）、第一根钨丝（1953 年）、第一台汽油机（1953 年）、第一辆拖拉机（1955 年）、第一艘潜艇（1956 年）、第一辆载重汽车（1956 年）、第一架喷气式歼击机（1956 年）、第一台黑白电视机（1958 年）、第一辆高级轿车（1958 年）、第一艘万吨级远洋货轮（1960 年）、第一台 1.2 万吨级锻造水压机（1962 年）、第一口压力锅（1964 年）、年产 5 万吨合成氨和 8 万吨尿素的成套设备（1966 年）、第一台彩色电视机（1970 年）、第一块浮法玻璃（1971 年）。一系列新兴工业门类（如精细化工、飞机制造、电子信息、原子能工业和导弹工业等高端制造工业）从无到有，发展起来了。

改革开放后，科学技术是第一生产力被正式提出来，科学技术在经济社会发展中的重要性被提到新的高度。为加快工业发展，推进工业现代化，我国紧紧抓住创新这个制胜法宝，大力实施创新驱动发展战略，出台了一系列鼓励技术创新的发展规划和政策法规，如《关于对现有企业有重点、有步骤地进行技术改造的决定》（1982 年）、《中共中央关于科学技术体制改革的决定》（1985 年）、《高技术研究发展计划纲要》（1986 年）、《中华人民共和国科学技术进步法》（1995 年）、《中共中央 国务院关于加速科学技术进步的决定》（1995 年）、《中华人民共和国促进科学技术成果转化法》（1996 年）、《国家中长期科学和技术发展规划纲要（2006—2020 年）》（2005 年）等，技术创新对工业发展和工业现代化的支撑能力大为增强，一些重大产品、重大技术装备实现了"从 0 到 1"的突破，如第一台高级中文计算机（1985年）、第一座日产万吨生铁的高炉（1985 年）、自行设计制造的 30万千瓦核电机组（1991 年）、第一台 300 万千瓦核电站反应堆压力容器（1996 年）、第一款批量投产的通用 CPU 芯片"龙芯 1 号"（2002年）、第一艘大型液化天然气（LNG）运输船（2008 年）、自主设计建造的首座具有世界先进水平的 3000 米深水半潜式钻井平台"海洋石油 981"钻井平台（2012 年）等一系列创新性产品相继问世，极大地提升了中国工业的规模、水平和效益，使我国发展为世界第一制造大国。

党的十八大以来，以习近平同志为核心的党中央更是把科技创新放到事关我国工业发展和工业现代化建设乃至国家现代化建设全局的核心地位，把高水平科技自立自强作为国家发展的战略支撑，我国颁布了《中共中央关于全面深化改革若干重大问题的决定》（2013年）、《中共中央 国务院关于深化体制机制改革 加快实施创新驱动发展战略的若干意见》（2015 年）、《深化科技体制改革实施方案》（2015年）、《国家创新驱动发展战略纲要》（2016 年）、《关于深化科技奖励制度改革的方案》（2017 年）、《国务院关于全面加强基础科学研究的若干意见》（2018 年）、《国家科学技术奖励条例》（2020 年第三次修订）、《中华人民共和国科学技术进步法》（2021 年第二次修订）、《关于新时代进一步加强科学技术普及工作的意见》（2022 年）等重要法律法规和政策文件（见表 4-1）。在上述法律法规和政策文件的支持下，我国重大创新成果竞相涌现，创新主体活力和能力持续增强，国家创新体系效能大幅提升：高性能计算、新型显示、百万千瓦级核电装备等实现重大突破，C919 大型客机成功首飞，全球首颗量子卫星成功发射，多轴精密重型机床、数控冲压生产线等产品跻身世界先进行列，移动通信产业链跻身国际先进行列，一批核心基础零部件、关键基础材料、基础软件、先进基础工艺和产业技术基础取得长足进步，载人航天、探月工程、深海工程、超级计算等战略高技术领域取得重大突破，工业发展和工业现代化建设的科技支撑能力进一步强化。

表 4-1 党的十八大以来我国颁布的推动工业技术创新的部分重要法律法规和政策文件

名称	发文机构	发布或实施时间	主要内容
《中共中央关于全面深化改革若干重大问题的决定》	中国共产党第十八届中央委员会第三次全体会议通过	2013 年	要求深化科技体制改革，建立健全鼓励原始创新、集成创新、引进消化吸收再创新体制机制，健全技术创新市场导向机制，发挥市场对技术研发方向、路线选择、要素价格、各类创新要素配置的导向作用。建立产学研协同创新机制，强化企业在技术创新中的主体地位；发展技术市场，健全技术转移机制，改善科技型中小企业融资条件，完善风险投资机制，创新商业模式，促进科技成果资本化、产业化
《中共中央 国务院关于深化体制机制改革 加快实施创新驱动发展战略的若干意见》	中共中央、国务院	2015 年	营造激励创新的公平竞争环境、建立技术创新市场导向机制、强化金融创新的功能、完善成果转化激励政策、构建更加高效的科研体系、推动形成深度融合的开放创新局面
《深化科技体制改革实施方案》	中共中央办公厅、国务院办公厅	2015 年	全面深化科技体制改革，推动以科技创新为核心的全面创新，推进科技治理体系和治理能力现代化，营造有利于创新驱动发展的市场和社会环境，激发大众创业、万众创新的热情与潜力，主动适应和引领经济发展新常态，加快创新型国家建设步伐

续表

名称	发文机构	发布或实施时间	主要内容
《国家创新驱动发展战略纲要》	中共中央、国务院	2016年	加快构建结构合理、先进管用、开放兼容、自主可控、具有国际竞争力的现代产业技术体系，以技术的群体性突破支撑引领新兴产业集群发展，推进产业质量升级
《关于深化科技奖励制度改革的方案》	国务院办公厅	2017年	改革完善国家科技奖励制度，引导省部级科学技术奖的高质量发展，鼓励社会力量设立的科学技术奖健康发展
《国务院关于全面加强基础科学研究的若干意见》	国务院	2018年	完善基础研究布局，建设高水平研究基地，壮大基础研究人才队伍，提高基础研究国际化水平，优化基础研究发展机制和环境
《国家科学技术奖励条例》（第三次修订）	国务院	2020年（修订）	设立国家科学技术奖；国家科学技术奖应当与国家重大战略需要和中长期科技发展规划紧密结合
《中华人民共和国科学技术进步法》（第二次修订）	全国人民代表大会常务委员会	2021年（修订）	发挥科学技术第一生产力、创新第一动力、人才第一资源的作用，促进科技成果向现实生产力转化，推动科技创新支撑和引领经济社会发展；国家支持发展新型研究开发机构等新型创新主体，引导新型创新主体聚焦科学研究、技术创新和研发服务
《关于新时代进一步加强科学技术普及工作的意见》	中共中央办公厅、国务院办公厅	2022年	强化全社会科普责任，加强科普能力建设，促进科普与科技创新协同发展，强化科普在终身学习体系中的作用，营造热爱科学、崇尚创新的社会氛围

资料来源：作者根据有关资料整理。

新时期新征程，面对新一轮科技革命和产业变革加速推进和我国制造强国建设进入关键时期的国内外环境，我们要继续坚持创新驱动发展战略，以全球视野谋划和推动创新，建立健全以企业为主体、以市场为导向、产学研用密切合作的技术创新与开发体系，优化创新环境和创新生态，持续加大创新投入力度特别是基础研究的投入力度，坚决打赢关键核心技术攻坚战和产业基础再造攻坚战，努力实现优势领域、关键技术的重大突破，尽快形成一批能带动产业发展的核心技术，加快布局一批颠覆性、引领性的未来技术和未来产业，加快发展以高技术、高效能、高质量为特征的新质生产力，加快形成以创新为主要引领和支撑的产业体系和发展模式，使我国的工业发展和工业现代化与制造强国建设的科技支撑能力更为坚强稳固。

六、坚持绿色低碳的生态文明发展理念，提高工业化和现代化与生态环境的兼容性

新中国工业发展和工业现代化建设 75 年的实践证明：要把绿色低碳发展理念贯彻到工业发展和工业现代化建设过程中，积极研发绿色低碳技术和发展绿色低碳产品，大力发展绿色低碳产业，走资源节约集约利用之路，工业化和现代化与生态环境的兼容性才会强，发展才具有长期可持续性；如果走高投入、高消耗、高污染的粗放型增长之路，那么工业化和现代化与生态环境的兼容性就差，发展的可持续性就会大受影响，甚至难以为继。

在计划经济和体制转轨的某些特定时期，我国在工业化和经济发展获得巨大成绩的同时，付出了资源能源消耗多、生态环境遭受破坏的代价。汲取国内外工业发展和工业现代化建设的经验教训，2002 年党的十六大提出走科技含量高、经济效益好、资源消耗低、环境污染小、人尽其才的新型工业化道路，要求处理好工业发展和经济建设与生态环境保护的关系，将资源节约集约利用的生态文明理念融入中国特色社会主义工业发展和工业现代化建设的全过程中。2006 年通过的《中华人

民共和国国民经济和社会发展第十一个五年规划纲要》明确提出，要把节约资源作为基本国策，发展循环经济，保护生态环境，加快建设资源节约型、环境友好型社会，促进经济发展与人口、资源、环境相协调。2007年党的十七大把建设资源节约型、环境友好型社会写入《中国共产党章程》。2011年召开的第七次全国环境保护大会提出，要积极探索代价小、效益好、排放低、可持续的环境保护新道路。此外，国家还不断加强环保立法，初步形成了与工业发展和工业现代化建设相适应的制度环境。

党的十八大以来，以习近平同志为核心的党中央把"绿水青山就是金山银山"的生态文明新理念落实到工业发展和工业现代化建设的全过程、全领域、全系统，修订和颁布了《中华人民共和国环境保护法》《中共中央 国务院关于加快推进生态文明建设的意见》《生态文明体制改革总体方案》《中共中央 国务院关于全面加强生态环境保护 坚决打好污染防治攻坚战的意见》《国务院关于加快建立健全绿色低碳循环发展经济体系的指导意见》《国家发展改革委、科技部关于进一步完善市场导向的绿色技术创新体系实施方案（2023—2025年）》等一系列法律法规和政策文件，统筹推进绿色低碳技术研发、产业结构调整、污染治理、生态环境保护、气候变化应对，协同推进降碳、减污、扩绿、增长，积极推进绿色发展、循环发展、低碳发展，推进美丽中国建设，坚决打赢污染防治攻坚战，推动形成绿色低碳发展方式和生活方式，积极推进碳达峰和碳中和，使生态环境出现历史性、转折性、全局性的重大变化，工业化和工业现代化与生态环境的兼容性极大提高，发展的可持续性极大增强。2022年，全国地级及以上城市细颗粒物（$PM_{2.5}$）年均浓度降至29微克/立方米，比 2015 年低 37.0%，空气质量优良天数比例达到 86.5%，全国地表水水质优良断面比例达到 87.9%，比 2012 年提高 21.8 个百分点。以新能源、电动汽车为代表的绿色低碳产业，成为我国经济新的增长点。

新时期新征程，"双碳"目标对我国发展更高质量、更有效率、更加公平、更可持续的新型工业化，建设新工业文明提出了新的更高要求。借鉴历史经验，建设人与自然和谐共生的新型工业化和新工业文明，必须以习近平新时代中国特色社会主义思想为指引，完整、准确、全面贯彻新发展理念，以经济社会发展全面绿色低碳转型为引领，以减污降碳协同增效为抓手，积极开发绿色低碳设计技术、绿色低碳生产技术、绿色低碳供应链管理技术、绿色低碳运维技术以及绿色低碳资源回收再利用技术，加快产业结构、经济结构和国土空间布局结构的优化调整，加快形成节约资源和保护环境的产业结构、经济结构、区域结构，尤其要树立节约集约循环利用的资源观，把节约集约高效利用资源贯穿到工业发展全过程、各领域、各环节，加快形成绿色低碳发展方式，加快工业领域绿色低碳工业创新和数字化转型升级，大力发展绿色低碳产业，建立健全绿色低碳制造体系和服务体系，提高工业化和现代化与生态环境的兼容性，构建经济社会发展与生态环境保护协调统一、人与自然和谐共生的社会主义工业化绿色低碳发展新格局。

第五章

光明的未来：从工业大国迈向工业强国

经过 75 年的努力，中国实现了从一个贫困落后的农业国家向一个基本消除贫困、国民生产总值位列世界第二、人均生产总值进入高收入行列的工业国的蜕变，工业领域的发展全球瞩目，中国已经无愧于工业大国的地位和称号。当然，也必须看到，与那些老牌工业强国相比，虽然我们在一些领域、一些环节实现了独立自主，但整体上的技术差距、效率差距、效益差距、对世界市场的影响力差距还是存在的。同时，我们也要客观认识到，"大"与"强"之间还有一条很长的荆棘之路，"变强"的难度远远高于"变大"，我们之前形成的宝贵经验、积累的物质和体制财富是成为工业强国不可或缺的基础。然而要实现工业强国的目标，按照原来的道路是很难走通的，工业的发展路径、发展方式、发展动能、发展要求、发展目标都要调整变化，这意味着需要进行一系列艰难的改革。

工业强国的实现路径是新型工业化。中华人民共和国 75 年的发展历史也是工业化的历史，在不同的发展阶段，受自身条件和外部环境的影响，工业化的步伐有快有慢也有跳跃，但中国共产党领导下的工业化从未止步。目前，中国已成为工业大国，与历史上的任何时期比较，现在都有更好的工业化技术和产业基础、条件，同时，也面临更大的改革难度、竞争压力和更加多变的外部环境，接下来的工业化必须要有新的路径。正因如此，我国下一阶段要走新型工业化之路，新型工业化是对中国之前工业化的继承也是对其的优化调整，不仅有新科技革命和产业变革的时代特征，更具工业由大变强的中国特色。

工业强国的产业依托是现代化产业体系，而适合中国国情的现代化产业体系的核心是现代化的工业体系。在过去的 75 年，中国的工业从一穷二白，一颗螺丝钉、一根火柴都需要从国外进口的落后局面，逐步建成了全球规模最大、门类最齐全的工业体系，中国几乎可以生产全部工业产品，这在全世界是绝无仅有的。然而，规模大、门类全不能掩盖工业体系缺少高端环节、技术水平仍然不足和安全隐患较多的问题。党的二十大报告提出的"现代化产业体系"对工业体系建设提出了新的奋斗目标，也对工业体系的完整性、先进性和安全性提出了更高的要求。

工业强国的基本模式是高质量发展。在高要素投入、高污染排放和高资源浪费的推动下，虽然我国工业在过去实现了快速发展，压缩了工业化的时间，在一个较短时期内取得了工业发展和工业化的巨大成就，但这种传统的粗放式发展在新的发展时期显然难以为继。在新的发展环境约束下，工业价值创造不应当主要依赖于规模的继续扩大，而应当依靠高质量发展能力的提升，以更小的投入和代价实现更高的产出，同时创造更多高收入的就业岗位、满足更高的消费需求。

工业强国建设的基础动能是新质生产力。从新中国成立初期的"156 工程"到"三线建设"，中国在艰难的发展时期也保证了重大工业建设项目的推进，使工业领域能够不断地解放和发展生产力，工业大国地位的实现依靠的是传统生产力的释放。然而，工业强国的建设不能仅仅依靠传统生产力的进步，更需要依靠新质生产力的培育和发展。

新质生产力依靠的是颠覆式创新，表现为技术、人才、数据等高能级生产要素的更多投入，同时也以具体的产业为载体，战略性的新兴工业部门、未来工业部门是新质生产力的重要组成部分，同时工业领域的新质生产力具有更强的正向溢出效应，是其他行业新质生产力的重要来源。

一、工业强国的实现路径：新型工业化

2023年9月，习近平总书记就推进新型工业化作出重要指示指出"以中国式现代化全面推进强国建设、民族复兴伟业，实现新型工业化是关键任务"[①]"深刻把握新时代新征程推进新型工业化的基本规律，积极主动适应和引领新一轮科技革命和产业变革，把高质量发展的要求贯穿新型工业化全过程，把建设制造强国同发展数字经济、产业信息化等有机结合，为中国式现代化构筑强大物质技术基础"[②]。2023年9月22日至23日，全国新型工业化推进大会在北京召开，进一步明确了新时代新征程推进新型工业化的重大意义、重要原则、重点任务。可见，深刻把握新型工业化的时代特征和中国特色，才能科学认识新型工业化的战略定位、阶段性特征以及面临的环境条件的变化，完整、准确、全面贯彻新发展理念，从而突出重点，抓住关键，不断增强推进新型工业化的动力和活力，更好地服务构建新发展格局、推动高质量发展、实现中国式现代化。就工业发展自身而言，新型工业化的提出是对工业化理论的一次重要补充，也是工业摆脱依靠不断增加要素

[①②] 《为中国式现代化构筑强大物质技术基础》，《求是》2023年第19期。

投入，实现增长的传统模式，进入新发展路径的努力方向。

（一）不断加深对工业化的认识

工业化不仅仅是工业的发展、工业产值和就业比重的提高，还是从传统农业社会向现代化工业社会变化的过程，是人类文明发展的一个重要阶段，也是迄今为止人类文明最伟大的创造。在世界不同类型的工业化进程中，中国独特的工业化更是浓墨重彩的一笔。

经典工业化理论主要研究经济活动在工业部门和其他部门间的重配过程，以及该过程对一国或地区经济发展产生的影响。对于发展中经济体而言，工业化的主题是如何将农业经济体转变为工业经济体，从而实现追赶发达工业经济体的目标；对于发达经济体而言，工业化的主题是如何持续保持其工业国的领先地位，并通过结构变迁支撑其经济长期可持续发展，这些都是工业化相关问题研究的出发点。新中国成立 75 年来，几代国家战略的制定者、相关学科的著名学者围绕工业化的战略重点、工业化阶段的判断、产业结构和优先顺序、工业高质量发展、新工业革命等问题，不断进行研究和探索。

一是关于工业化水平的研判。中国学者在借鉴钱纳里、赛尔奎等国外学者对工业化阶段划分方法的基础上，不断根据中国国情和世界发展情况进行创新，在工业化基础建设阶段、工业大国发展阶段和工业强国发展阶段，都提出适应当时发展要求的工业化阶段划分和评价体系，进一步从评价结果中找到工业化的短板和与发达国家的差距。郑经青、王思华、杨沐和杨世涛是较早研究工业化问题的中国学者；改革开放之后，杜辉、郭克莎、陈佳贵、吕政、史丹等在我国工业化发展水平评判方面作出突出贡献。大多数学者认为，按照经典工业化的理论和对工业化评判的标准，我国虽然整体上已经基本完成工业化，但区域间工业化水平仍有一定差距。

二是关于产业结构和发展优先顺序的讨论。王思华、杨坚白、许涤新等学者在新中国成立初期提出第一产业优先的观点，之后的不同时期，又先后提出工业优先、重工业优先、农轻重顺序的结构调整观点，代表学者包括冯海、梁文森、严瑞珍、武力、吕政等。

三是关于工业发展质量的论述。2017年，党的十九大报告指出，我国经济已由高速增长阶段转向高质量发展阶段，正处在转变发展方式、优化经济结构、转换增长动力的攻关期。推动经济发展的质量变革、效率变革、动力变革是高质量发展的内在要求，中国工业化也进入高质量发展的新阶段。黄群慧、袁福华、戴翔、佟家栋、吴福象等学者对工业高质量发展的内涵、重点和路径提出了具有代表性的观点。

四是对新工业革命相关问题的探讨。工业革命是经济起飞和加速发展的重要动力，2012年英国《经济学人》杂志首次提出"第三次产业革命"，引起了国内外对新工业革命的关注和热烈探讨。国内学者不约而同地把新工业革命的核心性质定义为"工业智能化"，并提出从技术、工艺、流程、业态、组织方式、盈利模式等方面全面改造、提升中国工业各个部门，以引领中国工业化进入全新轨道。党的十八大以后，史丹、杨丹辉、贾根良等学者对新工业革命的特征、影响以及中国的应对措施进行了深入研究。

（二）新型工业化的时代特征

2002年，党的十六大提出新型工业化概念，国内学者从多个角度对其内涵和特征进行了研究。江小涓、任保平等人指出，新型工业化的核心是可持续发展。吕政认为从本质上讲，我国的新型工业化道路既是对西方发达国家传统工业化道路的"扬弃"，也是对我国计划体制下的传统工业化道路的"扬弃"，中国的新型工业化道路将是充分利用最新科学技术和依靠科技进步的工业化道路，将是不断提高经济效率和效益的工业化道路，将是长期可持续发展的工业化道路，将是能最大限度地发挥我国资源要素比较优势并创造新的比较优势和竞争优势的工业化道路，将是统筹协调发展的工业化道路，也将是以改革开放和制度创新为根本动力的工业化道路。2012年党的十八大提出"四化同步"战略，以及2015年中共中央政治局提出"五化协同"发展战略后，新型工业化的地位变得更加重要，成为构建现代化产业体系的主力军、转变经济发展方式的主战场。党的十九届五中全会再次强调新型工业化，是在数据成为关键生产要素、产业融合提出新要求、产业链布局面临重大调整、绿色低碳发展的二元性凸显等新的时代背景下，与此前的新型工业化概念相比较，既有传承又有新的丰富内涵。2024年，党的二十届三中全会决议指出，加快推进新型工业化，培育壮大先进制造业集群，推动制造业高端化、智能化、绿色化发展。明确了深化改革对新型工业化的重大意义。新工业革命中科学技术快速发展，技术—经济范式发生变化，数字领域大量颠覆式创新形成新的产业和业态，创造新的生产要素，引发生产组织形态的变化，同时也出现新的发展约束，这些都使新型工业化呈现出区别于传统工业化的时代特征。

新型工业化有新的效率源泉。数字经济是新工业革命最活跃的新兴领域，与数字经济相关的新兴产业以及数字技术推动的传统产业数字化转型是新型工业化的重要动力。首先，与数字经济发展密切相关的传感器、计算机和服务器、芯片、通信设备、人工智能、智能机器人、软件系统等新兴产业快速发展，拉动经济快速增长。其次，数字技术是典型的通用技术，对各个产业领域都会形成强大的赋能作用，数字技术与实体经济深度融合使得产业经济传统范式正在被数字经济范式所取代。再次，数字技术促进了制造业与服务业的融合，制造业基于制造能力和数据来开发各种增值服务，增值服务在制造企业营业收入和利润中的比重不断提高。最后，数字技术的使用显著降低交易成本，促进供需信息的对接，特别是对于一些服务业来说，数字化可以打破服务的提供和购买必须同时同地完成的约束，极大地推动了服务业的国际贸易。

新型工业化有新的生产要素。工业化可以看作人类利用和改造资源要素的能力不断增强的过程，早期工业化主要依靠土地、自然资源和劳动力，生产规模扩张提高了资本要素的重要性，而技术进步和现代管理方法成为后来提高生产效率的主要力量。新型工业化中生产函数的巨大变化就是数据正在成为继劳动、资本、土地、知识、技术、管理之后重要的生产要素，这不仅会改变生产要素的投入结构，而且能够显著提高其他生产要素的使用效率，成为价值的重要来源和产业竞争力的关键。与传统生产要素相比，数据在生产经营活动中产生，具有非竞争性、非损耗性的特点，也有其特殊的价值创造、价值分配规律，能否更好地创造、开发、利用和转化数据要素将决定新型工业化的水平和产业竞争力高低。

新型工业化有新的组织形态。除了技术进步，组织创新和管理创新同样对工业化具有巨大推动作用，例如，在第二次工业革命期间，垂直一体化的大型企业成为美国经济增长的核心力量，全球模仿、学习的日本精益制造、德国的"隐形冠军"无不与生产组织变革相关。在数字化推动的新工业革命中，平台经济作为重要的组织形态出现并不断扩大其适用范围，在组织变革中的主导作用不断增强，并给传统组织形态带来巨大冲击。一是在网络效应的作用下，平台经济聚集大量用户和供应商，用户数量的多少替代成本高低成为产生市场最终赢家的决定性因素；二是在数字基础设施支撑下，平台能够聚集全球范围各种资源，使得跨越国界和高度开放的创新组织和生产组织成为可能；三是平台具有提供核心工具和服务、拓展受众、配对以及制定规则和标准的功能，这将推动平台替代传统跨国公司成为全球产业链、供应链新的主导者。

新型工业化有新的约束条件。随着可持续发展意识的增强，截至2024年7月，195个缔约方签署旨在应对全球气候变暖的《巴黎协定》，并设定碳达峰、碳中和时间表。国内政策也强调对高排放产业发展和产品进口的规制，世界各国工业化推进都必然面临巨大的减排压力。此外，中国人口增长放缓对全球劳动力供给市场的影响已经开始，劳动力供给不足和结构性失衡也将对建立在劳动力成本比较优势基础上的工业化传统模式和传统分工形成约束。当然，新的约束同时也带来新的发展机遇，能够破解新约束的技术、产品、服务和产业将成为新型工业化进程中强劲的增长动力，新能源、碳捕获、生态修复、人工智能等必定是新型工业化中各大国发展的重点。

（三）新型工业化的中国特色

中国共产党坚持一切从实际出发，结合中国国情和国际环境变化对推进工业化进行了富有成效的探索，先后经历"以钢为纲"——重工业优先发展，到工业现代化，再到新型工业化道路的几次升华，形成了宝贵经验。尽管中国工业化的基础今非昔比，但与其他国家比较，中国共产党领导的新型工业化仍然具有鲜明的中国特色。

以人为本是新型工业化的根本宗旨。党的二十大报告提出坚持以人民为中心的发展思想。新型工业化要充分满足人的发展需求，在满足人民日益增长的美好生活需要的同时，有效提高劳动者收入水平和实现人力资本积累。新型工业化通过带动城镇化、信息化、农业现代化，推动区域间社会经济协调发展，有力巩固扶贫成效和支撑共同富裕目标的实现。

发展质量提升是新型工业化的核心内涵。与传统工业化相比，新型工业化要从主要依靠简单生产要素投入转向知识、技术、资本、数据等高级生产要素投入，新型工业化的发展方式要从低水平的规模扩张转向高水平的质量效益提升，主要包括：在微观层面不断提高中国产品和服务的技术性能、稳定性和可靠性；在中观层面要进入全球价值链的中高端环节；在宏观层面呈现出全球领先的生产效率、增加值率和经济效益，形成更大的财富创造能力。

自主创新是新型工业化的根本动力。随着我国综合技术能力迈向世界前列，技术创新的主要路径和在全球研发分工中的地位开始从"模仿""赶超"向"原创""引领"转变。要实现这种转变，就要更大力度、更大范围地开展原始创新；既大力吸收国外的先进知识、技术，也更加强调科技的自主性，通过增强自主创新能力提高产业链、供应链韧性，保障国家产业安全。

绿色低碳是新型工业化的生态底色。中国的新型工业化既是在更大生态约束下的工业化，更是具有绿色竞争优势的工业化，除了推进工业本身的低碳化，更要奠定整个经济社会绿色转型的物质基础，为碳达峰和碳中和目标的实现提供低碳技术、低碳产品、低碳服务。绿色发展理念贯穿于新型工业化的全领域、全过程，积极利用绿色低碳技术、创新绿色低碳发展模式、开发绿色低碳产品，实现全产业链价值链、产品全生命周期的绿色化，构建全球一流的绿色产业体系，使工业与生态、产业与城市和谐共生。

数实融合是新型工业化的技术特征。颠覆性技术的出现意味着工业化打开加速推进的窗口，而数字技术产生的颠覆效应是新工业革命最主要的特征，也是产业规模做大、技术水平提升、国际竞争力提高和全球价值链影响力增强的关键推动力。我国要成为新工业革命重要的参与者和引领者，就必须加强数字技术与以制造业为代表的实体经济的深度融合，新型工业化必须实现产业全领域，产品生命全周期，产业链、供应链的全链条以及商业生态各个方面的数实融合发展。

开放循环是新型工业化的空间形态。国外先进技术和管理经验的引进、中国产品的出口在过去四十余年中对中国经济扩大规模和产业结构升级发挥了巨大作用。尽管当前工业化的国际环境迎来百年未有之大变局，但新型工业化仍然要坚持对外开放，在继续利用超大规模市场完善产业体系、吸引高水平外资的同时，积极推动中国的资本、产品、服务、技术"走出去"。当然，我们还需要构建以国内大循环为主体、国内国际双循环相互促进的新发展格局。在扩大开放的同时，要立足国内市场、畅通国内大循环，形成国内国际相互融合、相互促进的局面。

二、工业强国的产业依托：现代化产业体系

2023 年 5 月 5 日，习近平总书记主持召开二十届中央财经委员会第一次会议，研究加快建设现代化产业体系问题，会议强调"建设具

有完整性、先进性、安全性的现代化产业体系"①。现代产业体系是现代化国家的核心,是应对百年未有之大变局和实现中华民族伟大复兴的关键,我国现代化产业体系建设取得长足进展,但也存在突出问题。体系完整、规模超大、产业链供应链稳定、技术水平先进的工业体系必然是实体经济最重要的组成部分,也是现代化国家的立身之本,面对新的机遇和挑战,建设工业强国有必要实施有针对性的措施,增强现代产业体系的完整性、先进性和安全性。

(一)现代化产业体系包含完整、先进和安全的工业体系

在相当长一段时期,我国工业发展和经济增长都依赖于结构调整释放的红利,高附加值产业比重的发展带动了工业化的发展和经济总量的增长。2010年以后,我国高新技术产业比重的增长速度逐渐减慢,按照传统产业分类标准的产业结构趋于稳定,工业转型升级的主要表现不再是结构的明显变化,而是各个产业内部依靠技术创新驱动内生动力的增强。在这种情况下,现代化产业体系成为建设现代化国家的产业依托,而在现代化产业体系中,工业的组成尤为重要和关键,工业体系的高附加值化、创新驱动化、绿色低碳化决定了整个现代化产业体系的总体质量。对于当前我国特殊发展阶段、国内条件、国际环境而言,建设完整、先进和安全的工业体系是形成现代化产业体系的基础。

完整性是我国区别于其他工业国家产业体系最显著的特征,也是先进性和安全性的基础和前提。工业体系的完整性能够实现更强的配

---

① 《习近平主持召开二十届中央财经委员会第一次会议强调 加快建设以实体经济为支撑的现代化产业体系 以人口高质量发展支撑中国式现代化》,《人民日报》2023年5月6日第1版。

套能力和产业韧性，不仅有利于平滑经济周期对部分行业带来的短期影响，更好应对重大公共卫生事件、自然灾害、有针对性的贸易封锁政策等外部冲击，还能在国内形成梯度发展条件，将产业升级和产业转移的红利更大程度保留在国内。我国人口众多，地域辽阔，保持工业体系的完整性有其必要性和可能性。一方面，中国不太可能像欧美那样将产业链的很多环节甚至一些产业链整体转移到其他国家，十几亿人口的消费必须主要依靠国内生产来满足，否则国内不断提高的消费需求不能得到有效满足。另一方面，我国工业化的梯度性特征明显，在东部沿海发达地区进入工业化后期、后工业化发展阶段，不适宜发展一些技术含量较低、劳动密集程度较高的产业的同时，还有很多欠发达地区处于工业化高速推进的阶段，能够承接来自东部的产业转移。

先进性是成为工业强国的基本条件，也是建设现代化产业体系不断追求的目标。先进性能够确保一国产业在世界产业分工中不被锁定在中低端，能够在全球价值链的高端环节和高附加值领域形成影响力。先进性的构建需要世界领先的人才体系、技术创新体系和产业化应用体系，能够塑造引领全球产业发展的优势和动能，这需要工业发展方式的根本变化。作为后发国家，我国工业化的一条成功经验就是将技术引进与自身条件禀赋相结合，形成特殊的比较优势，参与国际产业分工，并且在这一过程中不断提高引进技术的水平和自身的能力。因此，我国的工业发展实现了在开放背景下的持续动态优化，并没有始终被锁定在一个发展水平上，也避免了和其他发展中国家在国际分工中的恶性竞争。然而，随着我国与世界领先水平的差距逐渐缩小，一些领域、一些环节的技术和制造能力达到世界一流水平，进一步依靠技术引进推动工业升级发展的空间已经不大，在逆全球化的背景下，技术引进的难度也在增加，工业要更加"先进"只能依靠自主创新。

安全性是应对错综复杂的国际环境的现实需求，也是产业稳定转型升级的长期保障。面对逆全球化思潮抬头，单边主义、保护主义明显上升，以及部分国家大搞单边制裁，我们必须有底线思维，不断提升技术和产业的自主可控，确保国民经济循环畅通，着力保障产业经济的资源能源安全、技术安全和市场安全。从 2018 年开始，以美国为首的西方强国进一步加大了对我国工业发展的遏制，在一些关键领域、核心领域不断对我国工业向更高发展水平迈进形成干扰。各种打压措施虽然给中国工业的发展造成巨大的困难，但并没有阻挡中国工业做强的步伐。当然，我们也必须认识到，全球化的步伐不可逆转，在高端和前沿领域与发达国家的激烈竞争、在开拓国际市场和国际化中遭遇干扰肯定是中国工业下一阶段发展必须面临的常态，中国工业的管理部门、企业都必须适应这种变化，也必须始终把保障工业体系的"安全性"作为最重要的目标。

（二）工业体系还存在诸多短板和问题

虽然我国拥有世界首屈一指的完整产业体系，但产业结构偏旧。我国是全世界唯一拥有联合国产业分类中所列全部工业门类的国家，农业和服务业的完备程度也非常高，独立完整的产业体系发挥出巨大的规模优势、独特的范围经济优势和韧性优势。2020 年，面对突如其来的新冠疫情，我国能够在较短时间大幅提升各类抗疫物资的生产能力，为中国和全球应对新冠疫情作出巨大贡献，产业门类齐全是一个至关重要的因素。然而规模大、体系全不能掩盖产业结构的失衡，在国内发展条件、国际发展环境发生巨大变化的情况下，产业体系中的问题和短板被暴露和放大，成为产业健康发展和转型升级的制约因素。一方面，中国在全球分工中更具竞争力和优势的是技术含量较低的加工组装环节。另一方面，技术进步较慢，产品、工艺、生产模式成熟固定的产业比重高；技术进步较快，产品快速迭代、市场迅速增长的产业比重较低。目前，我国石油工业、化学工业、钢铁工业合计占全部工业的约五分之一，这与日本20世纪70年代、韩国20世纪90年代的结构类似，而更具未来发展前景的生物医药、航空航天、新材料、集成电路等产业的比重明显低于发达国家。

虽然产业技术水平与世界领先差距缩小，但进一步赶超的难度不断增大。现代产业体系的"先进性"体现为高效聚集和利用全球创新要素，在全球产业技术创新的最前沿和最新领域具有自主拓展产业新赛道的能力。我国长期坚持独立自主的技术战略，自2006年提出建设创新型国家以来，更是加速缩小与世界领先水平的差距。目前，我国钢铁、化工、汽车、电子信息制造等行业的装备水平、生产工艺、生产效率和环保水平已经达到甚至超过发达国家平均水平，在5G、量子计算、人工智能等新兴领域的技术研发和产业化水平处于世界领先地位。然而，随着发展阶段和环境变化，部分领域出现技术进步放缓的现象，技术追赶和优势保持的难度明显增大。一方面，在"反求工程""集成创新"阶段形成的能力和优势不能支撑下一阶段的自主创新发展，目前还存在较大短板的高精尖装备、材料、工艺的突破需要较长时间积累的基础研究。另一方面，在逼近技术前沿的情况下，需要实施更多"原创型""探索型"的创新活动，未来创新活动将面临更大的不确定性，失败的风险明显提高。

虽然产业体系整体韧性较高，但安全问题面临前所未有的巨大挑战。在应对突如其来的新冠疫情，以及中美贸易摩擦螺旋升级的过程中，我国已经展现出极高的产业韧性水平，但安全问题长期存在且有加重趋势。在资源能源方面，主要矿产品对外依存度高，易受到外部冲击的影响。2022年，我国原油对外依存度超过70%、铁矿石对外依存度超过80%，天然气对外依存度在45%以上，钴、镍、重稀土、锂等新能源矿产的对外依存度分别高达约95%、90%、70%和60%等，此外，乙烯、大豆、棕榈油等中间品和农产品对外依存度也不低。在技术方面，某些先进材料、关键设备、基础软件的对外依存度仍然较大。在市场方面，我国工业产品的出口市场主要是欧洲、美国和日本，在贸易保护趋强的背景下容易遭到出口抵制。

（三）增强工业体系完整性、先进性和安全性的着力点

夯实基础、擦亮名片、培育未来，进一步增强现代产业体系完整性。一是脚踏实地做强基础产业，夯实现代化国家实体经济基础。加强基础材料、基础工艺、基础零部件、基础软件的"补课"，制定长期支持政策和稳定投入制度，夯实现代产业体系根基。二是聚焦产业，擦亮产业名片，引领中国产业全球价值链攀升。充分发挥制度优势，汇聚人才、技术、品牌等高端要素资源，一方面继续做强做大高铁、核电、海装、工程机械等优势产业，扩大优势产业对上下游技术升级的溢出效应；另一方面推动优势产品出口和优势产能"走出去"相结合，将国内市场优势转化为全球市场优势。三是加快未来产业布局，力争在新一轮产业竞争中站在高起点。根据当前技术发展情况，在量子通信、下一代移动通信网络、下一代交通运输系统、新材料、生命科学和合成生物等领域具有战略意义的未来产业；在智能网联汽车、商业航天和空间开发等领域具有较明确技术路线和市场趋势的未来产

业；在扩展现实、脑科学和精准医疗器械等领域关注人本的未来产业，加快布局由研发、生产和应用构成的产业体系。

发挥研发和制造综合优势，着力增强现代产业体系的先进性。充分发挥我国产业体系规模大、门类全、综合成本低，以及技术研发投入大产出多的优势，加强政策引导，营造创新环境，增强企业自主创新能力，促进创新链、产业链互动融合。推动科研院所体制改革，重组全国重点实验室，发挥大学、科研机构基础研发支撑作用。增强企业创新主体地位，鼓励企业联合组建研发中心、工程实验室和实施产业化应用工程项目，培育技术创新内生动力，在新工业革命深入推进中实现技术能力的不断跃迁。发挥新型举国体制优势，着力缩小技术短板领域与世界领先国家的差距，加快实现关键领域自主可控，争取用10~20年时间彻底改变我国缺乏原始技术创新成果的局面。加强前沿科技和未来产业的前瞻布局，推动与世界各国在前沿科技创新、科技成果转化领域的合作，建设世界级技术交易市场，拓宽高技术产业融资渠道，通过竞技比赛、示范应用、政府采购、新型基础设施建设等方式加强对前沿科技转化成果的市场支持，加快推动技术成熟和商业化生产。

多层次、全方位应对逆全球化挑战，不断增强现代产业体系的安全性。围绕关键领域和环节，一方面要发挥新型举国体制优势，集中力量加快从"0"到"1"的突破，通过自立自强破除各种制约；另一方面，加强国际多边合作，构建自主性强、来源广泛的供应链体系，降低对单一国家、单一产品、单一装备的依赖性。要进一步扩大开放，坚定高质量开放的信心和决心，夯实与中国友好国家的产业密切关系。

三、工业强国的发展模式：工业高质量发展

工业的传统发展方式是依靠要素的更多投入实现更快的增长，这种方式在过去创造了巨大成就，但随着发展基础、条件和环境的变化，传统发展方式受到的约束增多，难以为继。党的十九大报告中首次提出，我国经济已由高速增长阶段转向高质量发展阶段，正处在转变发展方式、优化经济结构、转换增长动力的攻关期。高质量发展理念的提出，为新的基础条件、新要求下的工业发展指明了方向。

（一）工业在建设现代化国家中的突出作用

工业是跨越中等收入陷阱的关键支撑。成功跨越中等收入陷阱的国家都有一个特征：工业化的后期通常是经济高速增长的最后时期，同时也是工业比重最高的时期。例如，20 世纪 60 年代，日本第二产业比重提高到近 40%，韩国 20 世纪 80 年代第二产业比重超过 40%。与此形成鲜明对比的是，一些经历高增长但陷入中等收入陷阱的国家，工业比重的高速下降和经济的停滞不前几乎是同步的。从历史发展规律来看，在人均 GDP 从 1.2 万美元的中高收入水平向 2 万美元高收入水平迈进的过程中，工业比重的过早快速下降不利于一个国家和地区经济保持较高增速，从而摆脱中等收入陷阱。虽然我国工业比重还有进一步下降的可能，但工业仍然是保障经济增长、促进就业、消除贫困、保障经济和产业安全、提高综合国力、跨越中等收入陷阱最重要的产业部门。

工业是中国最具国际竞争优势的核心产业，也是对外贸易的主力军。虽然服务业出口快速增长，但工业制品自 1994 年以来一直是贸易

顺差，而服务业只有几年出现顺差。工业也是我国吸引外资的主力军，在对外投资中的重要性不断提高。近年来，在共建"一带一路"国家和地区，中国工业企业帮助当地建设产业基础设施、完善交通网络、吸纳就业和培养人才、创造税收、增加收入，将中国工业先进的工艺技术、管理手段传播到全球，实现经济价值的同时提高了中国的国际声誉。

工业是新技术与新模式创新的重要载体。很多创新活动的人才、资金、硬件设施都依赖于工业。同时，工业还搭建了创新活动的物理系统，提供创新成果产业化、商业化应用的验证场所，是技术创新的"母体"。近年来，在自主创新、创新驱动等国家战略的指引下，工业，特别是制造业通过建设制造业创新中心、开展试点示范、夯实产业技术基础、实施重大专项、加强产学研合作等措施，积极推动工业领域科技创新和科技成果产业化，创新体系建设水平全面提升，不仅工业自身发展水平得到提高，还打造了技术创新、业态创新与产业部门紧密结合的重要载体。

（二）工业向高质量发展的调整和升级

一是由总量扩张转向质量提升。工业发展要依靠新增长点的培育，也需要存量的调整和质量提升。从结构的角度，实现工业发展质量提升的重点包括过程质量提升和结果质量提升。其中，过程质量提升是指工业的运营过程中减少和优化要素投入，降低对环境、社会的不良影响。在资源和能源投入方面，降低一次能源消耗的比重，采用更环保的生产装备和工艺，减少污染物的排放；在资本和技术投入方面，不断提高工业研发投入强度，重点推进工业数字化、智能化改造，实现创新驱动发展；在劳动力投入方面，加强职业培训和终身学习，实现工业劳动生产率的明显提升和工业人力资源素养的明显提升。结果质量提升是指工业产品和服务明显提升，先进制造业的比重明显提升。从不同产品的结构看，要重点发展新兴产业和产品，包括新一代数字信息产品、高端装备产品、生物医药产品、新材料产品、节能环保产品等；重点发展能提高人民生活幸福水平的高质量的消费产品，包括健康食品、智能家居等。从同一产品的结构看，要重点补齐核心短板，例如，电子信息中的关键材料、芯片等，装备产业中的核心伺服电机、减速器、刀片等，争取用10 ~ 20年时间彻底改变我国缺乏工业原始技术创新成果的局面。

二是由结构调整转向构建现代化产业体系。从整个国民经济的层面，在中国经济由大变强的过程中，工业必须保持较高的比重，不能下降太快。现代化产业体系的构建必须首先鼓励工业的发展，调整工业存量、挖掘增量。在工业内部，高新技术产业比重要继续提高，同时产业间的关联性要得到进一步的增强，网络化、智能化、柔性化的供应链体系要逐步替代传统的低韧性体系。

三是由产业间比重调整转向产业深度融合。传统的产业政策和规划的目标是调整、优化产业间的比重关系，但"高技术产业""新兴产业""数字经济"本身难以划定边界。在科技革命背景下，工业结构调整应当更加注重工业与其他产业的融合发展，而不是一些特定工业部门产值比重的调整。一方面，推进工业与数字经济的深度融合，积极促成数字技术在工业应用场景的创新、试点，将工业和互联网产业上各自的竞争优势进行整合，大力发展智能制造、工业物联网系统、工业大数据，使我国成为全球领先的"智能＋制造"应用国。另一方面，推进工业与服务业深度融合，重点支持高端装备制造、电子信息制造、新能源汽车、生物医药等先进制造业与软件和信息服务业、金融业、科技研发和科技服务业等现代服务业的深度融合。

四是由依靠外需扩张转向构建以国内大循环为主体、国内国际双循环相互促进的新发展格局。作为"世界工厂"，中国要扩大国际市场的占有率很难实现，面对国内要素价格上涨和其他发展中国家的竞争，必须改变"三驾马车"中出口领跑的状态。在供给端，要加大对外贸型工业企业转内销的引导和支持，逐步实现"两头在外"向"两头在内"的转变。在需求端，实施好扩大内需战略，稳定基本消费，提振升级型消费，扩大新兴消费，释放重点领域消费潜力，形成工业发展的内需新动能。抓住老龄社会到来、数字经济兴起、技术和经济变革催生的新消费热点，加强产品与模式创新、线上线下融合，建设国际消费中心城市，打造新消费领域领导品牌。

五是由国内区域间布局调整转向推动全球布局。近些年，中西部地区以劳动力为代表的要素价格与东部发达地区的差距不断缩小，中西部地区招商引资形势面临较大压力，政策"透支"招商使部分中西部城市在产业发展的同时并没有实现财政收入的增加和民生的改善，还浪费了宝贵的资源。中国工业的发展已经到了必须"走出去"实现全球布局的阶段。要推动共建"一带一路"国家和地区基础设施的联通，包括交通设施的联通、管道的联通、信息化的联通，为工业国际产能合作的人员、物料、产品和信息的流通奠定基础。要与东道国一起共同开发新的市场，并逐步构架由中国参与的、最大程度实现双边或多边共赢的国际工业分工的新框架。同时，增强对发达国家产业政策、贸易政策的跟踪和预测能力。

（三）工业发展质量需继续提高

党的二十大报告提出全面建设社会主义现代化国家的战略目标，

而现代化产业体系是现代化国家的内核和实体基础。我国工业虽然规模巨大，但仍是以中低端为主，还存在发展不平衡、不充分的问题，推进高质量发展还存在许多瓶颈。目前，我国制造业的优势主要是产业组织能力、成本优势和市场优势构成的综合优势，而非技术优势和效率优势，工业发展质量与美国、德国、日本等发达国家的差距主要表现在以下三个方面。一是劳动生产率不高，导致工业生产效率不占优势。2021年，我国制造业劳动生产率约为13.8美元/时，相当于美国的19.5%，德国的23.5%和日本的34.2%。同时，能源利用效率较低也进一步拉低了制造业的效益水平。二是工业关键生产要素供需缺口较大。我国研发投入大大增加，但研发强度与工业强国相比仍存在差距，同时创新政策体系也有待完善，科技创新能力总体大而不强，高技术制造业的研发投入强度仅相当于美国中低技术行业的研发投入强度水平。人才方面，我国正处在由人口优势向人力资源优势的转化过程中，工业高质量发展所需的专业人才供需缺口较大，且存在大量人力资本流向非实体经济领域的现象。此外，金融部门与工业联系的紧密度有待加强。三是部分行业的关键设备、核心零部件、生产技术存在制约因素。我国企业掌握的核心技术还比较少，具有自主知识产权的产品大多属于中低端产品。

"大而不强"的发展现状决定了实现工业高质量发展任重道远，需要从国家、区域、产业等各个层面进行全方位的谋划与推进。当然，工业高质量发展只能循序渐进，不可能一蹴而就。在未来一段时期，工业向高质量发展转型将面临旧动能减弱、新动能乏力的巨大挑战。

四、工业强国的基础动能：工业新质生产力

面对新一轮科技革命和产业变革与我国现代化进程交汇形成的重大历史机遇，加速工业领域的产业升级、推动新质生产力的发展成为培育竞争新优势的"先手棋"，也是中国特色社会主义现代化国家建设的重要内容。2023 年 9 月，习近平总书记在黑龙江考察期间首次提到"新质生产力"概念，指出积极培育新能源、新材料、先进制造、电子信息等战略性新兴产业，积极培育未来产业，加快形成新质生产力，增强发展新动能①。2023 年 12 月召开的中央经济工作会议进一步强调，要以科技创新推动产业创新，特别是以颠覆性技术和前沿技术催生新产业、新模式、新动能，发展新质生产力②。2024 年政府工作报告再次提出，大力推进现代化产业体系建设，加快发展新质生产力。在新发展格局与创新驱动发展战略下，大力发展新质生产力，已成为构建现代化产业体系、实现高质量发展的关键性战略举措。

与"传统"的生产力不同，新质生产力标志着经济新常态出现的生产力新质态，由"高素质"劳动者、"新质料"劳动资料组成，以科技创新为核心，以追求高质量发展为宗旨，是适应新时代、新产业、新经济，服务于高质量生活需求的现代生产力新模式。新质生产力的概念提出后引发了热烈讨论。一些学者围绕着新质生产力的内涵及表现形式展开分析，指出新质生产力以高素质的生产力、新品质的劳动对象和新介质的劳动资料为核心要义，具有注重新发展理念、注重创

---

① 《习近平主持召开新时代推动东北全面振兴座谈会强调 牢牢把握东北的重要使命 奋力谱写东北全面振兴新篇章》，《人民日报》2023 年 9 月 10 日第 1 版。

② 《中央经济工作会议在北京举行》，《人民日报》2023 年 12 月 13 日第 1 版。

新、体现数字化、兼顾未来化、注重培育新产业等鲜明的时代特征^①。

（一）数据信息是新质生产力的新要素

与生产力的传统要素结构相比，在新质生产力要素体系中，数据资源的出现，以及数据要素价值创造能力的不断提高是最显著的特征。数据要素具有边际成本低、高度可复制、非竞争性、传播交易速度快、应用范围广等特点，是新科技革命和产业变革中推动技术进步、生产方式创新、资源配置优化的关键要素。一方面，数据作为新的要素加入生产函数中，本身就具备强大的价值创造能力，大数据、云计算等产业的发展正是数据直接创造价值的表现。另一方面，数据要素的出现能够改变生产函数形式，推动经济运行方式的重大变革。在工业领域，数据的集成和分析能力直接影响产业和企业决策的质量和效率，进而推动以数据驱动的创新模式和生产制造模式。例如，市场大数据能够使工业企业更准确地把握市场动态变化，工业大数据驱动下的智能化机器人可构成柔性化的产线系统，两者的结合使大规模的低成本定制生产成为可能，并进一步推动技术研发、产品设计方式和流程的变化，自第二次工业革命以来一直在工业领域发挥作用的大规模制造和订单生产将面临巨大挑战。

近年来，人工智能技术的发展及其在工业领域越来越广泛的应用进一步强化了数据要素的价值。利用日趋成熟的大模型工具，人工智能可以高效完成对海量数据的分析、识别和规律构建，不仅能帮助企业管理人员在复杂多变的环境中作出更优的决策，还能够在产线上进一步推动"机器换人"，在降低成本的同时提高产品质量。同时，人工

---

① 王飞、韩晓媛、陈瑞华：《新质生产力赋能现代化产业体系：内在逻辑与实现路径》，《当代经济管理》2024年第6期。

智能还在优化产品设计和服务、增强客户体验及管控信息流动等方面发挥重要作用。此外，数据要素对工业企业的价值还体现在能够促进跨行业的融合和创新。随着物联网技术的发展，传感器上产生的海量实时数据，不仅可以用于工业企业，还可以通过跨行业的数据共享和分析，催生新的商业模式和服务创新。例如，智慧城市等新兴领域的快速发展，正是数据驱动创新的典型案例，而工业数据（包括生产数据和产品数据）是智慧城市依赖的大数据的重要来源之一。

随着工业数字化转型的深入，数据要素对新质生产力发展的重要性还会增大。无论是工业企业还是行业管理部门都需要认识到工业数据挖掘、管理和应用的重要性，加大对数据技术和人才培养的投资力度，完善相应的数据确权制度和数据交易使用规则，充分释放数据要素在新质生产力中的核心作用，并保障数据要素在工业领域的安全合法使用。

（二）颠覆式创新是形成新质生产力的根本策源

生产力的发展历来被创新所推进，尤其是那些具有颠覆性的创新，引领了生产力一次又一次的重大飞跃，对现有的产业结构和生产方式产生了重要影响。新质生产力涵盖的新技术创新不局限于传统的模仿和渐进式创新，更指向那些能够实现关键性和颠覆性技术突破的创新。创新要具有前瞻性、引领性、颠覆性，涵盖新能源、新材料等具有战略性的新兴技术，同时也包括人工智能、生物医疗等前瞻性未来技术。在工业领域，颠覆性创新的应用范例广泛而深刻，例如，增材制造技术（3D 打印技术），通过逐层堆叠材料的方式制造产品，与传统的制造方式相比，极大地提高了设计的灵活性和材料的利用率，对传统制造业造成了重大冲击。同样，人机融合制造技术，通过加强人与机器的互动合作，突破了传统"人机对立""人机冲突"的生产模式，为工业带来了新的活力。生物制造技术则是以酶、微生物细胞结合工程学方法进行生产，在可持续性和效率上对传统的化学物理制造方法形成了颠覆。

发展新质生产力具有深远的战略意义，颠覆式创新的涌现不仅是技术进步的标志，更是国家意志和前瞻性布局的体现。各国政府在推动颠覆式创新方面扮演着至关重要的角色。以美国为例，美国通过对人工智能、生物医药、云计算等高技术和高附加值领域的政策支持和投资，显著加大了这些领域产生颠覆式创新成果的可能性。美国能够在高科技领域保持领先地位，成功引领信息技术和生物技术革命，根本上得益于其在这些技术和产业尚处于起步阶段时，便已经对基础科学研究进行了前瞻性布局。此外，美国政府推行的将基础研究成果转化为商业应用的产业政策，也发挥了至关重要的作用。这种政策导向不仅促进了其国内技术创新和产业升级，也为全球科技进步和经济发展模式的转变提供了动力。值得注意的是，颠覆式创新的范畴远不止产品和技术层面，还包括制度、文化及商业模式的创新。这些创新能够在不同层面上促进社会经济体的进步：在微观层面，它们提升了企业的竞争力与生产效率；在中观层面，推动了产业升级和结构优化；在宏观层面，促进了经济增长模式的根本转变，从而在全社会范围内形成新的经济增长点。因此，从多维度、全方位推进颠覆式创新，是形成新质生产力的根本策源，也是实现社会经济持续健康发展的关键。

（三）工业新质生产力是实现全社会绿色低碳转型的关键

在新科技革命和产业变革的大背景下，绿色低碳已成为经济社会发展的基本约束，同时也是产业转型升级的方向。这不仅反映了当代

社会对于环境保护、资源节约及社会责任的重视，还体现了对未来可
持续发展的深刻洞察。面对日益严峻的全球气候变化，各国政府和企
业都在积极探索绿色低碳技术，旨在减少温室气体排放，促进经济结
构的优化和产业的高质量发展。

在工业领域，绿色转型的紧迫性不言而喻，直接关乎"双碳"目
标的实现。中国碳核算数据库（CEADs）的数据显示，中国 2022 年碳
排放量为 110 亿吨，约占全球碳排放量的 28.87%。其中，工业碳排放
量为 42 亿吨，约占全国碳排放量的 40%。此外，中国单位 GDP 的温
室气体排放当量高达 0.7 吨每千美元，较欧美等发达国家和地区高 3
倍。在 2060 年实现 1.5℃的碳排放路径中，工业领域的碳排放量需减
少 80%~85%。

新质生产力的培育和发展成为破解工业领域绿色低碳转型难题的
关键。如图 5-1 所示，根据卢江等对新质生产力的测算，我们进一步
匹配到行业后发现：新质生产力在污水处理、垃圾处理、清洁化生产
等行业发挥着重要作用，具有高度绿色化的特征。具体而言，引入和
推广应用各种绿色技术，如清洁能源技术、废物循环利用技术、碳捕
捉与存储技术、可再生能源利用技术、能效提升技术等，有助于减小
工业生产的碳排放强度、提高资源利用效率，促进生态环境的恢复与
保护。以煤炭工业为例，通过大力推广超临界机组及热电联供技术，
国家能源集团有 98% 的常规煤电机组实现超低排放，新建机组发电煤
耗降至 256 克 / 千瓦时，在保障产业链、供应链稳定运行的同时，实现
了经济的绿色低碳发展。在低碳技术的支撑下，中国碳排放强度逐年
下降，2019 年较 2005 年单位 GDP 二氧化碳排放量下降约 60%，充分
印证了新质生产力在促进工业低碳绿色转型中的重要作用。

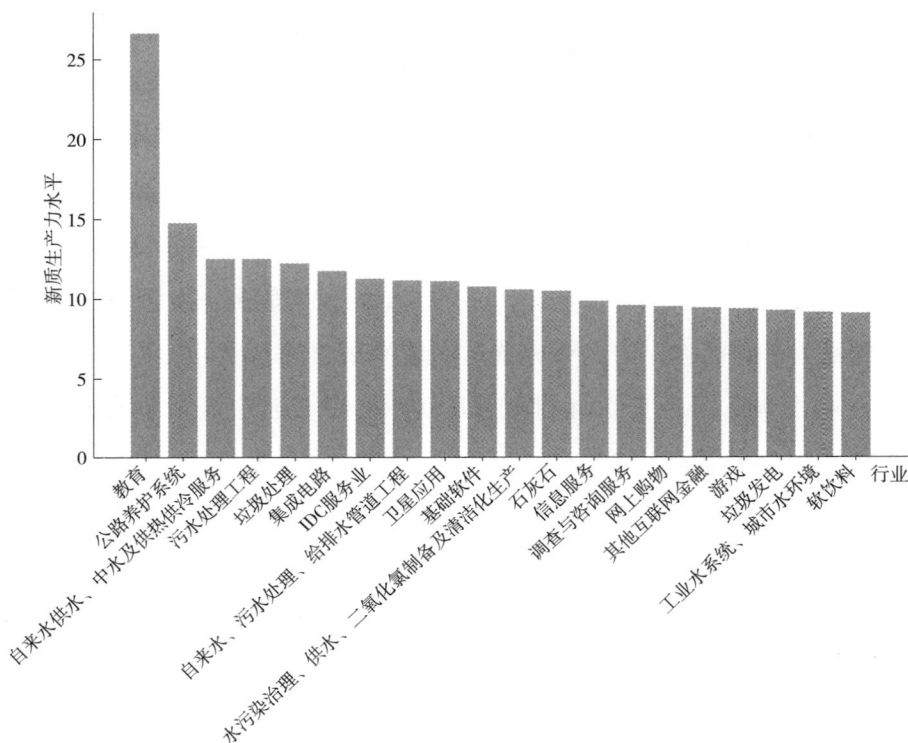

图 5-1 2022 年新质生产力水平前 20 名的行业分布
资料来源：根据卢江（2024）的方法进行计算。

（四）工业新质生产力的溢出效应强

工业革命以来，工业一直是先进生产力最重要的代表，是基础技术和前沿技术研发的关键载体。工业领域不断涌现的新技术、新材料和新能源，为人类社会的发展提供了坚实的物质基础和技术支持，推动了生产方式和社会结构的根本变革，确立了工业在推动生产力发展中的核心地位。

在新一轮科技革命和产业变革中，技术的高速迭代和新兴产业的不断涌现使工业领域经历着前所未有的变革。在信息技术领域，数字化转型推动工业生产在自动化基础上向智能化升级；在能源技术上，新能源及其利用技术的突破，正引领工业向更加绿色、低碳的方向发展；新材料技术的进步，为工业产品提供了更加轻质、强韧、环保的物质要素；生物技术通过仿生设计、生物制造和生物过程加工工程，使清洁、高效、可再生的生产过程成为可能，在碳减排上有着巨大的发展潜力；制造技术的突破使工业的生产方式从传统的大规模生产转变为个性化定制、智能制造。工业领域技术进步形成的新质生产力不仅极大地提升了工业自身的生产效率和创新能力，也为工业生产力的发展注入了新的动能。

工业领域形成的新质生产力不只作用于工业自身。通过技术的传播与扩散，工业领域的新质生产力正向其他行业乃至整个经济社会溢出，催生了各行业、各领域的深度融合，促进了经济社会发展模式的根本转变。从智能化生产到数字经济，从绿色能源到生物经济，工业的新技术和新产业正在引领全球经济社会进入一个高度互联互通、绿色可持续的新阶段。这种由工业新质生产力驱动的变革，不仅加速了生产力的全面提升，也为解决人类面临的环境、资源等全球性问题提供了新的路径，展现了工业在推动人类社会进步中的重要作用。

五、建设工业强国要着力提升三大能力

党的二十大报告提出："未来五年是全面建设社会主义现代化国家开局起步的关键时期。"这一时期的一个重要任务就是构建新发展格局和建设现代化经济体系。2023年，习近平总书记在十四届全国人大一次会议江苏代表团审议时指出"任何时候中国都不能缺少制造业"[①]。因此，在新的发展时期，建设现代化产业体系要"坚持把发展经济的着力点放在实体经济上""推动制造业高端化、智能化、绿色化发展"。现代化产业体系是现代化国家的基础，对于中国而言，以工业为主的实体经济可谓现代化产业体系的关键内核。从现在到2035年的发展时期，对我国工业发展来说，最明确的是新工业革命推动技术加速进步，工业发展模式和组织方式面临重构和重组；最大的风险来自工业发展动力调整过程，并进一步影响经济稳定增长；最大的不确定性是中美关系影响下全球工业分工和贸易走向，以及大多数国家推动经济全球化和少数国家实施逆全球化之间的博弈结果。在新的发展时期，建设工业强国需要着重增强三种工业发展的新能力（见图5-2）：一是培育把握新工业革命机遇的能力；二是发展动力稳定转化的能力；三是应对外部挑战和冲击的能力。

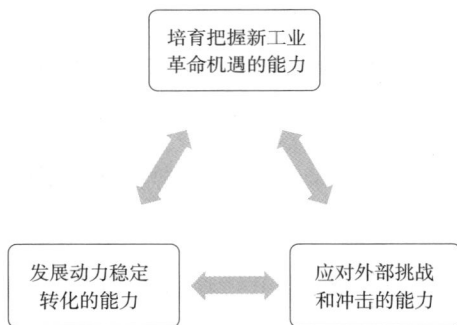

图 5-2　建设工业强国的三大能力
资料来源：作者绘制。

（一）培育把握新工业革命机遇的能力

新工业革命创造新的机遇，可以为赶超者创造摆脱既有的、被领先者垄断和控制的技术链、供应链和全球分工体系创造机会。我国产业的创新能力、工艺水平、全球市场开拓能力和组织韧性与美国、日本、欧洲、韩国还存在差距，工业的稳定发展必须孕育符合新工业革

[①] 《微镜头·习近平总书记两会"下团组""任何时候中国都不能缺少制造业"（两会现场观察）》，《人民日报》2023年3月6日第1版。

命趋势的新增长点，必须尽快缩小在前沿领域与发达国家的差距，不能在下一阶段的产业竞争中继续尾随发达国家，必须成为新工业革命重要的参与者和引领者，形成一系列稀缺的、领先的前沿技术研发能力、产业配套体系和应用开发场景。在新的发展时期，要顺应新工业革命发展趋势，充分发挥我国工业规模大、体系全、综合成本低，以及技术研发投入大、产出多的优势，加强政策引导，营造充满活力的制造业创新环境，增强企业自主创新能力，促进创新链、产业链互动融合。要加强前沿科技和未来产业的前瞻布局，推动与世界各国在前沿科技创新、科技成果转化领域的合作，改善与发达国家技术分工关系，建设世界级技术交易市场，拓宽高技术工业融资渠道。

（二）发展动力稳定转化的能力

受自身发展阶段和国际发展环境变化的影响，我国工业已经到了必须实现发展动力根本转化的时候。然而，动力转化的过程绝不轻松。针对突出问题，要形成促进动力转化的政策思路，实现由传统的以规模增长、技术模仿、梯度产业转移、国外市场为主要发展动力向以质量型发展、原创技术、产业科学布局和国内市场为主的动力转化。要继续发挥新型举国体制优势，着力缩小技术短板领域与世界领先国家的差距，加快实现关键领域自主可控，改变我国工业缺乏原始技术创新的局面。产业转移政策要从强调梯度优势转化为发挥体系优势，从产能转移转向产业体系和产业链转移，产业转移的目的是形成更合理的产业区域分工格局、促进区域经济协调发展、更好激活各区域特色的资源要素优势。创新政策要推动工业从模仿到原创的攻坚，建设一批面向未来的创新基础设施和产业化平台，深度参与国际工业基础研发、前沿研发的分工。要构建和完善双循环通道，加大对外贸型工业企业内销转型的引导和支持，支持它们在开拓新海外市场的同时促进面向国内市场的能力建设，逐步实现"两头在外"向"两头在内"的转变。在稳定民生基础上释放工业产品国内需求，实施好扩大内需战略，稳定基本消费，提振升级型消费，扩大新兴消费，释放重点领域消费潜力，形成制造业发展的内需新动能。

（三）应对外部挑战和冲击的能力

改革开放后，我国工业将发挥自身比较优势与把握全球分工调整下的产业转移机遇相结合，实现了规模持续高速增长。国际金融危机之后，尽管全球贸易仍有增长，但全球化走向开始出现重大变化，逆全球化抬头，国际净增长和贸易往来面临诸多不确定性。在这种情况下，中国工业的稳定增长和进一步转型升级必须适应新的国际环境，应对新的外部挑战。要增强对发达国家政策变化的预见性，形成应对外部变化的政策应对能力。要坚持人类命运共同体发展思路，加强与发展中国家的工业产能合作，构建网络紧密连接、数据畅通流动、发挥各自优势的工业产业链、价值链，形成较为完整的区域供应链体系。以营商环境改善为重点推动外资量增质升，着力推动从过去的商品、要素流动型开放转向制度型开放，进一步缩减外资准入负面清单，形成内外资企业公平竞争的市场格局。

新中国75年工业大事记

1949 年

10 月　中华人民共和国成立。

12 月　中央人民政府设立了一系列工业管理部门，首先是在中央设立政务院财经委员会，下设五个工业管理部门：金属工业部、燃料工业部、纺织工业部、化学工业部、轻工业部。在新中国成立初的几年中，工业管理部门在摸索管理经验时经历了若干次变革，例如：金属工业部和化学工业部很快合并为重工业部；食品工业部在1949年末设立，但很快在1950年底撤销，并归入轻工业部；1952年考虑到重工业部门管理任务较多，又设立了第一机械工业部、第二机械工业部、建筑工程部等。为了统一与加强对地方工商业的领导，各地设立了工商业的管理部门，根据各地工商业禀赋特征，各地名称上差异较大，有工业厅、工商厅、工矿厅、商业厅、工商局、工业局、财政局、工商处、工商部等。

1950 年

1—4 月　各工业部门进行全国工业普查，召开专业会议，共同商定一系列正确的方针政策和切实可行的发展举措。

2 月　毛泽东主席率团访问苏联，其间签订了《中苏友好同盟互助条约》，这是新中国获得苏联大规模经济援助的开始。

10月　为了配合抗美援朝战争的需要，中国政府启动了"南厂北迁"运动，将一部分位于沈阳、大连的工厂向北迁移至哈尔滨、齐齐哈尔等地，以建立新的工业基地。这一运动不仅增强了东北地区的工业生产能力，也为后续的重工业发展奠定了基础。

1951 年

2—3月　第一届全国工业会议在京召开，这是新中国成立以后中财委第一次召开的工业专门会议。

4月　国家颁布《关于航空工业建设的决定》。

11月　新中国自制的第一台磁选机，在鞍山钢铁公司试制成功。

1952 年

7月　成渝铁路建成通车，这是新中国成立后完全采用国产材料自行修建的第一条铁路干线。

△四方机车车辆工厂制造出新中国第一台蒸汽机车，定名为"解放型"，代号"JF"。

8—9月　周恩来总理率政府代表团赴莫斯科，与苏联政府商谈中国第一个五年计划的制定和中国工业化建设问题。

9月　太原钢铁厂冶炼出新中国第一炉不锈钢。

12月　档案资料显示，1952 年由中央和东北计委派往苏联留学的在职干部273 名，教育部及各经济部门所属高等院校学生287 名。同年到苏联实习的技术干部为中央9 个部委174 名，东北工业部所属各公司560 名。

1953 年

5月　中苏两国政府签订《关于苏维埃社会主义共和国联盟政府援助中华人民共和国中央人民政府发展中国国民经济的协定》，规定苏联援助中国建设 91 个工业项目。此外，苏联援助中国建设的工业项目还有 1950 年已确定的 50 项和 1954 年增加的 15 项，共 156 项，列入"一五"计划，称"156 项工程"。

△上海第三制药厂建成投产。这是中国自行设计建设的第一个抗生素生产厂，从此青霉素可以国产。

6 月　毛泽东主席在中央政治局扩大会议上首次完整表述了党在过渡时期的总路线和总任务，即在一个相当长的时期内，逐步实现国家的社会主义工业化，并逐步实现国家对农业、手工业和资本主义工商业的社会主义改造。

7 月　新中国成立后建设的第一座煤矿——阜新海州露天煤矿投产。

△中国第一辆汽车——解放牌载重汽车在吉林省长春市下线，这是中国汽车工业甚至机械工业的一个重大里程碑。

9 月　周恩来总理在《过渡时期的总路线》中提出对资本主义进行社会主义改造的思想。

10 月　鞍钢无缝钢管厂直径 140 毫米自动轧管机组热试轧成功，顺利轧出新中国第一根无缝钢管，结束了中国无缝钢管依靠进口的历史。

△中共中央通过《关于实行粮食的计划收购与计划供应的决议》，确保了国家工业化进程中粮食的稳定供应。

11 月　柳州机械厂成功试制出我国第一代汽油机 1101 型汽油机。

12 月　鞍山钢铁公司三大工程——大型轧钢厂、无缝钢管厂、七号炼铁炉举行开工生产典礼，标志着新中国钢铁工业的重要进展。

△档案资料统计显示，1950 年至 1953 年先后到中国帮助经济建设工作的苏联专家共计 1093 人。

1954 年

1 月　中财委提出《关于有步骤地将有十个工人以上的资本主义工业基本上改造成为公私合营企业的意见》，提出公方代表居主体地位，采取"四马分肥"的办法。"四马分肥"是指国家所得税、企业公积金、工人福利费、资方红利四个部分各占一定比例。一般来说，国家税收占 30%，企业公积金占 30%，工人福利占 15%，股东红利、董事、经理、厂长的酬金占 25%。

7 月　南昌飞机制造厂试制成功初教 –5 教练机。

9 月　一届全国人大一次会议通过并公布了《中华人民共和国宪法》，从国家根本大法的角度，确定了对资本主义工商业"利用、限制、改造"的政策。

10 月　我国铀地质工作者，在广西壮族自治区富钟县黄羌坪采集到新中国第一块铀矿石标本。

1955 年

5 月　抚顺矿务局机电厂（抚顺挖掘机厂）制造了我国第一台机械式液压挖掘机，命名为 W1001。该挖掘机重量为 42 吨，斗容量 1 立方米，柴油机功率为 120 马力。

7 月　确立定息制度，发布《国务院关于对私营工商业、手工业、私营运输业的社会主义改造中若干问题的指示》，其中规定"全国公私合营企业的定息户，不分工商、不分大小、不分盈余户亏损户、不分地区、不分行业、不分老合营新合营，统一规定为年息五厘，即年息5%，个别需要提高息率的企业，可以超过五厘。过去早已采取定息办法的公私合营企业，如果它们的息率超过五厘，不降低，如果息率不到五厘，提高到五厘。本年七、八月间，应当发给 1956 年度的第一、第二两季的私股利息。"

8月　沈阳第一机器厂研制成功第一台国产普通机床 C620-1 型，并实现量产。

10月　毛泽东主席邀请工商业人士座谈，希望他们能认清社会发展规律，掌握自己的命运，主动走社会主义道路。

11月　中央政治局在北京召开有各省、市、自治区党委代表参加的关于资本主义工商业社会主义改造问题的会议，对进一步改造资本主义工商业作出全面规划和部署，会议通过了《关于资本主义工商业改造问题的决议（草案）》，确立了定息制度。按照决议（草案）的基本方针和政策，很快全国掀起全行业公私合营的高潮。

12月　我国自行设计、制造、施工的第一座水电站——北京官厅水电站竣工发电。

1956 年

1月　到本月底，全国大城市以及50多个中等城市先后实现了全部资本主义工商业的公私合营。这一事件标志着中国所有制结构和调节方式向完全计划经济的转变，公有制经济在所有制结构中占据主导地位。

3月　抚顺特钢（现属于东北特钢集团）成功冶炼出新中国第一炉高温合金 GH3030，从此拉开了我国高温合金产业从无到有、从低级到高级、从仿制到独立创新的发展序幕。

4月　毛泽东主席发表《论十大关系》，初步总结了我国社会主义建设的经验，提出了探索适合我国国情的社会主义建设道路的任务。这一讲话对后续的经济建设和社会发展产生了深远影响。

△我国第一种国产喷气式歼击机——歼-5 型飞机在沈阳飞机制造

厂试制成功。这一成就标志着中国航空工业在自主创新和研发方面取得了重大突破，为中国空军提供了先进的战斗装备，也为中国的国防现代化建设注入了新的动力。

7月　我国第一辆国产"解放"牌汽车在长春第一汽车制造厂试制成功。这款汽车以苏联吉斯150为蓝本制造，结束了我国不能批量制造汽车的历史，开启了中国汽车工业的新篇章。

△我国第一座自行设计、自制设备、自行施工的大型水电站——浙江新安江水力发电工程开工。

8月　杭州丝绸印染联合厂动工建设，缫丝、织绸车间于1958年5月试车生产，印染车间于1959年国庆节投产，这是我国第一座现代化的丝绸印染联合厂。

9月　中国共产党第八次全国代表大会召开。大会指出社会主义制度在我国已经基本上建立起来，全国人民的主要任务是集中力量发展社会生产力，实现国家工业化。这次大会为我国后续的经济建设和社会发展指明了方向。

10月　北京电子管厂建成投产，这是我国第一座现代化的电子元器件厂。

12月　到1956年底，原有私营工业8.8万余户，职工131万人，总产值72.66亿元，约99%的企业完成了社会主义所有制的改造；全国原有的240万余户私营商业，约82.2%实现了改造；私营饮食业、服务业也大多数实现了改造，至此，全国对资本主义工商业的改造基本完成。

1957年

4月　我国第一座自行设计，自制设备、自行施工的大型水电站新安江水电站主体工程正式开工。

10月　新中国第一个天然石油基地——甘肃玉门油田的扩建工程基本完成，成为拥有地质勘探、钻井、采油、炼油、机械修理、油田建设和石油科研等部门的大型石油联合企业。

12月　"一五"计划超额完成，为我国社会主义工业化奠定了初步基础。"一五"计划期间，中国投入建设资金总额折合黄金约7亿两，投资总额超过了新中国成立前100年的总和，全部基本建设投资的58.2%用于工业，其中又把88.8%用于重工业建设。

1958 年

3月　我国第一台黑白电视机"北京牌"电视机研制成功。

4月　我国第一辆国产轿车——"红旗"牌高级轿车在一汽诞生，取名"东风"。红旗轿车的诞生结束了中国不能生产轿车的历史。

7月　新中国生产的第一台拖拉机诞生在洛阳第一拖拉机厂，命名为"东方红"。从此，中国农机工业跨上了一个崭新的台阶。

8月　我国第一台国产通用数字电子计算机运行成功。

9月　我国第一座重水反应堆和第一台回旋加速器投入使用，标志着中国进入原子能时代。

△新中国第一个年加工能力超过100万吨的现代化炼油化工生产企业——兰州炼油化工总厂建成投产。该厂先后创造了国内第一套立式电脱盐装置、第一套金属重整工业装置、第一套烷基化生产装置、第一套双金属催化重整工艺等。

△　我国自主设计的第一座百万千瓦级大型水电站刘家峡开工。

12月　我国首架自行制造的直升机直-5试飞成功。

1959 年

9月　中国石油地质勘探工作取得重大成果——发现大庆油田，打破了地质学界长期存在的"中国贫油论"。这一发现对于我国石油工业的发展具有里程碑意义，为后续的石油开采和加工提供了重要资源保障。

11月　第一拖拉机制造厂在河南洛阳建成投产。

12月　包头钢铁集团第二选矿厂第一座5吨电炉建成并炼出第一炉稀土硅铁合金，标志着新中国稀土工业正式起步。

1960年

3月　中共中央批转鞍山市委《关于工业战线上的技术革新和技术革命运动开展情况的报告》。毛泽东代中央起草批示，将鞍钢实行的"两参一改三结合"的管理制度称作"鞍钢宪法"，要求在工业战线加以推广。

4月　中国自行设计、建造的第一座大型水电站——新安江水电站第一台机组开始发电。

1961年

1月　中共八届九中全会正式通过对国民经济实行"调整、巩固、充实、提高"的方针，国民经济转入调整的轨道。

1962年

6月　上海江南造船厂1.2万吨水压机的试制成功，不仅大幅提升了国家的装备能力，长了民族士气，而且带动了相关行业的发展。

1963年

9月　新中国第一套30万吨/年延迟焦化工业装置在抚顺石油二厂建成投产。

10月　抚顺挖掘机制造厂制造出我国第一台履带式液压挖掘机，斗容量为1立方米。

11月　我国第一个国产车轮轮毂在马钢试轧成功。

1964 年

7 月　马鞍山钢铁集团成功轧出第一件整体碾钢车轮。从此，我国交通大动脉车轮烙上了"马钢印"。

8 月　中共中央书记处会议作出了加强战备，迁移沿海重要工业到内地，建设内地工业基地的战略决定，标志着"三线建设"战略决策的确立。决定要求各地集中力量建设"三线"，在人力、物力、财力上给予保证。国民经济发展的第三个五年计划设想由原定解决"吃穿用"问题向以战备为中心转移。"三线建设"初期的主要项目有：四川、云南交界的攀枝花钢铁工业基地，成都至昆明的成昆铁路，以重庆为中心的常规兵器工业基地，以成都为中心的航空工业基地，以重庆至万县为中心的造船工业基地，陕西的航空工业、兵器工业基地，甘肃的航空工业基地，酒泉钢铁厂，等。

10 月　我国第一颗原子弹爆炸试验成功。这是我国国防和科学技术方面取得的一项重大成就，极大地提升了中国的国际地位和国际影响力。

1965 年

4 月　新中国第一套 3 万吨 / 年异丙醇尿素脱蜡工业装置在石油五厂建成投产。

8 月　新中国第一套 60 万吨 / 年催化裂化工业装置在石油二厂建成投产。

9 月　我国在世界上首次人工合成结晶牛胰岛素。

12 月　我国自主设计建造的第一艘万吨级远洋货轮"东风"号成功交付；我国第一套铂重整工业装置在大庆炼油厂建成投产；我国第一套催化裂化催化剂工业装置在兰州炼油厂建成投产。

1966 年

1 月　"三线建设"取得很大的进展。在西北、西南三线部署的新建、扩建、续建的大中型项目达到 300 余项。

5 月　我国第一次含有热核材料的核试验成功，进一步提升了核技术水平。

10 月　我国试制成功第一代国产轮式装载机 Z435。

12 月　我国在世界上第一次人工合成结晶胰岛素，这一成就不仅在生物学上具有重要意义，也展示了中国在科技领域的创新能力。

1967 年

1 月　我国宣布石油产品品种和数量自给自足，勘、采、炼技术登上世界高峰。这一成就标志着中国在石油工业领域取得了重大突破，为国家的能源安全提供了有力保障。

6 月　我国第一颗氢弹在西部地区上空爆炸成功。这一成就不仅提升了中国的核威慑能力，也标志着中国在核武器研发领域迈出了重要一步。

7 月　我国第一台 100 吨矿山铁路自翻车研制成功。这一设备的研制成功，对于提高矿山运输效率、降低运输成本具有重要意义。

10 月　我国第一台晶体管大型数字计算机研制成功。这一成就标志着中国在计算机技术领域取得了重要进展，为后续的信息化发展奠定了基础。

△我国第一台自动化立体摄影机研制成功。这一设备的出现，对于提升摄影技术、推动影视产业发展具有重要意义。

11 月　我国最大的无线电望远镜安装调试成功。这一成就对于推动天文学研究、提升国家科技实力具有重要意义。

1968 年

1月 由我国自行研究、设计、建造的排水量为 18800 吨、载货量为 11700 吨的远洋轮"东风"号建成。这一成就标志着中国船舶设计、制造水平以及船舶配套生产能力的显著提升，为中国大批量建造万吨以上大型船舶奠定了基础。

1969 年

4月 我国自行设计、用自己的钢材建造的第一艘 15 万吨油轮"大庆二十七号"建成下水，标志着我国造船工业的重大进步。

9月 我国第一台自行设计、自行制造的"东风 4 型"内燃机车在大连机车车辆厂诞生，结束了中国仿制机车的历史。

△第二汽车制造厂大规模施工建设在湖北省十堰正式拉开序幕。

10月 北京地下铁道一期工程正式建成通车，这是我国第一条城市地铁线路。

△我国自行设计制造的第一套全自动长途电话设备生产成功。

1970 年

4月 我国第一颗人造地球卫星发射成功。卫星重 173 千克，运行轨道距地球最近点 439 千米，最远点 2384 千米，绕地球一周需 114 分钟，用 20.009 兆赫的频率播送《东方红》乐曲。至此，中国成为世界上第五个独立自主研制和发射人造地球卫星的国家。

6月 上海金星金笔厂试制成功第一台 47 厘米全晶体管单枪二束彩色电视机，我国第一台彩色电视机由此诞生。

7月 我国第一个自己设计、自己制造设备、自己施工安装的大型钢铁联合企业——攀枝花钢铁公司的第一期工程建成投产。

1971 年

9 月　我国第一艘核潜艇成功下水。

1972 年

6 月　我国自力更生建设的第一条 330kV 超高压刘（家峡）天（水）关（中）输电线路建成。

1973 年

1 月　根据周恩来总理指示，国家计委向国务院提出《关于增加设备进口，扩大经济交流的请示报告》，即"四三方案"。该方案提出从国外进口 43 亿美元成套设备和单机，以加速中国工业化进程。

8 月　北京大学与"738 厂"联合研制的集成电路计算机 150 试制成功，这是中国第一台每秒钟运算 100 万次的集成电路电子计算机。该计算机在石油勘探等领域发挥了重要作用，被誉为"石油勘探领域数据处理的第一次数字化革命"。

△中国第一套从国外引进的年产 30 万吨乙烯装置——北京石油化工总厂扩建工程开工建设。

11 月　我国自行制造的首台抽水蓄能发电机组在北京密云水电厂投产。

1974 年

8 月　我国自行设计制造的第一艘核潜艇正式编入海军战斗序列。

1975 年

2 月　我国最大的水电站——刘家峡水电站建成，总发电能力为 122.5 万千瓦，一年能发电 57 亿千瓦时，对缓解当时电力紧张状况起到了重要作用。

9 月　我国首架具有自主知识产权的直升机"延安二号"试飞成功。

1976 年

1 月　中国化学工程第四建设有限公司洞庭氮肥厂施工中运用单桅杆扳吊工艺，以一根格构式内腔吊轴桅杆成功扳吊重量分别为 318 吨的氨合成塔、203 吨的吸收塔、152 吨的再生塔（高 56.7 米）。此吊装工艺获 1978 年全国科学大会奖。

6 月　大连新港建成，这是我国第一座 10 万吨级现代化深水油港。

7 月　唐山发生了里氏 7.8 级的强烈地震，造成重大人员伤亡和财产损失。

10 月　中国引进的 13 套大化肥项目之一——山东胜利石油化工总厂第二化肥厂年产 30 万吨合成氨、48 万吨尿素装置建成投产，产出合成氨。

1977 年

1 月　党中央印发《中共中央关于召开全国工业学大庆会议的通知》，决定于当年"五一"节前后召开全国工业学大庆会议。

4 月　我国首台国产微型计算机研制成功。

1978 年

3 月　中共中央在北京召开全国科学大会，确定了 108 个项目作为全国科技研究的攻关重点。

4 月　中央作出《关于加快工业发展若干问题的决定（草案）》（简称《工业三十条》），下发到各工业管理机关、各工业交通企业试行。这是当时指导工业交通战线拨乱反正的重要文件。

8 月　创办于广东省顺德县的大进制衣厂是全国第一家"三来一补"的工厂，第一年港商支付的加工费是 80 万港元。

10 月　华北计算所的 2780 计算机和 151 — III/IV 型机顺利装上"远

望"号测量船，并且顺利完成了中国第一次洲际导弹发射、核潜艇水下导弹发射、第一次同步通信卫星发射的测量任务。

12月 党的十一届三中全会举行，开启了改革开放和社会主义现代化的伟大征程。

△宝钢公司在上海北郊的一片海滩上打下了第一块基石，国务院批准国家计委、建委等部门报告，决定从日本引进成套设备，在上海宝山新建一个年产铁650万吨、钢670万吨的大型钢铁厂，总投资214亿元，其中外汇48亿美元，国内投资70亿元。

△韶山型电力机车在株洲电力机车工厂试制成功。1983年开始小批量生产。这种机车取代韶山1型电力机车，成为中国铁路电力牵引主力之一。

1979 年

1月，中共中央、国务院决定在广东蛇口建立全国第一个对外开放工业区，即蛇口工业区。

△五届全国人大二次会议通过了《中华人民共和国中外合资经营企业法》，为外商来华投资办企业提供了法律保障。

△中国第一条从日本引进的年产1000万平方米压延法PVC壁纸生产线在北京建成投产。

2月 中共四川省委在总结宁江机床厂、重庆钢铁公司等六家企业扩大企业自主权试点经验的基础上，制定《关于扩大企业权利，加快生产建设步伐的试点意见》。

△水利电力部撤销，电力工业部成立，刘澜波任部长。这是新中国成立以来第二次成立电力工业部。

3月 联邦德国大众汽车代表团先后参观上海汽车制造厂、上海汽车发动机厂等 16 个单位。中德双方就有关轿车合作生产问题举行了会谈。

△国务院批准成立国家计算机工业总局。

4 月　国务院批转轻工业部《关于轻工业工作着重点转移问题的报告》，强调轻工业在国民经济发展中的重要性。

5 月　首都钢铁公司等 8 家企业被国家经贸委等 6 部委确定为第一批国家经济体制改革试点单位，国营企业的改革由此开始起步。

8 月　济南第一机床厂在机床行业首开对外合作的先河，与日本山崎马扎克株式会社签订了来图来样加工、合作返销的协议。

9 月　舞阳钢铁公司（现为河钢集团子公司）成功轧制出我国第一块规格为（4 毫米 +6 毫米）× 3200 毫米 ×4000 毫米的大型铜钢复合板和双板迭大型铜钢复合板。自此，我国国防军工和国民经济建设所用该类特钢完全依赖进口的局面宣告结束。

△中国黄金总公司成立，开始建立从中央到地方的完整黄金工业体系，并确定了 10 项任务以推动行业发展。

10 月　王选教授用我国第一台激光照排机排出样书。

12 月　由上海机电工业系统为主自行设计制造的年产 30 万吨合成氨和 24 万吨尿素大型成套设备在上海吴泾化工厂联动试车成功。

1980 年

1 月　上海玩具进出口公司成立，这是改革开放后工贸进出口公司。

2 月　国务院下达《实行"划分收支，分级包干"财政管理体制的暂行规定》，并发出通知，指出实行"划分收支，分级包干"，是国家财政管理体制的重大改革。它不仅涉及财政收支结构、财权划分和财力分配的调整和改进，而且也涉及计划、基建、物资、企业、事业等管理体制的调整和改进。

4月 中国民航北京管理局与香港中国航空食品公司合资，以558万元注册资本，创建"北京航空食品有限公司"。国家工商局为其颁发了中外合资企业001号营业执照，这是中国政府第一家正式批准成立的中外合资企业。

8月 我国正式设立了深圳、珠海、汕头、厦门四个经济特区。这是改革开放的一个重要举措，通过赋予这些地区更多的经济自主权，吸引外资和促进对外贸易，推动了中国经济的对外开放和快速发展。

9月 中国自行车首次整批进入欧美市场，系永久牌自行车和凤凰牌自行车。

1981年

1月 《中华人民共和国国库券条例》获国务院通过。该条例确定从1981年开始，发行中华人民共和国国库券，以弥补财政赤字。该条例同时规定，国库券还本期限为5年，不得当作货币流通，不得自由买卖。通过46.65亿元国库券的发行，中国1981年的财政状况明显改善，对改革开放初期的经济建设起到了巨大的促进作用。

7月 国务院发布《关于城镇非农业个体经济的若干政策规定》，指出：个体经济"一是个人经营，或家庭经营；必要时，经过工商行政管理部门批准，可以请一至两个帮手……最多不超过五个学徒"。个体户从此正式得到官方认可。

△国务院决定在湖北省沙市进行城市经济体制综合改革试点，拉开了中国以大中城市为中心的经济管理体制改革的序幕。作为第一个试点城市，沙市在计划体制、价格体制、劳动用工体制、企业领导体

制等方面进行了以简政放权、推进企业改组联合、开放市场、建立科技发展基金等为主要内容的卓有成效的改革尝试。

1982 年

1 月　中共中央、国务院发布《关于国营工业企业进行全面整顿的决定》，旨在改善企业管理，提高经济效益，为后续的工业改革打下基础。

3 月　五届全国人大决定设立"国家经济体制改革委员会"为国务院组成部门。从此中国的经济体制改革有了专门的推动机构。国家体改委由国家农业委员会、国家机械工业委员会、国家能源委员会、国务院财贸小组、建筑材料工业部、国家标准总局、国家计量总局和专利局等经济综合机构合并组成。

4 月　《中共中央、国务院关于打击经济领域中严重犯罪活动的决定》发布，一批走在市场经济风口浪尖上的人被以投机倒把罪抓捕。在温州，"五金大王"胡金林、"矿灯大王"程步青、"螺丝大王"刘大源、"合同大王"李方平、"旧货大王"王迈仟、"目录大王"叶建华、"线圈大王"郑祥青以及"电器大王"郑元忠等八人被列为重要打击对象，由此称为"八大王"事件。

1983 年

1 月　我国第一套"同轴式提升管催化裂化大型工业生产装置"在兰州炼油厂建成投产，使炼油工业的催化裂化技术水平和工艺技术水平达到 20 世纪 70 年代中期的国际水平。

2 月　中共中央和国务院联合发文，批准重庆市进行经济体制综合改革，计划单列，赋予其省一级经济管理权限。

△《劳动人事部关于积极试行劳动合同制的通知》出台。这一文

件的发布，彻底打破了新中国成立后我国实行以固定工为主体的"终身制"用工制度，为改掉"终身制""铁饭碗""大锅饭"的弊病提供了重要措施。劳动合同制成为用工制度方面破旧创新的一项重要改革。

4月 财政部发布《财政部关于对国营企业征收所得税的暂行规定》。自当年6月1日起，国营企业开始普遍推行利改税制度。国营企业利改税由此开始，这也是中国税收走向市场化的起点。

11月 国防科技大学研制成功第一台名为"银河-I"的亿次巨型计算机。它的诞生，填补了国内巨型计算机研制的空白，标志着中国进入世界巨型计算机研制的行列。

1984 年

3月 中共中央、国务院转发农牧渔业部《关于开创社队企业新局面的报告》并发出通知，批准农村社队企业更名为"乡镇企业"，并赋予乡镇企业以不同于社队企业的新的性质和内容。

5月 开放天津、上海、大连、秦皇岛、烟台、青岛、连云港、南通、宁波、温州、福州、广州、湛江、北海等14个沿海港口城市，建立经济技术开发区。由此，对外开放由经济特区的4个点连成14个沿海港口城市一条线。

10月 中共十二届三中全会的《中共中央关于经济体制改革的决定》，提出了经济体制改革的一系列重大理论和实践问题。

11月 上海飞乐音响股份公司向社会公开发行股票，由于它具备了股票的标准特征，被认为是新中国第一只比较规范的股票。

△联邦德国退休专家威尔纳·格里希受聘担任武汉柴油机厂厂长，成为我国国有企业中第一位"洋厂长"。

1985 年

1 月　广东核电投资公司和香港核电投资有限公司在北京签署合股组成广东核电合营有限公司合同。

△国务院印发《国务院关于国营企业工资改革问题的通知》，规定国营企业实行职工工资总额同企业经济效益按比例浮动，职工的收入与职工个人的贡献和企业的经营效果挂钩，扩大了企业在工资、奖金分配上的自主权。与此相配套，国家物价局、物资局联合发布《关于放开工业生产资料超产自销产品价格的通知》，为提高企业经济效益打开了一条重要渠道。7 月，劳动人事部、财政部等部门联合颁布了《国营企业工资试行办法》，进一步使得工资改革规范化。

6 月　我国长城推出首台商品化个人电脑 0520-CH。这款电脑开创了中国企业除 CPU、操作系统等核心技术之外的 PC 国产化历史，是中国 PC 产业从无到有、从小到大的重要里程碑。

9 月　由中国经济体制改革研究会、中国社会科学院和世界银行共同在交通部所属的一条从重庆到武汉的"巴山号"长江游轮上召开"宏观经济管理国际讨论会"，又称"巴山轮会议"。世界银行为这次会议请来了一批世界著名经济学家和经济专家。会议主要围绕宏观经济管理的国际经验、计划与市场问题、可供中国参考和借鉴的国际经验三大议题开展讨论。

1986 年

4 月　重新组建后的交通银行正式对外营业，成为我国第一家全国性的国有股份制商业银行。

5 月　我国第一座陆上风电场——马兰风电场在山东省荣成市成功并网发电，揭开了我国风电场从无到有的发展大幕。

8月　大庆油田 30 万吨乙烯一期工程建成。该工程的建成，使中国能够独立自主地生产乙烯，标志着中国石油化工产业的技术水平取得了重大突破。

△沈阳市工商行政管理局发布《沈阳市工商行政管理局企业破产通告——第 1 号》，"经研究决定沈阳市防爆器械厂从即日起破产倒闭，收缴营业执照，取消银行账号"。连续多年亏损并已欠债达 48 万元的沈阳市防爆器械厂，被沈阳市工商行政管理局正式宣布破产，成为首家破产企业。

1987 年

8月　国家经委、国家体改委印发《关于深化企业改革、完善承包经营责任制的意见》。意见指出，实行承包经营责任制，必须坚持"包死基数、确保上缴、超收多留、欠收自补"的原则，兼顾国家、企业、职工三者利益。

10月　中国共产党第十三次全国代表大会召开，大会提出并系统阐述了社会主义初级阶段理论，制定了党在社会主义初级阶段的基本路线，制定了"三步走"发展战略和各项改革任务。

1988 年

3月　国务院发布《国务院关于沿海地区发展外向型经济的若干补充规定》，批准将沿海 234 个市县列入沿海经济开放区。

4月　第七届全国人民代表大会第一次会议通过了《关于设立海南省的决定》和《全国人民代表大会关于建立海南经济特区的决议》。以此为标志，海南省成立。同时，海南岛成为我国继深圳、珠海、汕头、厦门之后第五个经济特区，且是最大的经济特区。

△第七届全国人民代表大会第一次会议通过《中华人民共和国宪

法修正案》，宪法修正案第十一条中增加了如下规定："国家允许私营经济在法律规定的范围内存在和发展。私营经济是社会主义公有制经济的补充。国家保护私营经济的合法权利和利益，对私营经济实行引导、监督和管理。"至此，以国家根本大法的形式确认了事实上早已存在的私营经济，并赋予了私营经济合法地位，中国社会主义现代化建设时期对私营经济的基本政策也由此确立。

5月　经国务院正式批准，中国第一个高新技术产业开发试验区——北京市新技术产业开发试验区成立。这是中国第一个以电子信息产业为主导，集科研、开发、生产、经营、培训和服务为一体的综合性基地。

8月　国务院批准实施旨在发展高新技术产业的"火炬计划"。

1989年

1月　国务院批准武钢实行承包经营责任制的方案。武钢的承包经营责任制实行"三包一挂"方案，承包期为5年。

4月　国家体改委在京召开企业承包经营责任制座谈会。会议强调结合完善承包制重点从5个方面强化企业的约束机制。

1990年

4月　中共中央、国务院同意上海市加快浦东地区的开发，并在浦东实行经济技术开发区和某些经济特区的政策。

6月　中共中央、国务院下发的《关于开发和开放浦东问题的批复》中指出，开发和开放浦东是深化改革、进一步实行扩大开放的重大部署。

11月　中国人民银行批准上海证券交易所成立，这是新中国成立以来内地的第一家证券交易所。同年12月19日，上海证券交易所正式挂牌成立并正式营业，这标志着我国证券市场的正式诞生和股市的起步。

1991 年

7 月　中国社会科学院在刘国光主持下，召开了"当前经济领域若干重要理论问题"座谈会，吴敬琏、卫兴华、戴园晨等经济学家就"姓社姓资"这一敏感问题坦陈己见。

△经国务院授权、中国人民银行批准，深圳证券交易所正式开业，实现了股票的集中交易。

8 月　一套甲乙酮生产装置在江苏泰州石化总厂投产，填补了国内空白，使我国成为世界上第三个拥有直接水合法生产甲乙酮技术的国家。

12 月　我国第一座自行设计、自己建造的 30 万千瓦压水堆型核电站——秦山核电站正式发电并投入试运行。这是我国第一座自行设计、自行建造的核电站。

1992 年

1—2 月　邓小平视察武昌、深圳、珠海、上海等地，并发表重要讲话。这次谈话强调了解放思想、实事求是的重要性，对社会主义的本质、计划与市场的关系等重大问题进行了深刻阐述，为中国改革开放和现代化建设事业注入了新的动力。

5 月　我国开通第一个 GSM 全数字蜂窝移动通信领示系统；1993年 9 月，GSM 通信网正式向公众开放使用。

7 月　国务院颁布《全民所有制工业企业转换经营机制条例》。该条例颁布后，受到企业界的热烈欢迎，一股转换经营机制的热潮在各地兴起。

9月　国家物价局宣布，国家将571种生产资料产品定价权交给企业，同时将22种产品价格下放给省级物价部门。这标志着国家放开价格管制，市场价格逐步替代计划价格，改革已进入新的阶段。

10月　中共十四大召开，确定我国经济体制改革的目标是建立社会主义市场经济体制。

1993 年

2月　国务院印发《关于加快发展中西部地区乡镇企业的决定》，旨在促进中西部地区乡镇企业的快速发展，推动区域经济均衡发展。

4月　国务院颁布《关于加快粮食流通体制改革的通知》，全国95%以上的县市都放开了粮食价格和经营。至此，全国的粮食销售价格基本全部放开，实行了40年的城镇居民粮食供应制度（即统销制度）被取消。

11月　党的十四届三中全会通过了《中共中央关于建立社会主义市场经济体制若干问题的决定》。

12月　《中华人民共和国公司法》颁布，1994年7月1日起施行，这是中国第一部公司法。

△国务院印发《关于实行分税制财政管理体制的决定》，确定从1994年1月1日起改革现行地方财政包干体制，对各省、自治区、直辖市以及计划单列市实行分税制财政管理体制。

1994 年

1月　《国务院关于进一步深化对外贸易体制改革的决定》发布，这标志着新一轮的外贸体制综合配套改革开始实施。

2月　我国首台可实现机上移梁的JQ130型架桥机制造成功并用于施工。

7月　国务院印发《关于深化城镇住房制度改革的决定》。

△中国联通公司成立，我国基础电信业乃至国内垄断行业破除垄断、引入竞争的首例，标志着电信业的体制改革正式展开。

△《中华人民共和国劳动法》颁布，并于1995年1月1日起施行，劳动就业体制正式向市场经济体制转型。《中华人民共和国劳动法》是新中国成立以来第一部专门保障劳动者合法权益的基本法律，成为规范社会主义市场经济条件下劳动关系的基本法规。

8月　全国纺织工作会议在北京召开，会议研究解决纺织工业限产压库促销、压锭改造、结构调整、企业破产试点和妥善安置停产、部分停产企业职工生活等问题的措施。

9月　朱镕基副总理主持会议，研究建立现代企业制度试点工作的有关问题。

12月　长江三峡工程正式开工，规划设计总装机容量1820万千瓦，年发电量878亿千瓦时，是当时世界上最大的水利水电工程。

△国务院发布《国务院关于金融体制改革的决定》及其他相关文件，提出深化金融改革，将工、农、中、建四大行建设成国有大型商业银行。为此，从四大行中剥离出政策性业务，组建了专门承担政策性业务的专业银行，即政策性银行。

1995年

1月　我国首批具有国际先进水平的90万千瓦大型核电站燃料组件从宜宾核燃料元件厂启程运往广东大亚湾核电站，填补了国内空白，标志着我国大型核电站燃料组件实现国产化。

5月　中共中央、国务院印发《关于加速科学技术进步的决定》，动员全党和全社会实施科教兴国战略，加速全社会科技进步，全面落实科学技术是第一生产力。

7月 我国首座自行设计、建造的秦山30万千瓦核电工程通过国家验收。这一成就不仅展示了我国核电技术的自主创新能力，也为我国核电事业的发展奠定了坚实基础。

△我国正式提出加入世界贸易组织的申请。

10月 国家"八五"计划项目——石家庄彩色显像管玻壳生产线投产。该生产线总投资26亿元，年设计生产能力为408万套产品，填补了国内空白，可节约外汇1.4亿美元。

11月 应我国政府的要求，"中国复关谈判工作组"更名为"中国入世工作组"。

1996年

1月 由一重集团公司设计制造的我国最先进的900型六辊可逆式冷轧机组，在河北省衡水钢管厂一次负荷试车成功，这标志着我国中型六辊轧机达到国际先进水平。

△ 由西安冶金机械厂承担的国家"八五"重点科技攻关项目——中宽度薄板坯连铸技术通过冶金部鉴定，标志着我国已具备这种产品的自行设计和制造能力。

5月 我国海军吨位最大的远洋综合补给船"南运953"号在大连造船厂交付海军。该船可装载补给量高达2万多吨，自动化程度高，可全方位补给，续航力L2000海里、自持力45昼夜。

12月 中国宣布实现人民币经常项目可兑换。实现人民币经常项目可兑换是中国外汇体制改革进程中的一个重大突破。

1997年

6月 我国巨型计算机研制技术取得新突破，"银河—M"百亿巨型计算机通过国家技术鉴定。

7月　面对周边许多国家货币大幅度贬值给人民币带来的巨大压力，我国政府承诺坚持人民币不贬值，确保人民币汇率稳定。在此前采取的一系列防范金融风险措施的基础上，我国有效地应对了金融危机，在此次金融危机中未受到直接冲击，并保持了国家金融和经济的持续稳定。

9月　党的十五大提出党在社会主义初级阶段的基本纲领，明确以公有制为主体、多种所有制经济共同发展是我国社会主义初级阶段的一项基本经济制度。

1998 年

6月　我国首列国产内燃动车组投入运营。

7月　马鞍山钢铁集团生产出我国第一根国产热轧大 H 型钢，大 H 型钢问世后，先后用于国家大剧院、上海卢浦大桥、北京奥运场馆、海上石油平台、全球最大的俄罗斯天然气项目、港珠澳大桥和被誉为东非"世纪之路"的肯尼亚蒙内铁路等雄伟建筑和重点工程，满足了铁路、化工、建筑、煤炭、电力等行业的高端需求。

△《国务院关于进一步深化城镇住房制度改革加快住房建设的通知》发布，提出从 1998 年下半年开始，全国城镇停止住房实物分配，逐步实行住房分配货币化。这标志着福利分房制度的终结和新的住房制度改革的开始，正式开启了以"取消福利分房，实现居民住宅货币化、私有化"为核心的住房制度改革。从此，我国真正进入了商品房时代。

10月　我国第一台国产手机科健 KCH-2000 问世。这款手机由中国科健股份有限公司研制，也是中国第一部 GSM 数字移动电话。它的问世标志着中国正式进入了数字移动电话时代。

11 月　中国保险监督管理委员会成立。

1999 年

3 月　国务院提出了进一步推进西部大开发的十条意见。

4 月　我国第一家经营商业银行不良资产的信达资产管理公司成立，其他 3 家资产管理公司于 1999 年底前陆续成立。

9 月　中共十五届四中全会通过《中共中央关于国有企业改革和发展若干重大问题的决定》。

2000 年

3 月　我国首次按照与国际标准接轨的中国民航适航条例（CCAR–25）进行设计、生产的，具有自主知识产权的新舟 60 成功首飞。

4 月　国家"863"项目、信息产业部重点科技攻关项目、我国自主开发的第一套 IS95CDMA 系统研制成功。该项目的成功对于我国第三代移动通信的研发和产业化发展具有重要意义。

11 月　贵州省洪家渡水电站、引子渡水电站、乌江渡水电站扩机工程同时开工建设，我国西电东送工程全面启动。

12 月　国务院下发《关于实施西部大开发若干政策措施的通知》，标志着我国实施西部大开发战略迈出实质性步伐。

2001 年

11 月　世界贸易组织第四届部长级会议审议通过了中国加入世界贸易组织的决定。中国加入世界贸易组织议定书于 12 月 11 日生效，中国正式成为世界贸易组织第 143 位成员。这一事件标志着中国对外开放进入了一个新的阶段，对中国经济融入全球经济体系、促进对外贸易和投资具有重要意义。

12月　我国第一条重水堆核燃料元件生产线在包头二〇二厂建成，每年可生产 200 吨燃料元件，实现了重水堆核燃料元件国产化。

2002 年

3月　国务院正式批准了《电力体制改革方案》。

11月　中共十六大召开，大会确定了全面建设小康社会的奋斗目标，并提出了走新型工业化道路，大力实施科教兴国战略和可持续发展战略。

△ 我国第一台具有自主知识产权的全地面起重机QAY25研发成功。

△ 国务院总理朱镕基和东盟 10 国领导人共同签署了《中国—东盟全面经济合作框架协议》，这标志着中国与东盟的经贸合作进入了一个新的历史阶段。

△ 我国自主研发的"中华之星"动车组在秦沈客运专线创造 321.5km/h 的纪录。

2003 年

3月　国务院决定设立国有资产管理监督委员会。

6月　三峡工程先后实现蓄水、通航、发电，这一重大工程的建成和投入使用，不仅提高了长江的防洪能力，还为中国经济提供了清洁的能源支持，促进了相关产业的发展。

10月　"神舟五号"载人飞船成功将中国第一名航天员杨利伟送上太空并安全返回，标志着中国载人航天工程取得了历史性重大突破，中国成为世界上第三个能够独立开展载人航天活动的国家。

△中共中央、国务院下发《关于实施东北地区等老工业基地振兴战略的若干意见》，振兴东北地区等老工业基地战略被正式确立为国家战略。

2004 年

1 月　国务院发布了《国务院关于推进资本市场改革开放和稳定发展的若干意见》。这份文件一共九条，被称为"国九条"，是指导资本市场此后 3~5 年市场建设和政策取向，促进市场健康、可持续发展的纲领性文件。

3 月　十届全国人大二次会议审议通过了《中华人民共和国宪法修正案》。该修正案进一步明确国家对发展非公有制经济的方针，完善对私有财产保护的规定等。

7 月　国务院发布《关于投资体制改革的决定》。文件提出深化投资体制改革的目标是改革政府对企业投资的管理制度，按照"谁投资、谁决策、谁收益、谁承担风险"的原则，落实企业投资自主权；合理界定政府投资职能，提高投资决策的科学化、民主化水平，建立投资决策责任追究制度；进一步拓宽项目融资渠道。

2005 年

2 月　《国务院关于鼓励支持和引导个体私营等非公有制经济发展的若干意见》发布。这是改革开放以来第一个以中央政府的名义促进非公经济发展的系统性政策文件，也被称为"非公 36 条"。

3 月　联想收购 IBM 个人电脑业务，成为世界第三大个人电脑企业。

4 月　中国证监会发布了《关于上市公司股权分置改革试点有关问题的通知》，确立了"市场稳定发展、规则公平统一、方案协商选择、流通股东表决、实施分步有序"的操作原则，股权分置改革试点正式启动。

7 月　中国人民银行就完善人民币汇率形成机制改革有关事宜发布公告，中国开始实施人民币汇率形成机制改革，以建立健全以市场供求为基础的、有管理的浮动汇率制度。

10月 我国自主研制的"神舟五号"载人飞船在酒泉卫星发射中心发射成功。这是中国进行的首次载人航天飞行,标志着中国载人航天工程取得重大的历史性突破,中国成为世界上第三个能够独立开展载人航天活动的国家。

2006 年

4月 中共中央、国务院印发了《关于促进中部地区崛起的若干意见》。

5月 举世瞩目的三峡大坝全线建成。主体工程三峡大坝全长2309米,是世界上规模最大的混凝土重力坝。依托三峡大坝而建的三峡水利枢纽工程是迄今世界上最大的水利枢纽,其1820万千瓦的装机容量和847亿千瓦时的年发电量均居世界第一。

△国务院发布《关于推进天津滨海新区开发开放有关问题的意见》,批准天津滨海新区进行综合配套改革试点。

11月 我国第一台国产超超临界百万千瓦机组在浙江玉环电厂投产。

12月 国务院办公厅转发了国务院国有资产监督管理委员会《关于推进国有资本调整和国有企业重组的指导意见》。核心内容是坚持公有制为主体、多种所有制经济共同发展的基本经济制度,明确国有资本调整和国有企业重组的方向与目标。

2007 年

2月 纺织行业"年产45000吨黏胶短纤维工程系统集成化研究"项目获国家科技进步一等奖。之后又有"高效短流程嵌入式复合纺纱技术""筒子纱数字化自动染色成套技术与装备""千吨级干喷湿纺高强/中模碳纤维产业化关键技术"等三个项目获同一奖项。

8月 《中华人民共和国反垄断法》在第十届全国人民代表大会常务委员会第二十九次会议上获得通过，自2008年8月1日起施行。

10月 中共十七大将科学发展观写入《中国共产党章程》，同时提出，坚持走中国特色新型工业化道路，到2020年全面建成小康社会目标实现之时，我国将成为工业化基本实现、综合国力显著增强、国内市场总体规模位居世界前列的国家。

2008年

4月 我国企业自主设计建造的第一艘液化天然气船交付使用。

△我国第一座自主设计建设的第六代深水半潜式钻井平台海洋石油981深水半潜式钻井平台开工建造，这是我国首座自主设计、建造的第六代深水半潜式钻井平台。该平台实现了首次采用南海200年一遇的环境参数作为设计条件等6个世界首次和首次建造了国际一流的深水装备模型试验基地等10个国内首次。

△我国第一台具有自主知识产权的复合式土压平衡盾构机下线。

6月 第十届全国人民代表大会常务委员会第二十八次会议通过的《中华人民共和国劳动合同法》，自2008年1月1日起施行。

8月，京津城际铁路通车运营，这是中国第一条拥有完全自主知识产权、具有世界一流水平的高速铁路。

11月 为应对国际金融危机，遏制我国实体经济出现的颓势，国务院推出4万亿元经济刺激方案，这项计划持续到2010年底。国家发展改革委预计发放4万亿元投资，每年拉动经济增长约1个百分点。与此同时，出台进一步扩大内需的十项措施，涉及加快民生工程、基础设施、生态环境建设和灾后重建，提高城乡居民特别是低收入群体的收入水平，促进经济平稳较快增长。

2009 年

1 月　为应对国际金融危机，国家相继制定出台了汽车、钢铁、电子信息、物流、纺织、装备制造、有色金属、轻工、石化、船舶等十大重点产业调整和振兴规划，分别提出了上百项政策措施和实施细则，对保持国民经济平稳较快发展起到了重要作用。

△工业和信息化部向中国联通、中国移动、中国电信发放 3G 网络运营牌照。

△ 1000kV 晋东南—南阳—荆门特高压交流试验示范工程投入运营，这是世界上第一条商业化运营的特高压交流输电线路。

2 月　我国第一台国产智能手机发布。

4 月　浙江三门核电站一期主体工程开工，这是全球第一个使用第三代 AP1000 核电机组的核电站。

△大连重工·起重集团设计制造的世界最大的桥式起重机——"泰山"，在烟台拖着自重 2 万吨的驳船缓缓吊离水面，标志着 2 万吨桥式起重机的成功启用。2 万吨桥式起重机提升重量达 20160 吨，设备总体高度达 118 米，是当时世界上最大起重量、最大跨度、最大起升高度的桥式起重设备。

9 月　《国务院关于进一步促进中小企业发展的若干意见》发布，提出了营造有利于中小企业发展的良好环境、切实缓解中小企业融资困难、加大对中小企业财税扶持力度等八大方面 29 条具体意见。

12 月　中国—中亚天然气管道投产通气。这一跨国管道项目的实施不仅为中国提供了稳定的能源供应，也促进了中国与中亚国家的经济合作。

2010 年

3 月　浙江吉利控股集团有限公司与美国福特汽车公司在瑞典哥德堡签署协议，吉利以 18 亿美元的价格将沃尔沃轿车公司 100% 股权及相关资产纳入旗下。这一收购案不仅提升了吉利的国际知名度，也为中国汽车企业"走出去"提供了宝贵经验。

5 月　国务院再次发布了《国务院关于鼓励和引导民间投资健康发展的若干意见》，简称"新非公 36 条"。

6 月　上海东海大桥风电场并网发电，这是我国首个海上风电场。

8 月　我国第一条自主设计建造、拥有自主知识产权、具有国际一流水平的京津城际铁路通车运营，"和谐号"高速动车组运营时速达到 350 千米，创造了铁路运营速度的世界之最。

9 月　我国首台超百万亿次超级计算机曙光 5000A 在曙光天津产业基地正式下线，标志着中国成为美国之后第二个自主设计并制造百万亿次高性能计算机的国家。

12 月　我国制造业增加值成为世界第一；国内生产总值超过 40 万亿元，成为世界第二大经济体。

2011 年

1 月　我国在全球率先研发成功 40 纳米低功耗商用通信芯片。

6 月　个税免征额从 2000 元提高到 3500 元。

10 月　财政部下发《2011 年地方政府自行发债试点办法》的通知。经国务院批准，2011 年上海市、浙江省、广东省、深圳市开展地方政府自行发债试点。

2012 年

5 月　国务院国资委发布了《关于国有企业改制重组中积极引入民

间投资的指导意见》。

7月　三峡工程最后一台70万千瓦巨型机组正式交付投产。

10月　中共十八大召开，中国特色社会主义进入新时代。大会提出，坚持走中国特色新型工业化、信息化、城镇化、农业现代化道路，推动信息化和工业化深度融合、工业化和城镇化良性互动、城镇化和农业现代化相互协调，促进工业化、信息化、城镇化、农业现代化同步发展。

2013 年

1月　我国自主研制的运 –20 大型运输机首次试飞成功。该机由中国航空工业集团有限公司牵头研发，中航工业第一飞机设计研究院设计，北京、西安、成都、上海、沈阳、哈尔滨等地的多个科研、制造单位联合负责子系统和零部件的生产研发，由西安飞机工业集团负责整机制造。运 –20 最大起飞重量为 200 吨级，拥有高延伸性、高可靠性和安全性。

4月　我国成功发射高分辨率对地观测系统首星高分一号。

8月　国务院正式批准设立中国 (上海) 自由贸易试验区。

10月　西藏墨脱公路建成通车，我国实现了"县县通公路"。

11月　中共十八届三中全会在北京举行。全会通过了《中共中央关于全面深化改革若干重大问题的决定》，提出了经济体制改革的核心问题是处理好政府和市场的关系，使市场在资源配置中起决定性作用，更好发挥政府作用。

12月　工业和信息化部正式向中国移动、中国电信和中国联通三家运营商颁发 4G 牌照，标志着中国通信行业正式迈进 4G 时代。这一举措推动了中国通信技术的升级和普及，为经济社会发展提供了新的动力。

2014 年

1月　华为发布第一代"麒麟"手机芯片。

10月　京东上海"亚洲一号"仓库正式投入使用，是国内最大、最先进的电商物流中心之一，90% 以上操作已实现自动化。

12月　中国实验快堆首次实现满功率稳定运行 72 小时，标志着我国全面掌握快堆这一第四代核电技术的设计、建造、调试运行等核心技术。

2015 年

3月　中国发布《推动共建丝绸之路经济带和 21 世纪海上丝绸之路的愿景与行动》。"一带一路"倡议提出以打造利益共同体和命运共同体为发展目标，充分体现天下大同等中华文明的核心价值。

△中共中央政治局审议通过《京津冀协同发展规划纲要》，标志着京津冀一体化协同发展正式成为国家级重大战略，同时也意味着京津冀协同发展的顶层设计基本完成。

9月　我国建造的 18000 标准箱超大型集装箱船"郑和号"在上海命名交付，这是我国历史上建造的最大的集装箱货船，也是甲板面积最大的民用船舶。

△中共中央、国务院印发《生态文明体制改革总体方案》。方案主要是为了解决过去改革任务过于碎片化和部门利益导向问题。

△国务院印发《关于国有企业发展混合所有制经济的意见》，选择社会关注度高的领域，在电力、石油、天然气、铁路、民航、电信、军工等七大领域，开展放开竞争性业务、推进混合所有制改革试点示范。

11月　习近平总书记在中央财经领导小组第十一次会议上，首次提出"供给侧结构性改革"。

△中共中央、国务院发布《关于打赢脱贫攻坚战的决定》。

2016 年

1 月　我国 5G 技术研发试验正式启动。5 月，第一届全球 5G 大会在北京举行。

△上汽通用汽车凯迪拉克工厂竣工投产，该工厂代表了汽车制造的全球领先水平，设有工业机器人 386 台。

2 月　国务院发布了《关于钢铁行业化解过剩产能实现脱困发展的意见》，提出未来 5 年化解钢铁过剩产能 1 亿 ~1.5 亿吨。到 2021 年为止，我国钢铁产业已实现低质落后产能有序退出 1.5 亿吨以上，全面出清"地条钢"产能 1.4 亿吨。

5 月　在全国范围内全面推开营业税改征增值税（简称"营改增"）试点，将建筑业、房地产业、金融业和生活服务业等全部营业税纳税人纳入试点范围，并将所有企业新增不动产所含增值税纳入抵扣范围。这标志着全面推开"营改增"试点这场重大税制改革在全国范围内正式实施了，中华人民共和国成立后已开征 66 年的营业税正式告别历史舞台。

△《国家创新驱动发展战略纲要》发布。

6 月　我国第一款完全自主设计并制造的支线飞机 ARJ21 正式投入商业运营。

△"神威·太湖之光"夺得世界超算冠军，这是国内第一台全部采用国产处理器构建的超级计算机。

7 月　500 米口径球面射电望远镜（FAST）"天眼"主体工程顺利完工，这是具有我国自主知识产权、世界最大单口径、最灵敏的射电望远镜。

9月　三峡升船机投入试运行，这是世界上规模最大、技术和施工难度系数最高的升船机。

△印发《长江经济带发展规划纲要》。

11月　《中共中央 国务院关于完善产权保护制度依法保护产权的意见》正式对外公布。这是我国首次以中央名义出台产权保护的顶层设计。

2017 年

3月　我国自贸试验区再迎新一轮扩围，国务院正式批复在辽宁、浙江、河南、湖北、重庆、四川、陕西等省市设立七个新的自贸试验区，并分别印发了总体方案。至此，我国自贸试验区建设形成"1+3+7"的新格局。

4月　中国首艘国产航母在大连正式下水，标志着中国海军建设迈出了重要一步。这艘航母的建造和下水，不仅展示了中国船舶工业的实力，也为中国海军的远洋作战能力提供了有力支撑。

△中共中央、国务院印发通知，决定设立河北雄安新区。雄安新区规划范围涉及河北省雄县、容城、安新3县及周边部分区域，地处北京、天津、保定腹地。

5月　中国地质调查局从中国南海神狐海域首次可燃冰试采宣告成功，由此，中国成为世界上首个成功试采海域天然气水合物（可燃冰）的国家。

△我国宣布成功研制出世界首台超越早期经典计算机的单光子量子计算机。这一成果为最终实现超越经典计算能力的量子计算奠定了基础，标志着中国在量子计算领域取得了重大突破。

6月　中国标准动车组"复兴号"在京沪高铁正式运营，我国成为世界上高铁商业运营速度最高的国家。

10月 "深海勇士"号成功完成载人深潜试验，这是我国第一艘自行设计、自主集成研制的4500米级载人潜水器。

△党的十九大报告作出"中国特色社会主义进入新时代，我国社会主要矛盾已经转化为人民日益增长的美好生活需要和不平衡不充分的发展之间的矛盾"的重大判断，提出推动新型工业化、信息化、城镇化、农业现代化同步发展。

2018 年

1月 特朗普政府宣布"对进口大型洗衣机和光伏产品分别采取为期4年和3年的全球保障措施，并分别征收最高税率达30%和50%的关税"。此后2月、3月特朗普政府继续发布四项对华的惩罚性加征关税的声明。2018年4月中美贸易冲突进一步升级。

3月 我国首个大型页岩气田——年产能100亿立方米的涪陵页岩气田如期建成，标志着我国页岩气进入规模化、工业化开发生产阶段。

4月 中共中央、国务院印发《关于支持海南全面深化改革开放的指导意见》。

5月 我国首套以天然气为原料的国产大型化肥装置工艺流程在宁夏石化全线贯通。该装置年产45万吨合成氨、80万吨尿素，是我国首套采用自主知识产权成套技术设计的大型化肥装置，结束了我国大型氮肥技术装备长期依赖进口的局面。

9月 世界经济论坛发布第一批"灯塔工厂"名单。截至2023年12月，我国共有62家"灯塔工厂"，占全球比例为40.5%，位居世界第一。

△我国自主建造的极地科考破冰船"雪龙2"号顺利下水。

10月　我国自主研制的大型灭火／水上救援水陆两栖飞机 AG600 在湖北荆门漳河机场成功实施首次水上试飞任务。

2019 年

1月　被誉为"中国天眼"的国家重大科技基础设施 500 米口径球面射电望远镜（FAST）顺利通过国家验收，正式开放运行。

6月　我国在西昌卫星发射中心用"长征三号乙"运载火箭，成功发射北斗系统第五十五颗导航卫星，暨"北斗三号"最后一颗全球组网卫星。

△工业和信息化部发放 4 张 5G 商用牌照，5G 通信技术进入商用。截至 2024 年 7 月，我国累计建成 5G 基站 383.7 万个，5G 用户普及率超过 60%。

7月　航空工业研制的大型灭火／水上救援水陆两栖飞机"鲲龙"AG600 成功实现海上首飞。

9月　北京大兴机场投入运营，被誉为"世界新七大奇迹"之首。

10月　我国载人潜水器"奋斗者"号，在西太平洋马里亚纳海沟成功下潜突破 1 万米，达到 10058 米，创造了中国载人深潜的新纪录。

2020 年

1月　我国自主研发设计和制造、时速高到 620 千米的世界首台高温超导高速磁悬浮工程化样车及试验线正式启用。

3月　我国首个中外合资海上风电项目落地。

5月　"天问一号"探测器成功着陆于火星乌托邦平原南部，搭载的"祝融号"火星车开始巡视探测工作，迈出了我国星际探测征程的重要一步。

7月　国务院印发《新时期促进集成电路产业和软件产业高质量发展的若干政策》，旨在优化产业发展环境，深化国际合作，提升产业创新能力和发展质量。

12月　面对新冠疫情的冲击，中国工业和信息化系统全力保障产业链供应链稳定，推动工业经济逐步恢复常态。2020年规模以上工业增加值比上年增长2.8%，特别是装备制造业和高技术制造业呈现出集群化、信息化和智能化发展态势。

2021年

3月　我国首款国产通用图形处理器7纳米芯片研制成功。

7月　习近平总书记在庆祝中国共产党成立100周年大会上宣告我国全面建成了小康社会，历史性地解决了绝对贫困问题。

11月　《"十四五"工业绿色发展规划》发布，明确了未来五年工业绿色发展的总体思路、主要目标和重点任务。

2022年

2月　工业和信息化部表示，截至2021年底，我国累计建成并开通5G基站142.5万个，5G基站总量占全球60%以上，我国已建成全球规模最大的5G网络。

3月　我国自主三代核电技术"华龙一号"示范工程全面建成投运。

9月　我国自主研究设计的某型液氧煤油发动机首次实现重复飞行试验验证，这是我国首次实现液体火箭动力的重复使用。此次试验成功，标志着液体火箭发动机重复使用技术进入工程应用阶段，为我国快速大规模进出太空空间提供了坚强的动力保障。

10月　中国共产党第二十次全国代表大会在北京胜利召开。大会明确了全面建设社会主义现代化国家的宏伟蓝图，强调以中国式现代化全面推进中华民族伟大复兴。这次大会为中国经济未来的发展指明了方向。

△我国牵头制定的首个自动驾驶国际标准正式发布，这是我国在全球汽车产业最前沿领域取得的重要突破，彰显了中国汽车产业的技术实力和国际影响力。

11月　美的集团宣布完成收购德国库卡公司。

12月　东航正式接收首架 C919 飞机，标志着国产大飞机迈出市场运营的"第一步"。C919 的交付不仅是中国航空工业的重大突破，也是中国高端制造业实力的重要体现。

2023 年

1月　我国自主研制的"奋斗者"号在东南印度洋蒂阿蔓蒂那海沟最深点完成深潜作业并成功回收，这是人类历史上首次抵达该海沟的最深点。

2月　"神舟十五号"航天员成功完成出舱活动，这是中国空间站全面建成后航天员的首次出舱活动，标志着中国航天技术的又一重要里程碑。

5月　中国商飞全球首架交付的 C919 大型客机执行商业首飞，标志着 C919 的"研发、制造、取证、投运"全面贯通。随后，中国三大航空公司全部开启国产大飞机的商业运营。

6月　首艘国产大型邮轮"爱达·魔都号"出坞，实现了国产大型邮轮零的突破，标志着我国成为全球第五个具有建造大型邮轮能力的国家。

8月　华为Mate60手机上市，搭载了国产7纳米的麒麟9000S芯片，展示了中国在手机芯片领域的自主创新能力。

12月　我国汽车出口量达到491万辆，首次超越日本，成为全球第一大汽车出口国，标志着中国汽车产业在国际市场上的竞争力显著提升。

2024年

1月　我国首个可并网的兆瓦级高空风能发电示范项目成功发电。

6月，我国新能源发电装机规模首次超过煤电。

7月，党的二十届三中全会审议通过《中共中央关于进一步全面深化改革、推进中国式现代化的决定》，提出"统筹新型工业化、新型城镇化和乡村全面振兴"。

△全球单机容量最大风电机组在辽宁营口启动发电。

附　录

为直观反映我国部分时间段工业各方面的发展情况，附表如下①。

表 F-1　1952—2023 年我国第二产业增加值比重、就业人数比重及
工业增加值比重变化

单位：%

年份	第二产业增加值比重	工业增加值比重	第二产业就业人数比重	年份	第二产业增加值比重	工业增加值比重	第二产业就业人数比重
1952	20.8	17.6	7.4	1967	33.9	30.7	8.6
1953	23.2	19.8	8.0	1968	31.1	28.5	8.6
1954	24.5	21.5	8.6	1969	35.4	32.3	9.1
1955	24.3	21.0	8.6	1970	40.3	36.7	10.2
1956	27.2	21.8	10.7	1971	41.9	38.1	11.2
1957	29.6	25.4	9.0	1972	42.8	39.2	11.9
1958	36.9	31.7	26.6	1973	42.8	39.3	12.3
1959	42.6	37.4	20.6	1974	42.4	38.7	12.6
1960	44.4	39.1	15.9	1975	45.4	41.3	13.5
1961	31.9	29.8	11.2	1976	45.0	40.7	14.4
1962	31.3	28.5	7.9	1977	46.7	42.6	14.8
1963	33.1	29.8	7.7	1978	47.7	44.1	17.3
1964	35.3	31.8	7.9	1979	47.0	43.6	17.6
1965	35.1	32.0	8.4	1980	48.1	43.9	18.2
1966	37.9	34.7	8.7	1981	46.0	41.9	18.3

---

① 表中部分数据由于四舍五入的原因，存在总计与分项合计不等的情况。

续表

年份	第二产业增加值比重	工业增加值比重	第二产业就业人数比重	年份	第二产业增加值比重	工业增加值比重	第二产业就业人数比重
1982	44.6	40.6	18.4	2003	45.6	40.3	21.6
1983	44.2	39.8	18.7	2004	45.9	40.6	22.5
1984	42.9	38.7	19.9	2005	47.0	41.6	23.8
1985	42.7	38.2	20.8	2006	47.6	42.0	25.2
1986	43.5	38.6	21.9	2007	46.9	41.4	26.8
1987	43.3	38.0	22.2	2008	47.0	41.3	27.2
1988	43.5	38.3	22.4	2009	46.0	39.6	27.8
1989	42.5	38.0	21.6	2010	46.5	40.1	28.7
1990	41.0	36.6	21.4	2011	46.5	40.0	29.6
1991	41.5	37.0	21.4	2012	45.4	38.8	30.5
1992	43.1	38.0	21.7	2013	44.2	37.5	30.3
1993	46.2	39.9	22.4	2014	43.1	36.2	30.2
1994	46.2	40.2	22.7	2015	40.8	34.1	29.7
1995	46.8	40.8	23.0	2016	39.6	32.9	29.2
1996	47.1	41.1	23.5	2017	39.9	33.1	28.6
1997	47.1	41.4	23.7	2018	39.7	32.8	28.2
1998	45.8	40.1	23.5	2019	38.6	31.6	28.1
1999	45.4	39.8	23.0	2020	37.8	30.9	28.7
2000	45.5	40.1	22.5	2021	39.3	32.6	29.1
2001	44.8	39.6	22.3	2022	39.3	32.8	28.8
2002	44.5	39.3	21.4	2023	38.3	31.7	29.1

资料来源:《中国统计年鉴》。

表 F-2　1952 年、1957 年、1963—2022 年我国轻、重工业比重变化情况

单位:%

年份	轻工业	重工业	年份	轻工业	重工业
1952	64.5	35.5	1964	44.3	55.7
1957	55.0	45.0	1965	51.6	48.4
1963	44.8	55.2	1966	49.0	51.0

年份	轻工业	重工业	年份	轻工业	重工业
1967	53.0	47.0	1995	47.3	52.7
1968	53.7	46.3	1996	48.1	51.9
1969	50.3	49.7	1997	49.0	51.0
1970	46.2	53.8	1998	49.3	50.7
1971	43.0	57.0	1999	49.2	50.8
1972	42.9	57.1	2000	39.8	60.2
1973	43.4	56.6	2001	39.4	60.6
1974	44.4	55.6	2002	39.1	60.9
1975	44.1	55.9	2003	35.5	64.5
1976	44.2	55.8	2004	32.9	67.1
1977	44.0	56.0	2005	32.5	67.5
1978	43.1	56.9	2006	32.2	67.8
1979	43.7	56.3	2007	32.2	67.8
1980	47.2	52.8	2008	31.8	68.2
1981	51.5	48.5	2009	32.8	67.2
1982	50.2	49.8	2010	32.2	67.8
1983	48.5	51.5	2011	32.4	67.6
1984	47.4	52.6	2012	33.4	66.6
1985	47.4	52.6	2013	34.1	65.9
1986	47.6	52.4	2014	34.7	65.3
1987	48.2	51.8	2015	36.0	64.0
1988	49.3	50.7	2016	36.3	63.7
1989	48.9	51.1	2017	34.4	65.6
1990	49.4	50.6	2018	31.8	68.2
1991	48.4	51.6	2019	30.3	69.7
1992	46.6	53.4	2020	29.1	70.9
1993	46.5	53.5	2021	28.3	71.7
1994	46.3	53.7	2022	26.7	73.3

注：对于未直接公布轻、重工业比例的年份，按照国家统计局给出的轻、重工业定义及历史划分，计算对应行业数据。

资料来源：《中国工业统计年鉴》。

表 F-3　1952—2022 年我国东、中、西、东北地区工业比重变化情况

单位:%

年份	东部	中部	西部	东北	年份	东部	中部	西部	东北
1952	49.3	12.6	13.6	24.5	1982	48.6	18.0	16.4	17.0
1953	51.2	11.3	13.8	23.7	1983	48.1	18.6	16.7	16.6
1954	48.3	12.2	15.4	24.1	1984	48.2	19.2	16.1	16.5
1955	46.6	12.8	16.8	23.7	1985	48.9	19.3	15.7	16.2
1956	47.6	12.9	16.4	23.1	1986	48.4	19.8	16.1	15.8
1957	47.7	12.7	15.6	24.0	1987	49.2	19.2	15.5	16.0
1958	46.6	13.6	14.8	24.9	1988	49.5	19.5	15.9	15.1
1959	45.9	14.6	15.0	24.4	1989	49.6	19.3	16.2	14.9
1960	46.8	14.0	13.3	25.9	1990	50.2	19.1	16.7	14.1
1961	50.8	13.6	16.0	19.6	1991	51.0	18.7	16.8	13.5
1962	49.5	13.5	15.4	21.7	1992	52.5	18.4	15.9	13.1
1963	48.7	13.7	15.9	21.7	1993	53.6	17.6	15.8	13.0
1964	47.9	15.0	15.7	21.5	1994	55.2	16.8	16.0	12.1
1965	46.5	15.7	15.7	22.1	1995	55.9	17.0	15.8	11.3
1966	46.4	16.6	15.4	21.6	1996	55.7	17.3	15.7	11.3
1967	47.6	16.2	15.7	20.5	1997	55.9	17.4	15.4	11.2
1968	52.2	14.0	13.6	20.1	1998	56.4	17.5	15.2	11.0
1969	49.7	14.3	14.3	21.6	1999	56.8	17.3	14.8	11.1
1970	48.5	15.8	15.0	20.6	2000	57.5	17.0	14.4	11.2
1971	47.1	16.1	16.5	20.3	2001	57.8	17.3	14.3	10.6
1972	47.6	16.6	16.2	19.6	2002	58.4	17.3	14.3	10.1
1973	47.9	16.5	15.9	19.7	2003	59.5	17.2	14.0	9.3
1974	48.3	13.9	16.5	21.2	2004	60.0	17.4	14.2	8.4
1975	48.2	14.6	16.8	20.4	2005	59.5	18.2	14.2	8.2
1976	49.6	12.7	16.7	21.1	2006	58.8	18.5	14.8	7.9
1977	49.1	15.1	16.8	19.0	2007	57.9	19.2	15.1	7.8
1978	48.6	16.6	16.6	18.2	2008	56.5	20.0	15.6	8.0
1979	48.2	17.5	16.8	17.5	2009	56.1	20.4	15.9	7.6
1980	48.2	17.9	16.1	17.8	2010	54.9	21.5	16.5	7.1
1981	49.3	17.9	15.8	17.0	2011	53.3	22.6	17.1	7.1

续表

年份	东部	中部	西部	东北	年份	东部	中部	西部	东北
2012	52.4	22.9	17.8	6.9	2018	54.2	22.7	18.4	4.8
2013	52.3	22.8	18.2	6.7	2019	53.6	23.1	18.6	4.7
2014	52.6	22.8	18.4	6.2	2020	54.3	22.4	18.7	4.7
2015	53.9	22.6	18.0	5.5	2021	53.8	22.1	19.5	4.6
2016	54.4	22.7	17.8	5.0	2022	53.2	21.8	20.5	4.6
2017	54.3	22.9	18.0	4.8	—	—	—	—	—

资料来源:《中国统计年鉴》。

表 F-4　1952—2022 年内陆、沿海地区工业比重变化情况

单位:%

年份	内陆地区	沿海地区	年份	内陆地区	沿海地区
1952	35.7	64.3	1972	45.2	54.8
1953	36.3	63.7	1973	44.6	55.4
1954	39.1	60.9	1974	43.6	56.4
1955	39.9	60.1	1975	44.3	55.7
1956	39.0	61.0	1976	42.5	57.5
1957	39.3	60.7	1977	44.2	55.8
1958	40.8	59.2	1978	44.8	55.2
1959	41.7	58.3	1979	45.8	54.2
1960	40.7	59.3	1980	45.5	54.5
1961	42.4	57.6	1981	44.8	55.2
1962	41.4	58.6	1982	45.5	54.5
1963	43.2	56.8	1983	46.2	53.8
1964	44.2	55.8	1984	46.0	54.0
1965	44.7	55.3	1985	45.0	55.0
1966	45.6	54.4	1986	45.3	54.7
1967	45.7	54.3	1987	44.4	55.6
1968	42.2	57.8	1988	44.5	55.5
1969	43.5	56.5	1989	44.6	55.4
1970	45.4	54.6	1990	44.5	55.5
1971	45.6	54.4	1991	44.1	55.9

续表

年份	内陆地区	沿海地区	年份	内陆地区	沿海地区
1992	42.2	57.8	2008	39.3	60.7
1993	40.3	59.7	2009	39.8	60.2
1994	38.8	61.2	2010	41.3	58.7
1995	39.0	61.0	2011	42.8	57.2
1996	39.4	60.6	2012	43.8	56.2
1997	39.2	60.8	2013	44.1	55.9
1998	38.7	61.3	2014	44.0	56.0
1999	38.3	61.7	2015	43.0	57.0
2000	37.6	62.4	2016	42.8	57.2
2001	37.6	62.4	2017	42.9	57.1
2002	37.2	62.8	2018	42.9	57.1
2003	36.7	63.3	2019	43.5	56.5
2004	36.8	63.2	2020	42.9	57.1
2005	37.3	62.7	2021	43.5	56.5
2006	37.8	62.2	2022	43.9	56.1
2007	38.4	61.6			

资料来源:《中国统计年鉴》。

表 F-5　1988—1993 年、1998—2022 年我国规模以上大、中、小型工业企业单位数比例情况

单位:%

年份	大型企业	中型企业	小型企业	年份	大型企业	中型企业	小型企业
1988	0.755	1.781	97.464	2000	4.901	8.436	86.663
1989	0.871	2.025	97.104	2001	5.015	8.407	86.577
1990	0.951	2.266	96.784	2002	4.821	8.026	87.154
1991	1.016	2.551	96.432	2003	1.011	11.032	87.957
1992	0.956	3.187	95.857	2004	0.772	9.244	89.984
1993	1.020	3.151	95.829	2005	0.921	10.032	89.047
1998	4.578	9.601	85.820	2006	0.889	10.016	89.095
1999	4.853	8.869	86.277	2007	0.864	9.976	89.160

年份	大型企业	中型企业	小型企业	年份	大型企业	中型企业	小型企业
2008	0.748	8.731	90.521	2016	2.544	13.915	83.541
2009	0.749	8.757	90.494	2017	2.479	13.311	84.210
2010	0.826	9.474	89.700	2018	2.253	11.368	86.379
2011	2.798	16.043	81.159	2019	2.173	10.580	87.247
2012	2.748	15.669	81.582	2020	2.008	9.772	88.220
2013	2.652	15.064	82.285	2021	1.923	8.819	89.258
2014	2.618	14.663	82.719	2022	1.719	7.828	90.453
2015	2.514	14.112	83.374	—	—	—	—

资料来源:《中国统计年鉴》。

表 F-6　1993 年、1998—2017 年我国规模以上大、中、小型工业企业主营业务收入比例情况

单位:%

年份	大型企业	中型企业	小型企业	年份	大型企业	中型企业	小型企业
1993	39.790	19.346	40.864	2008	34.546	29.214	36.240
1998	43.874	14.008	42.118	2009	33.308	28.580	38.113
1999	45.870	13.406	40.724	2010	34.112	28.807	37.081
2000	47.242	12.317	40.441	2011	42.632	23.183	34.184
2001	49.475	12.916	37.610	2012	41.393	23.497	35.110
2002	48.565	12.609	38.826	2013	40.265	23.787	35.948
2003	36.706	32.938	30.356	2014	39.452	24.234	36.314
2004	35.771	31.617	32.613	2015	37.984	24.540	37.476
2005	37.695	30.397	31.908	2016	37.657	24.719	37.624
2006	37.087	30.159	32.754	2017	39.904	23.754	36.342
2007	36.300	29.751	33.949	—	—	—	—

注:1994—1997 年、2017 年后的数据缺失。

资料来源:《中国统计年鉴》。

表 F-7　1993 年、1998—2022 年我国规模以上大、中、
小型工业企业利润比例情况

单位：%

年份	大型企业	中型企业	小型企业	年份	大型企业	中型企业	小型企业
1993	49.895	13.756	36.348	2010	33.234	32.699	34.067
1998	59.000	1.485	39.515	2011	43.054	24.936	32.009
1999	62.938	6.486	30.576	2012	40.655	24.875	34.469
2000	64.473	7.982	27.546	2013	38.839	25.519	35.642
2001	62.751	9.935	27.314	2014	38.663	26.120	35.217
2002	59.320	9.986	30.694	2015	35.630	27.169	37.201
2003	46.010	32.229	21.761	2016	37.246	26.981	35.773
2004	46.425	30.561	23.014	2017	43.666	24.892	31.441
2005	45.948	28.443	25.609	2018	46.840	23.502	29.659
2006	44.114	29.527	26.359	2019	44.874	25.071	30.055
2007	42.025	30.251	27.724	2020	42.481	26.457	31.062
2008	34.418	30.791	34.792	2021	48.235	23.553	28.212
2009	31.549	32.911	35.541	2022	47.930	23.356	28.714

资料来源：《中国统计年鉴》。

表 F-8　1998—2022 年我国规模以上大、中、
小型工业企业资产比例情况

单位：%

年份	大型企业	中型企业	小型企业	年份	大型企业	中型企业	小型企业
1998	54.631	15.296	30.073	2005	38.842	34.209	26.949
1999	56.314	13.912	29.773	2006	39.070	33.870	27.060
2000	56.310	12.867	30.822	2007	39.296	33.505	27.199
2001	58.566	13.347	28.087	2008	38.090	32.701	29.208
2002	57.614	13.182	29.204	2009	39.118	31.995	28.887
2003	39.262	34.865	25.873	2010	39.849	32.248	27.903
2004	36.577	35.015	28.408	2011	50.755	24.111	25.134

续表

年份	大型企业	中型企业	小型企业	年份	大型企业	中型企业	小型企业
2012	49.402	24.042	26.556	2018	48.525	22.608	28.866
2013	48.201	23.775	28.024	2019	47.207	22.509	30.284
2014	47.071	23.942	28.987	2020	46.372	22.503	31.125
2015	46.514	23.726	29.760	2021	46.208	21.690	32.102
2016	46.789	23.851	29.360	2022	45.631	21.529	32.840
2017	47.629	23.477	28.895	—	—	—	—

资料来源：《中国统计年鉴》。

表 F-9　1996—2022 年装备制造业、消费品工业、高技术产业行业营收占全部工业比重情况

单位：%

年份	装备制造业	消费品工业	高技术产业	年份	装备制造业	消费品工业	高技术产业
1996	—	30.9	7.8	2010	33.5	21.5	10.6
1997	—	30.2	8.9	2011	32.5	21.4	10.3
1998	28.4	29.8	10.3	2012	31.7	22.3	11.0
1999	29.6	28.4	11.2	2013	32.1	22.8	11.2
2000	29.8	26.8	11.9	2014	33.0	23.1	11.5
2001	31.0	26.5	12.8	2015	34.2	24.2	12.6
2002	32.4	26.3	13.3	2016	35.3	24.5	13.3
2003	34.0	24.7	14.3	2017	35.9	23.1	—
2004	—	—	14.0	2018	34.9	20.7	14.5
2005	—	—	13.6	2019	36.1	20.5	14.5
2006	33.0	22.0	13.3	2020	38.1	19.7	15.7
2007	33.0	21.8	12.4	2021	37.0	18.6	15.6
2008	32.5	21.3	11.1	2022	37.8	16.8	16.3
2009	33.4	22.2	11.0	—	—	—	—

注：部分年份部分行业的数据未公布，故有缺失。

资料来源：《中国工业统计年鉴》。

表 F-10　1952—1984 年我国机械工业等
五个主要工业部门的产值比重情况

单位：%

年份	冶金工业	化学工业	机械工业	食品工业	纺织工业
1952	5.9	4.8	11.4	24.1	27.5
1953	6.2	5.1	13.6	23.2	25.7
1954	6.5	5.5	13.8	22.8	24.4
1955	7.6	5.8	14.7	23.7	22.2
1956	8.4	6.7	17.8	20.0	20.9
1957	8.5	6.8	16.9	19.7	20.4
1958	10.1	7.7	21.5	15.6	18.3
1959	10.8	8.0	24.3	12.9	17.0
1960	12.4	8.6	29.9	10.5	12.3
1961	11.2	10.1	23.3	13.9	13.4
1962	10.1	11.1	20.2	14.9	14.4
1963	10.3	11.7	20.6	14.3	14.8
1964	10.7	12.5	20.6	13.9	15.9
1965	10.7	12.9	22.3	12.6	15.8
1966	10.7	15.0	24.9	9.5	14.2
1967	9.2	15.3	21.5	10.8	15.1
1968	7.8	14.1	19.7	11.4	14.9
1969	9.0	16.1	23.4	8.9	14.2
1970	9.4	16.5	26.8	8.2	13.4
1971	11.1	10.9	25.3	11.9	13.0
1972	11.0	11.3	25.1	12.4	12.3
1973	10.8	11.4	25.5	12.5	12.5
1974	9.4	11.0	26.6	12.8	12.4
1975	9.0	11.3	27.7	12.0	12.3
1976	8.1	11.0	27.5	11.9	12.1
1977	7.8	11.4	27.8	11.7	12.4
1978	8.7	12.4	27.3	11.1	12.5

续表

年份	冶金工业	化学工业	机械工业	食品工业	纺织工业
1979	8.9	12.2	27.1	11.3	12.9
1980	8.6	12.5	25.5	11.4	14.7
1981	8.8	11.4	20.9	13.3	16.5
1982	8.7	11.8	22.0	13.5	15.5
1983	8.5	12.0	23.4	12.9	15.5
1984	8.2	11.8	25.0	12.3	15.4

资料来源:《中国工业统计年鉴》。

表 F-11　1985—2022 年纺织业等高比重行业营收占全部工业比重情况

单位:%

年份	食品工业	其中:食品制造业	纺织工业	其中:纺织业	计算机、通信和其他电子设备制造业	化学原料和化学制品制造业	黑色金属冶炼和压延加工业	电气机械和器材制造业	汽车制造业	电力、热力生产和供应业
1985	—	6.9	13.2	12.1	3.1	6.9	6.6	4.2	—	4.1
1986	—	7.1	12.9	11.8	2.6	7.1	7.0	4.2	—	4.3
1987	—	6.9	12.6	11.6	3.1	7.3	6.9	4.1	—	4.2
1988	—	7.0	12.3	11.3	3.5	7.6	6.6	4.6	—	3.7
1989	—	7.1	12.3	11.3	2.9	7.9	6.8	4.6	—	4.3
1990	—	7.1	12.6	11.5	3.1	8.0	7.0	4.1	—	4.9
1991	—	6.5	11.8	10.7	3.4	7.3	7.2	4.1	—	4.9
1992	—	6.0	10.5	9.4	3.3	6.7	8.2	4.3	—	4.9
1993	—	1.6	9.5	8.1	3.5	6.0	9.3	4.6	—	5.0
1994	—	1.6	10.2	8.6	4.1	6.2	7.8	4.4	—	6.0
1995	—	1.8	9.7	8.0	4.6	6.8	7.1	4.7	—	5.8
1996	11.4	1.8	11.8	7.1	4.8	6.9	6.7	4.7	3.4	6.7
1997	11.6	1.8	11.1	6.6	5.8	6.6	6.3	4.8	3.5	7.2
1998	11.1	1.7	11.0	6.0	7.0	6.5	6.4	5.1	3.7	7.8

续表

年份	食品工业	其中：食品制造业	纺织工业	其中：纺织业	计算机、通信和其他电子设备制造业	化学原料和化学制品制造业	黑色金属冶炼和压延加工业	电气机械和器材制造业	汽车制造业	电力、热力生产和供应业
1999	10.5	1.7	10.2	5.9	8.0	6.5	5.8	5.3	4.0	7.9
2000	9.4	1.6	9.7	5.7	8.7	6.4	5.8	5.4	3.9	8.1
2001	9.4	1.6	9.7	5.6	9.5	6.4	6.0	5.4	4.4	8.2
2002	9.3	1.7	9.5	5.5	10.0	6.4	5.9	5.3	5.2	8.2
2003	8.6	1.5	9.0	5.2	11.1	6.3	7.1	5.2	5.7	7.8
2004	7.8	1.4	7.9	4.7	10.8	6.0	8.0	5.1	—	6.8
2005	8.0	1.5	8.2	5.0	10.8	6.5	8.7	5.4	—	7.5
2006	7.8	1.5	7.9	4.8	10.5	6.5	8.2	5.6	4.7	7.1
2007	7.9	1.5	7.6	4.5	9.8	6.6	8.7	5.8	4.8	6.6
2008	8.3	1.5	7.1	4.1	8.6	6.7	9.1	5.9	4.6	6.0
2009	9.0	1.6	7.2	4.1	8.2	6.7	8.1	6.0	5.4	6.2
2010	8.7	1.6	6.9	4.0	7.9	6.8	7.8	6.0	5.8	5.8
2011	9.0	1.6	6.4	3.8	7.5	7.1	7.8	6.0	5.6	5.6
2012	9.6	1.7	6.5	3.5	7.6	7.3	7.7	5.9	5.5	5.7
2013	9.8	1.8	6.6	3.5	7.6	7.4	7.3	5.9	5.7	5.4
2014	9.9	1.8	6.6	3.5	7.7	7.5	6.7	6.1	6.1	5.2
2015	10.3	2.0	6.9	3.6	8.3	7.5	5.7	6.2	6.4	5.1
2016	10.4	2.1	6.9	3.5	8.6	7.5	5.3	6.4	7.0	4.7
2017	9.5	2.0	6.3	3.2	9.4	7.2	5.7	6.3	7.5	5.1
2018	8.5	1.7	5.3	2.6	10.0	6.6	6.1	5.9	7.6	5.8
2019	8.7	1.8	4.9	2.3	10.5	6.2	6.6	6.1	7.5	6.4
2020	8.7	1.8	4.4	2.2	11.4	5.9	6.7	6.4	7.5	6.4
2021	8.0	1.6	4.1	2.0	11.2	6.4	7.4	6.6	6.7	6.0
2022	7.6	1.5	3.3	1.7	11.6	6.8	6.4	7.6	6.7	7.0

注：部分年份部分行业的数据未公布，故有缺失。

资料来源：《中国工业统计年鉴》。

表 F-12　1985—2022 年我国装备制造业
行业营收占全部工业比重情况

单位：%

年份	金属制品业	通用设备制造业	专用设备制造业	汽车制造业	铁路、船舶、航空航天和其他运输设备制造业	电气机械和器材制造业	计算机、通信和其他电子设备制造业	仪器仪表制造业
1985	2.80	—	—	—	—	4.22	3.06	—
1986	2.85	—	—	—	—	4.20	2.60	—
1987	2.84	—	—	—	—	4.12	3.05	—
1988	2.75	—	—	—	—	4.58	3.47	—
1989	2.76	—	—	—	—	4.64	2.88	—
1990	2.67	—	—	—	—	4.08	3.10	—
1991	2.66	—	—	—	—	4.08	3.45	—
1992	2.80	—	—	—	—	4.29	3.29	—
1993	3.13	5.01	3.80	—	—	4.64	3.52	0.94
1994	3.13	4.41	3.26	—	—	4.43	4.07	0.83
1995	2.86	4.16	3.10	—	—	4.68	4.58	0.79
1996	3.00	—	3.05	3.38	2.48	4.75	4.78	0.62
1997	2.96	—	2.86	3.53	2.47	4.78	5.80	0.62
1998	3.16	3.67	2.67	3.68	2.42	5.12	7.01	0.64
1999	2.90	3.53	2.57	3.98	2.34	5.28	7.98	0.99
2000	2.82	3.37	2.38	3.93	2.17	5.38	8.75	1.01
2001	2.81	3.44	2.30	4.40	2.14	5.44	9.49	1.00
2002	2.82	3.65	2.40	5.17	2.06	5.25	10.01	0.99
2003	2.59	3.78	2.56	5.66	1.94	5.23	11.09	1.12
2004	2.53	4.07	2.27	—	—	5.06	10.79	1.06
2005	2.57	4.10	2.39	—	—	5.38	10.80	1.10
2006	2.66	4.24	2.46	4.67	1.68	5.63	10.54	1.12
2007	2.78	4.46	2.57	4.85	1.76	5.81	9.76	1.05
2008	2.91	4.77	2.82	4.63	1.91	5.87	8.64	0.97
2009	2.86	4.91	3.04	5.44	2.08	5.97	8.15	0.91

续表

年份	金属制品业	通用设备制造业	专用设备制造业	汽车制造业	铁路、船舶、航空航天和其他运输设备制造业	电气机械和器材制造业	计算机、通信和其他电子设备制造业	仪器仪表制造业
2010	2.82	4.93	3.05	5.83	2.02	6.04	7.91	0.91
2011	2.73	4.77	3.10	5.58	1.92	5.96	7.54	0.89
2012	3.13	4.09	3.09	5.51	1.69	5.87	7.58	0.72
2013	3.20	4.20	3.15	5.75	1.58	5.93	7.59	0.73
2014	3.29	4.25	3.15	6.13	1.64	6.05	7.72	0.75
2015	3.36	4.24	3.23	6.40	1.72	6.23	8.25	0.79
2016	3.44	4.16	3.23	7.02	1.67	6.35	8.60	0.82
2017	3.17	4.03	3.16	7.47	1.49	6.33	9.37	0.88
2018	3.19	3.56	2.75	7.61	1.10	5.93	10.02	0.77
2019	3.42	3.70	2.83	7.53	1.38	6.08	10.48	0.71
2020	3.60	3.80	3.12	7.54	1.43	6.40	11.42	0.76
2021	3.78	3.76	2.84	6.67	1.41	6.58	11.19	0.74
2022	3.51	3.47	2.77	6.73	1.41	7.57	11.60	0.75

注：部分年份部分行业的数据未公布，故有缺失。
资料来源：《中国工业统计年鉴》。

表 F-13　1985—2003 年、2006—2022 年我国消费品工业行业营收占全部工业比重情况

单位：%

年份	农副食品加工业	食品制造业	酒、饮料和精制茶制造业	烟草制品业	纺织业	纺织服装、服饰业	皮革、毛皮、羽毛及其制品和制鞋业	家具制造业	造纸和纸制品业	印刷和记录媒介复制业	文教、工美、体育和娱乐用品制造业	医药制造业	化学纤维制造业
1985	—	6.90	1.80	2.39	12.12	—	1.04	0.54	1.91	0.88	0.46	1.52	1.12
1986	—	7.11	1.92	2.56	11.83	—	1.05	0.52	1.95	0.87	0.48	1.69	1.24
1987	—	6.92	2.13	2.58	11.55	—	1.01	0.51	2.06	0.86	0.51	1.83	1.35

年份	农副食品加工业	食品制造业	酒、饮料和精制茶制造业	烟草制品业	纺织业	纺织服装、服饰业	皮革、毛皮、羽毛及其制品和制鞋业	家具制造业	造纸和纸制品业	印刷和记录媒介复制业	文教、工美、体育和娱乐用品制造业	医药制造业	化学纤维制造业
1988	—	7.04	2.19	2.64	11.33	—	0.99	0.51	2.15	0.84	0.45	1.90	1.38
1989	—	7.07	2.13	2.89	11.30	—	0.95	0.44	2.12	0.85	0.44	1.78	1.50
1990	—	7.07	2.23	3.08	11.53	—	1.03	0.41	1.99	0.86	0.49	1.90	1.72
1991	—	6.54	2.22	2.74	10.68	—	1.09	0.39	1.89	0.85	0.52	2.00	1.67
1992	—	5.96	2.13	2.56	9.37	—	1.12	0.39	1.77	0.83	0.51	1.93	1.52
1993	—	1.58	2.05	2.13	8.14	—	1.37	0.36	1.68	0.77	0.50	1.79	1.21
1994	—	1.61	1.95	2.03	8.62	—	1.61	0.41	1.53	0.73	0.58	1.75	1.33
1995	—	1.75	2.06	1.88	8.04	—	1.69	0.38	1.82	0.73	0.66	1.71	1.48
1996	5.35	1.84	2.23	2.04	7.10	2.57	2.16	0.41	1.84	0.81	1.48	1.80	1.29
1997	5.36	1.84	2.34	2.02	6.56	2.52	2.06	0.42	1.70	0.81	1.49	1.86	1.27
1998	4.96	1.75	2.32	2.07	6.02	2.77	2.18	0.42	1.75	0.78	1.55	1.97	1.22
1999	4.60	1.69	2.24	1.96	5.94	2.64	1.57	0.42	1.75	0.78	1.52	1.97	1.35
2000	4.13	1.61	1.96	1.70	5.72	2.53	1.47	0.41	1.79	0.70	1.42	1.93	1.42
2001	4.08	1.62	1.84	1.87	5.56	2.58	1.52	0.44	1.80	0.72	1.38	2.05	1.02
2002	4.12	1.67	1.71	1.82	5.52	2.49	1.53	0.45	1.80	0.70	1.38	2.08	0.99
2003	4.09	1.51	1.48	1.55	5.24	2.26	1.49	0.48	1.70	0.68	1.29	1.92	0.99
2006	4.05	1.47	1.25	1.01	4.77	1.88	1.28	0.58	1.58	0.53	1.10	1.50	1.00
2007	4.29	1.46	1.25	0.94	4.54	1.84	1.24	0.59	1.54	0.51	1.09	1.49	1.00
2008	4.71	1.49	1.23	0.85	4.15	1.81	1.14	0.60	1.50	0.52	1.06	1.48	0.78
2009	5.09	1.63	1.38	0.90	4.14	1.87	1.15	0.62	1.47	0.53	1.05	1.67	0.70
2010	4.97	1.60	1.31	0.81	4.03	1.72	1.11	0.62	1.46	0.50	1.03	1.64	0.72
2011	5.21	1.65	1.40	0.79	3.84	1.57	1.04	0.59	1.40	0.45	1.00	1.72	0.79
2012	5.61	1.70	1.46	0.81	3.47	1.86	1.21	0.61	1.35	0.49	1.11	1.87	0.73
2013	5.79	1.79	1.48	0.80	3.47	1.87	1.22	0.64	1.24	0.58	1.25	1.97	0.68

续表

年份	农副食品加工业	食品制造业	酒、饮料和精制茶制造业	烟草制品业	纺织业	纺织服装、服饰业	皮革、毛皮、羽毛及其制品和制鞋业	家具制造业	造纸和纸制品业	印刷和记录媒介复制业	文教、工美、体育和娱乐用品制造业	医药制造业	化学纤维制造业
2014	5.75	1.84	1.48	0.81	3.46	1.90	1.26	0.66	1.22	0.61	1.35	2.11	0.65
2015	5.89	1.98	1.57	0.84	3.60	2.00	1.32	0.71	1.26	0.67	1.43	2.32	0.65
2016	5.94	2.07	1.60	0.75	3.52	2.05	1.31	0.76	1.26	0.70	1.47	2.43	0.67
2017	5.29	1.95	1.51	0.78	3.19	1.84	1.24	0.78	1.31	0.69	1.41	2.39	0.70
2018	4.47	1.74	1.45	0.88	2.58	1.62	1.14	0.66	1.30	0.60	1.26	2.27	0.76
2019	4.44	1.83	1.44	1.04	2.31	1.46	1.11	0.69	1.25	0.64	1.21	2.24	0.86
2020	4.50	1.78	1.36	1.05	2.17	1.28	0.93	0.65	1.21	0.61	1.14	2.31	0.74
2021	4.20	1.64	1.23	0.92	2.02	1.16	0.87	0.63	1.15	0.59	1.12	2.25	0.79
2022	4.02	1.52	1.11	0.96	1.74	0.97	0.63	0.51	1.06	0.52	0.95	1.98	0.77

注：部分年份部分行业的数据未公布，故有缺失。

资料来源：《中国工业统计年鉴》。

表F-14　1995—2022年我国高技术产业行业营收占全部工业比重情况

单位：%

年份	医药制造业	航空航天器制造业	电子及通信设备制造业	计算机及办公设备制造业	医疗仪器设备及仪器仪表制造业	信息化学品制造业
1995	1.71	0.50	3.88	0.72	0.61	—
1996	1.80	0.51	3.89	0.95	0.61	—
1997	1.86	0.47	4.62	1.26	0.64	—
1998	1.97	0.50	5.47	1.67	0.65	—
1999	1.97	0.46	6.38	1.72	0.66	—
2000	1.93	0.45	6.98	1.90	0.66	—
2001	2.05	0.47	7.17	2.45	0.67	—
2002	2.08	0.46	7.00	3.14	0.67	—

续表

年份	医药制造业	航空航天器制造业	电子及通信设备制造业	计算机及办公设备制造业	医疗仪器设备及仪器仪表制造业	信息化学品制造业
2003	1.92	0.38	6.93	4.40	0.61	—
2004	1.52	0.25	6.95	4.62	0.66	—
2005	1.62	0.31	6.70	4.31	0.70	—
2006	1.50	0.25	6.72	4.03	0.75	—
2007	1.49	0.25	6.21	3.72	0.76	—
2008	1.48	0.23	5.48	3.30	0.65	—
2009	1.67	0.24	5.25	3.03	0.79	—
2010	1.64	0.16	5.16	2.86	0.79	—
2011	1.72	0.18	5.13	2.51	0.80	—
2012	1.87	0.21	5.68	2.37	0.84	—
2013	1.97	0.27	5.84	2.24	0.85	—
2014	2.11	0.27	6.10	2.12	0.89	—
2015	2.32	0.31	7.06	1.75	0.94	0.24
2016	2.43	0.33	7.53	1.70	1.01	0.27
2018	2.26	—	9.33	1.91	0.93	0.08
2019	2.24	—	9.38	1.93	0.93	0.05
2020	2.31	—	10.16	2.13	1.09	0.06
2021	2.25	—	10.12	2.08	1.05	0.05
2022	1.98	—	11.18	2.01	1.09	0.05

注：部分年份部分行业的数据未公布，故有缺失。

资料来源：《中国高技术产业统计年鉴》。

表 F–15　1949—1984 年我国工业部分主要产品产量

年份	成品糖产量（万吨）	布产量（亿米）	合成氨产量（万吨）	化肥产量（万吨）	粗钢产量（万吨）	钢材产量（万吨）	金属切削机床产量（万台）	汽车产量（万辆）
1949	20	18.9	—	0.6	16	—	—	—
1950	24	25.2	—	1.5	61	—	—	—

243

续表

年份	成品糖产量（万吨）	布产量（亿米）	合成氨产量（万吨）	化肥产量（万吨）	粗钢产量（万吨）	钢材产量（万吨）	金属切削机床产量（万台）	汽车产量（万辆）
1951	30	30.6	—	2.8	90	—	—	—
1952	45	38.3	3.8	3.9	135	106	1.37	—
1953	64	46.9	—	5	177	—	—	—
1954	69	52.3	—	6.7	223	—	—	—
1955	72	43.6	—	7.9	285	—	—	0.01
1956	81	57.7	—	11.1	447	—	—	0.17
1957	86	50.5	15.3	15.1	535	415	2.8	0.79
1958	90	64.6	—	19.4	800	—	—	1.6
1959	110	75.7	—	26.6	1387	—	—	1.96
1960	44	54.5	—	40.5	1866	—	—	2.26
1961	39	31.1	—	29.7	870	—	—	0.36
1962	34	25.3	—	46.4	667	455	2.25	0.97
1963	44	33.4	64.4	64.8	762	—	2.22	2.06
1964	107	47.1	93.1	100.8	964	—	2.81	2.81
1965	146	62.8	148.4	172.6	1223	881	3.96	4.05
1966	159	73.1	212.4	240.9	1532	—	5.49	5.59
1967	148	65.6	152.1	164.1	1029	—	4.07	2.04
1968	151	64.3	103.4	110.9	904	—	4.64	2.51
1969	121	82.1	160.3	174.9	1333	—	8.56	5.31
1970	135	91.5	244.5	243.5	1779	1188	13.89	8.72
1971	141	84.2	310	299.4	2132	—	14.57	11.10
1972	155	83.5	395.6	370.1	2338	—	16.22	10.82
1973	191	87.1	474.4	459.2	2522	—	18.33	11.62
1974	184	80.8	452.5	422.2	2112	—	16.45	10.48
1975	174	94	607.7	524.7	2390	1622	17.49	13.98
1976	165	88.4	618.5	524.4	2046	—	15.7	13.52
1977	182	101.5	870.3	723.8	2374	—	19.87	12.54

年份	成品糖产量（万吨）	布产量（亿米）	合成氨产量（万吨）	化肥产量（万吨）	粗钢产量（万吨）	钢材产量（万吨）	金属切削机床产量（万台）	汽车产量（万辆）
1978	227	110.3	1183.5	869.3	3178	2208	18.32	14.91
1979	250	121.5	1348.2	1065.4	3448	2497	13.96	18.57
1980	257	134.7	1497.4	1232.1	3712	2716	13.36	22.23
1981	317	142.7	1483.4	1239	3560	2670	10.26	17.56
1982	338	153.5	1546.3	1278.1	3716	2902	9.98	19.63
1983	377	148.8	1677.1	1378.9	4002	3072	12.1	23.98
1984	380	137	1837.4	1460.2	4347	3372	13.35	31.64

注：部分年份的数据未公布，故有缺失。

资料来源：《中国统计年鉴》。

表 F-16　1985—2011 年我国工业部分主要产品产量（一）

年份	成品糖产量（万吨）	布产量（亿米）	合成氨产量（万吨）	初级形态塑料产量（万吨）	钢材产量（万吨）	金属切削机床产量（万台）
1985	451	146.7	1718.8	123.4	3693	16.72
1986	525	164.7	1672.9	132.1	4058	16.37
1987	506	173.1	1940.6	152.6	4386	17.22
1988	461	187.9	1986.3	190.4	4689	19.17
1989	501	189.2	2068.1	200.8	4859	17.87
1990	582	188.8	2129	227	5153	13.45
1991	640	181.7	2201.6	283	5638	16.39
1992	829	190.7	2298.1	330.8	6697	22.87
1993	771	203	2192.5	359.9	7716	26.18
1994	592	211.3	2436.8	401.4	8428	20.65
1995	558.64	260.18	2765.9	516.87	8979.8	20.34
1996	640.2	209.1	3094.2	576.86	9338.02	17.74
1997	702.58	248.79	3000.28	685.76	9978.93	18.65
1998	826	241	3134.2	692.58	10737.8	11.91
1999	861	250	3431.72	871.1	12109.78	14.22

续表

年份	成品糖产量 （万吨）	布产量 （亿米）	合成氨产量 （万吨）	初级形态塑 料产量 （万吨）	钢材产量 （万吨）	金属切削机 床产量 （万台）
2000	700	277	3363.7	1087.51	13146	17.66
2001	653.1	290	3427.28	1288.71	16067.61	25.58
2002	926	322.39	3675.25	1455.67	19251.59	30.86
2003	1083.94	353.52	3822.65	1652.08	24108.01	30.58
2004	1033.7	482.1	4135.06	2366.5	31975.72	48.72
2005	912.37	484.39	4596.25	2308.86	37771.14	51.14
2006	949.07	598.55	4936.81	2602.6	46893.36	57.31
2007	1271.38	675.26	5171.05	3184.54	56560.87	64.69
2008	1432.61	723.05	4876.24	3680.23	60460.29	71.73
2009	1338.35	753.42	5136.35	3629.97	69405.4	58.55
2010	1117.59	800	4964.59	4432.59	80276.58	69.73
2011	1187.43	814.14	5252.7	4992.31	88619.57	88.68

资料来源：《中国统计年鉴》。

表 F-17　1985—2011 年我国工业部分主要产品产量（二）

年份	汽车产量 （万辆）	移动通信手 持机（手机） 产量 （万台）	微型计算机 设备产量 （万台）	集成电路产 量 （亿块）	彩色电视机 产量 （万台）	全部工业企 业发电量 （亿千瓦时）
1985	43.72	—	—	0.64	435.28	4106.90
1986	36.98	—	4.21	0.57	414.60	4495.30
1987	47.18	—	5.12	0.95	672.72	4972.70
1988	64.47	—	11.61	1.32	1037.66	5452.10
1989	58.35	—	7.54	1.32	940.02	5848.10
1990	51.40	—	8.21	1.08	1033.04	6212.00
1991	71.42	—	16.25	1.70	1205.06	6775.50
1992	106.67	—	12.62	1.61	1333.08	7539.40
1993	129.85	—	14.66	2.01	1435.76	8382.60

续表

年份	汽车产量（万辆）	移动通信手持机（手机）产量（万台）	微型计算机设备产量（万台）	集成电路产量（亿块）	彩色电视机产量（万台）	全部工业企业发电量（亿千瓦时）
1994	136.69	—	24.57	4.85	1689.15	9280.80
1995	145.27	—	83.57	55.17	2057.74	10077.30
1996	147.52	—	138.83	38.90	2537.60	10813.10
1997	158.25	—	206.55	25.55	2711.33	11355.53
1998	163.00	2215.20	291.4	26.26	3497.00	11670.00
1999	183.20	—	405	41.50	4262.00	12393.00
2000	207.00	5247.88	672	58.80	3936.00	13556.00
2001	234.17	8031.66	877.65	63.63	4093.70	14808.02
2002	325.10	12146.35	1463.51	96.31	5155.00	16540.00
2003	444.39	18231.37	3216.7	148.31	6541.40	19105.75
2004	509.11	23751.58	5974.9	235.51	7431.83	22033.09
2005	570.49	30354.21	8084.89	269.97	8283.22	25002.60
2006	727.89	48013.79	9336.44	335.75	8375.40	28657.26
2007	888.89	54857.86	12073.38	411.62	8478.01	32815.53
2008	930.59	55945.10	15853.65	438.77	9187.14	34668.82
2009	1379.53	68193.37	18215.07	414.40	9898.79	37146.51
2010	1826.53	99827.36	24584.46	652.50	11830.03	42071.60
2011	1841.64	113257.71	32036.93	719.52	12231.34	47130.19

注：部分年份的数据未公布，故有缺失。
资料来源：《中国统计年鉴》。

表 F-18　2012—2023 年我国工业部分主要产品产量（一）

年份	成品糖产量（万吨）	布产量（亿米）	合成氨产量（万吨）	初级形态塑料产量（万吨）	钢材产量（万吨）
2012	1409.47	848.94	5528.4	5330.92	95577.83
2013	1592.76	897.59	5739.0	6293.03	108200.54
2014	1642.67	893.68	5699.5	7088.84	112513.12

续表

年份	成品糖产量 （万吨）	布产量 （亿米）	合成氨产量 （万吨）	初级形态塑料产量 （万吨）	钢材产量 （万吨）
2015	1474.11	892.58	5791.4	7807.66	103468.41
2016	1443.30	906.75	5708.27	8307.81	104813.45
2017	1472.04	691.05	4946.26	8458.08	104642.05
2018	1198.77	698.47	4587.05	8854.87	113287.33
2019	1389.39	555.19	4735.03	9743.65	120456.94
2020	1431.30	459.19	5117.13	10542.20	132489.18
2021	1449.74	501.95	5189.38	11198.41	133666.83
2022	1486.75	467.74	5321.01	11488.10	134033.48
2023	1270.56	294.9	—	11901.84	136268.17

资料来源：《中国统计年鉴》。

表 F-19　2012—2023 年我国工业部分主要产品产量（二）

年份	汽车产量 （万辆）	移动通信手持机 （手机）产量 （万台）	集成电路产量 （亿块）	彩色电视机产量 （万台）	全部工业企业 发电量 （亿千瓦时）
2012	1927.62	118154.57	779.61	12823.52	49875.53
2013	2212.09	152343.90	903.46	12745.21	54316.35
2014	2372.52	168202.75	1015.53	14128.9	57944.57
2015	2450.35	181261.40	1087.2	14475.73	58145.73
2016	2811.91	184845.66	1317.95	15769.64	61331.6
2017	2901.81	188982.37	1564.58	15932.62	66044.47
2018	2782.74	180050.62	1852.6	19695.03	71661.33
2019	2567.67	169603.36	2018.22	18999.06	75034.28
2020	2532.49	146961.78	2614.23	19626.24	77790.59
2021	2625.70	166151.58	3594.35	18496.53	85342.48
2022	2713.63	156079.96	3241.85	19578.26	88487.12
2023	3011.32	156642.17	3514.36	19339.61	94564.4

参考文献

[1] 卡萝塔·佩蕾丝. 技术革命与金融资本：泡沫与黄金时代的劳动力学 [M]. 田方萌，胡叶青，刘然，等，译. 北京：人民大学出版社，2007.

[2] 金麟洙，理查德·R. 尼尔森. 技术、学习与创新：来自新兴工业化经济体的经验 [M]，吴金希，戴德余，等，译. 北京：知识产权出版社，2011.

[3] 斯坦利·L. 恩格尔曼，罗伯特·E. 高尔曼. 剑桥美国经济史 [M]. 高德步，译. 北京：中国人民大学出版社，2021.

[4] 当代中国研究所. 新中国 70 年 [M]. 北京：当代中国出版社，2019.

[5] 工业和信息化部. 习近平总书记关于制造强国的重要论述学习读本 [M]. 北京：人民出版社，2023.

[6] 国家发展改革委国家宏观经济研究院产业经济与技术经济研究所. 工业化：中国产业发展与结构变迁 40 年 [M]. 北京：人民出版社，2018.

[7] 李彩华. 三线建设研究 [M]. 长春：吉林大学出版社，2004.

[8] 李正华，宋月红. 中国式现代化简史 [M]. 北京：当代中国出版社，2023.

[9] 刘飞，刘培基，单忠德，等. 绿色制造总论 [M]. 北京：机械工业出版社，2021.

[10]　汪海波. 中华人民共和国工业经济史 [M]. 太原：山西经济出版社，1998.

[11]　汪海波等. 新中国工业经济史（第三版）[M]. 北京：经济管理出版社，2017.

[12]　赵刚，王曙光. 科技自立自强与建设科技强国 [M]. 北京：科学出版社，2023.

[13]　郑有贵. 中华人民共和国经济史 [M]. 北京：当代中国出版社，2021.

[14]　白羽，陈海汉. 我国工业发展方式评价指标体系的构建 [J]. 经济问题探索，2011（10）：182–185.

[15]　蔡昉. 生产率、新动能与制造业——中国经济如何提高资源重新配置效率 [J]. 中国工业经济，2021（5）：5–18.

[16]　陈飞翔，俞兆云，居励. 锁定效应与我国工业结构演变：1992—2006[J]. 经济学家，2010（5）：54–62.

[17]　陈佳贵，黄群慧，钟宏武. 中国地区工业化进程的综合评价和特征分析 [J]. 经济研究，2006（6）：4–15.

[18]　陈佳贵，黄群慧. 工业发展、国情变化与经济现代化战略——中国成为工业大国的国情分析 [J]. 中国社会科学，2005（4）：4–16+205.

[19]　陈佳贵，黄群慧. 工业现代化的标志、衡量指标及对中国工业的初步评价 [J]. 中国社会科学，2003（3）：18–28+205.

[20]　陈佳贵，黄群慧. 工业自然资源配置与中国工业的现代化 [J]. 经济管理，2004（2）：4–10.

[21]　陈劲，杨硕. 新中国科技创新政策演变脉络、实践经验及未来导向 [J]. 科学观察，2024（2）：1–7.

[22]　陈诗一. 中国工业分行业统计数据估算：1980—2008[J]. 经济学（季刊），2011，10（3）：735–776.

[23]　陈雯，黄浩溢，赵刘菊. 创新是否延伸了中国工业企业在全球价值链

中的链长 [J]. 国际贸易问题，2024（2）：52–70.

[24] 陈志 . 党的十八大以来我国科技创新政策的进展与成效 [J]. 科技中国，2022（12）：13–16.

[25] 崔向阳 . 我国工业化与市场化关系的实证分析 [J]. 浙江社会科学，2003（4）：57–63.

[26] 戴魁早，吴婷莉，潘爱民 . 人工智能与工业结构升级 [J]. 暨南学报（哲学社会科学版），2022，44（10）：17–35.

[27] 戴魁早 . 中国工业结构变迁的驱动因素：1985–2010[J]. 当代经济科学，2012，34（6）：1–14+122.

[28] 戴魁早 . 中国工业结构的优化与升级：1985–2010[J]. 数理统计与管理，2014，33（2）：296–304.

[29] 邓洲，于畅 . 新中国 70 年工业经济的结构变迁 [J]. *China Economist*，2019，14（4）：14–39.

[30] 邓洲 . 新发展阶段制造业"合意"比重区间探讨 [J]. 中国软科学，2024（3）：57–65.

[31] 邓洲 . 新工业革命与中国工业发展——"第二届中国工业发展论坛暨《中国工业发展报告 2013》发布会"综述 [J]. 中国工业经济，2014（3）：70–79.

[32] 董志凯 . 中国工业化 60 年——路径与建树（1949—2009）[J]. 中国经济史研究，2009（3）：3–13.

[33] 樊福卓 . 中国工业的结构变化与升级：1985—2005[J]. 统计研究，2008（7）：19–25.

[34] 付保宗 . 工业化中后期工业结构阶段性变化的特征与趋势 [J]. 经济纵横，2014（2）：29–38.

[35] 付保宗 . 我国工业结构向"去劳动密集型"转换的阶段性特征 [J]. 经济纵横，2013（6）：35–40.

[36] 傅骏，孙龙．中国工业绿色创新发展效率及协同效应研究 [J]．技术经济与管理研究，2023（12）：49–53．

[37] 工业和信息化部党组．推动制造强国建设迈出坚实步伐——党的十八大以来推进新型工业化的成就与实践经验 [J]．中国中小企业，2017（7）：18–21．

[38] 郭朝先．改革开放 40 年中国工业发展主要成就与基本经验 [J]．北京工业大学学报（社会科学版），2018，18（6）：1–11．

[39] 郭克莎，彭继宗．制造业在中国新发展阶段的战略地位和作用 [J]．中国社会科学，2021（5）：128–149+207．

[40] 郭克莎，田潇潇．加快构建新发展格局与制造业转型升级路径 [J]．中国工业经济，2021（11）：44–58．

[41] 郭克莎．"九五"期间产业结构调整的进展分析 [J]．中国工业经济，2001（7）：40–48．

[42] 郭克莎．供给侧结构性改革 [J]．经济研究，2022，57（5）：4–12．

[43] 郭克莎．入世两年来我国工业发展走势与今后的战略选择 [J]．经济纵横，2004（2）：2–6．

[44] 郭克莎．突破结构性制约的中国探索与创新 [J]．中国社会科学，2022（10）：78–98+205–206．

[45] 郭克莎．我国工业结构变动在加入 WTO 后面临的综合性影响 [J]．中国工业经济，2003（6）：12–20．

[46] 郭跃文，向晓梅．探索工业化道路新方向《中国经济特区四十年工业化道路：从比较优势到竞争优势》[J]．南方经济，2020（11）：2+135．

[47] 郭志仪，姚敏．我国工业的地区专业化程度 [J]．经济管理，2007（15）：17–22．

[48] 国家发展改革委宏观经济研究院课题组，杨合湘．我国的工业结构演变与工业政策调整 [J]．经济学动态，2008（5）：44–50．

[49] 韩德超．我国工业结构升级发展模式研究 [J]. 科技进步与对策，2012，29（13）：60-65.

[50] 何映昆，王钦，肖红军．"十二五"时期我国工业的结构调整与产业升级 [J]. 经济学动态，2010（12）：43-48.

[51] 何永芳．中国改革开放以来的工业化进程分析 [J]. 广东社会科学，2009（2）：5-11.

[52] 贺俊．新质生产力问题的理论缺口与经济学的"异质性"分析视角 [J]. 财贸经济，2024（8）：13-21.

[53] 胡刚．论我国工业结构升级与产业组织结构调整 [J]. 中国经济问题，1999（6）：29-34.

[54] 胡海波，毛纯兵，黄速建．新中国成立以来中国工业化制度演进逻辑与基本规律 [J]. 当代财经，2023（6）：16-28.

[55] 胡立君，许振凌，石军伟．我国产业结构升级与经济发展水平的协调性研究 [J]. 统计与决策，2019，35（24）：124-128.

[56] 华明忠，崔瑞芹．技术创新驱动下我国工业绿色发展的系统动力学分析 [J]. 山东社会科学，2024（5）：138-145.

[57] 黄德胜．工业化新阶段及新型工业化路径研究 [J]. 宏观经济管理，2017（8）：53-60.

[58] 黄南．中国工业结构调整的地区差异性研究 [J]. 南京社会科学，2011（11）：15-21.

[59] 黄群慧，杨虎涛．中国制造业比重"内外差"现象及其"去工业化"涵义 [J]. 中国工业经济，2022（3）：20-37.

[60] 黄群慧．"十四五"时期深化中国工业化进程的重大挑战与战略选择 [J]. 中共中央党校（国家行政学院）学报，2020，24（2）：5-16.

[61] 黄群慧．2020 年我国已经基本实现了工业化——中国共产党百年奋斗重大成就 [J]. 经济学动态，2021（11）：3-9.

[62] 黄群慧. 改革开放 40 年中国的产业发展与工业化进程 [J]. 中国工业经济，2018（9）：5-23.

[63] 黄群慧. 中国的工业大国国情与工业强国战略 [J]. 中国工业经济，2012（3）：5-16.

[64] 黄群慧. 中国工业现代化水平的基本测评 [J]. 中国工业经济，2004（9）：20-28.

[65] 黄娅娜，邓洲. 生产要素对制造业的影响分析及政策建议 [J]. 中国井冈山干部学院学报，2022，15（1）：112-122.

[66] 贾根良，楚珊珊. 制造业对创新的重要性：美国再工业化的新解读 [J]. 江西社会科学，2019，39（6）：41-50+254-255.

[67] 简新华，叶林. 改革开放以来中国产业结构演进和优化的实证分析 [J]. 当代财经，2011（1）：93-102.

[68] 江飞涛，沈梓鑫. 全球产业政策实践与研究的新进展——一个基于演化经济学视角的评述 [J]. 财经问题研究，2019（10）：3-10.

[69] 江鸿，石云鸣. 路径演化视角下我国中小企业的发展变迁 [J]. 经济论坛，2019（6）：87-95.

[70] 江源. 工业行业和地区结构变化对 1993—1999 年我国工业增长率的影响 [J]. 中国工业经济，2000（12）：15-21.

[71] 蒋治，孙久文，胡俊彦. 中国共产党工业化实践的历史沿革、理论探索与经验总结 [J]. 兰州大学学报（社会科学版），2022，50（6）：13-27.

[72] 金碚，吕铁，邓洲. 中国工业结构转型升级：进展、问题与趋势 [J]. 中国工业经济，2011（2）：5-15.

[73] 金碚. 全球竞争新格局与中国产业发展趋势 [J]. 中国工业经济，2012（5）：5-17+121.

[74] 金碚. 以自主可控能力保持产业链供应链安全稳定 [J]. 中国经济评论，

2021（2）：14-16.

[75] 金碚. 中国的新世纪战略：从工业大国走向工业强国 [J]. 中国工业经济，2000（5）：27-34.

[76] 金碚. 中国工业的转型升级 [J]. 中国工业经济，2011（7）：5-14+25.

[77] 孔宪丽，米美玲，高铁梅. 技术进步适宜性与创新驱动工业结构调整——基于技术进步偏向性视角的实证研究 [J]. 中国工业经济，2015（11）：62-77.

[78] 李爱国，陈银忠，杨柏. 工业互联网、生产性服务业虚拟集聚与区域创新 [J]. 科学学研究，2024，42（7）：1536-1546.

[79] 李博，曾宪初. 工业结构变迁的动因和类型——新中国 60 年工业化历程回顾 [J]. 经济评论，2010（1）：50-57.

[80] 李娣，任宇. 新中国 70 年科学技术进步与创新发展研究 [J]. 全球化，2020（1）：84-96+136.

[81] 李钢，廖建辉. 中国省域工业结构的聚类与时空演化 [J]. 经济管理，2011，33（8）：18-27.

[82] 李金华. 新中国 70 年工业发展脉络、历史贡献及其经验启示 [J]. 改革，2019（4）：5-15.

[83] 李金华. 新中国 70 年工业发展脉络、历史贡献及其经验启示 [J]. 改革，2019（4）：5-15.

[84] 李婧，王跃生. 新型工业化的历史演进、时代特色与推进路径 [J]. 北京师范大学学报（社会科学版），2024（3）：19-27.

[85] 李敬，王朋朋. 人口城镇化与工业结构升级 [J]. 产业经济研究，2016（4）：29-38.

[86] 李梅，杨明俊. 中国城市产业结构问题研究综述 [J]. 工业技术经济，2006（2）：5-8.

[87] 李晓华，沈继楼. 中国共产党领导下的百年工业化：历程、经验与展

望 [J]. 当代财经，2021（12）：3-14.

[88] 李晓华. 产业结构演变与产业政策的互动关系 [J]. 学习与探索，2010（1）：139-142.

[89] 李晓华. 新质生产力的主要特征与形成机制 [J]. 人民论坛，2023（21）：15-17.

[90] 李毅中. 加快产业结构调整促进工业转型升级 [J]. 求是，2010（6）：34-36.

[91] 李政，张怡，赵哲. 数字经济与工业绿色转型——基于科技创新的中介效应和门槛效应 [J]. 工业技术经济，2023，42（10）：3-16.

[92] 李宗圆，伍山林. 中国共产党工业化思想百年演进 [J]. 上海经济研究，2022（3）：20-30.

[93] 连珂，于振英. 城乡工业结构相似与演进方向 [J]. 中国统计，2007（5）：59-60.

[94] 梁东黎. 我国工业结构调整的转型升级进程 [J]. 探索与争鸣，2011（4）：53-57.

[95] 梁泳梅. 中国工业技术进步的百年探索：历程、经验与展望——透视中国共产党百年奋斗历程 [J]. 经济与管理研究，2021（11）：3-19.

[96] 林光彬. 我国经济发展方式转变的工业结构分析 [J]. 经济理论与经济管理，2013（7）：92-102.

[97] 林毅夫，蔡昉，李周. 对赶超战略的反思 [J]. 战略与管理，1994（6）：1-12.

[98] 刘戒骄. 美国促进先进制造技术创新的政策脉络与启示 [J]. 国家治理，2023（6）：74-80.

[99] 刘楷. 1999—2005 年中国地区工业结构调整和增长活力实证分析 [J]. 中国工业经济，2007（9）：40-47.

[100] 刘楷. 我国地区工业结构变化和工业增长分析——兼论经济新常态下

我国地区工业发展 [J]. 经济管理，2015（6）：32-42.

[101] 刘铁男 . "十五"中国工业结构调整与发展战略 [J]. 宏观经济管理，2001（5）：29-30.

[102] 刘艳红，郭朝先 . 改革开放四十年工业发展的"中国经验"[J]. 经济与管理，2018，32（3）：1-11.

[103] 刘志彪 . 新质生产力驱动下的新型生产关系：趋势、挑战与对策 [J]. 财贸经济，2024（8）5-12.

[104] 路风，余永定 . "双顺差"、能力缺口与自主创新——转变经济发展方式的宏观和微观视野 [J]. 中国社会科学，2012（6）：91-114+207.

[105] 罗文，徐光瑞 . 中国工业发展质量研究 [J]. 中国软科学，2013（1）：50-60.

[106] 吕铁 . 对工业结构变化及重化工业化现象的分析与思考 [J]. 学习与探索，2007（5）：129-136.

[107] 吕铁 . 中国工业结构调整与升级三十年的历程和经验 [J]. 社会科学战线，2008（5）：7-14.

[108] 吕政，郭克莎，张其仔 . 论我国传统工业化道路的经验与教训 [J]. 中国工业经济，2003（1）：48-55.

[109] 吕政 . 工业结构调整任务的变化 [J]. 经济理论与经济管理，2000（1）：15-16.

[110] 吕政 . 关于中国工业化和工业现代化的思考 [J]. 中国工业经济，2000（1）：5-9.

[111] 吕政 . 我国工业结构调整的九大任务 [J]. 经济研究参考，2013（46）：67-70.

[112] 吕政 . 以结构调整促进发展方式的根本性转变 [J]. 求是，2009（17）：40-42.

[113] 吕政 . 中国人民不但善于破坏一个旧世界，也善于建设一个新世

界——正确认识新中国成立到改革开放前夕经济发展的历史 [J]. 湖南科技大学学报（社会科学版），2021（6）：1-2.

[114] 吕政 . 总量赶超基本完成 提高素质任重道远——中国工业 50 年发展回顾与思考 [J]. 人民论坛，1999（11）：4-7.

[115] 马静，闫超栋 . 中国工业转型升级效果评价、地区差距及其动态演化 [J]. 现代经济探讨，2020（8）：78-89.

[116] 马晓河，赵淑芳 . 中国改革开放 30 年来产业结构转换、政策演进及其评价 [J]. 改革，2008（6）：5-22.

[117] 毛健 . 我国产业结构变动的比较分析 [J]. 经济纵横，2002（1）：17-22.

[118] 米旭明 . 建设用地审批制度改革与产业结构调整——要素市场发育滞后下的路径之困 [J]. 经济社会体制比较，2022（3）：32-43.

[119] 莫兰琼 . 中国社会主义工业化建设的历程及经验 [J]. 上海经济研究，2022（9）：87-99.

[120] 彭代彦，杜德军 . 从经济普查看区域工业结构趋同的原因 [J]. 统计研究，2011，28（3）：59-64.

[121] 齐志强，张干，齐建国 . 进入 WTO 前后中国制造业部门结构演变研究——基于制造业部门与工业整体经济增长的灰色关联度分析 [J]. 数量经济技术经济研究，2011，28（2）：52-63.

[122] 任保平，豆渊博 . 新质生产力：文献综述与研究展望 [J]. 经济与管理评论，2024，40（3）：5-16.

[123] 任保平 . 中国工业化的阶段性与新型工业化中的再工业化 [J]. 社会科学辑刊，2005（4）：77-81.

[124] 荣兆梓 . 工业化阶段的生产力特征和社会主义市场经济体制 [J]. 经济纵横，2021（6）：44-57+2.

[125] 史丹 . 数字经济条件下产业发展趋势的演变 [J]. 中国工业经济，2022（11）：26-42.

[126] 史丹. 新中国 70 年工业发展成就与战略选择 [J]. 财经问题研究，2020
（3）：3-9.

[127] 宋梅秋. 论我国区域产业结构调整的三个方向 [J]. 经济纵横，2012
（10）：80-83.

[128] 苏波. 转变发展方式走新型工业化道路 [J]. 求是，2012（16）：26-28.

[129] 孙赵勇，杨冬民. 中国工业结构有序变动的趋势分析 [J]. 当代财经，
2008（8）：93-97.

[130] 谭永生. 新时代新征程：加快推进新型工业化 [J]. 宏观经济管理，
2024（4）：13-20.

[131] 陶长琪，陈伟，郭毅. 新中国成立 70 年中国工业化进程与经济发展
[J]. 数量经济技术经济研究，2019（8）：3-26.

[132] 涂正革，肖耿. 中国工业生产力革命的制度及市场基础——中国大中
型工业企业间技术效率差距因素的随机前沿生产模型分析 [J]. 经济评
论，2005（4）：50-62.

[133] 汪海波. 我国工业发展 50 年的历程和成就 [J]. 中国工业经济，1999
（9）：9-15.

[134] 王德文，王美艳，陈兰. 中国工业的结构调整、效率与劳动配置 [J].
经济研究，2004（4）：41-49.

[135] 王菲，董锁成，毛琦梁. 中国工业结构演变及其环境效应时空分异 [J].
地理研究，2014，33（10）：1793-1806.

[136] 王建事，于尚坤，胡瑞，等. 中国工业高质量发展的时空演变及其科
技创新驱动机制 [J]. 资源科学，2023，45（6）：1168-1180.

[137] 王秋彬. 工业行业能源效率与工业结构优化升级——基于 2000—2006
年省际面板数据的实证研究 [J]. 数量经济技术经济研究，2010，27
（10）：49-63.

[138] 王宋涛，朱腾腾，燕波. 制度环境、市场分割与劳动收入份额——理

论分析与基于中国工业企业的实证研究 [J]. 南开经济研究，2017（3）：70-87.

[139] 王庭科. 三线建设与西部大开发 [J]. 上海党史研究，2000（5）：31-34.

[140] 王勇，陈诗一，朱欢. 新结构经济学视角下产业结构的绿色转型：事实、逻辑与展望 [J]. 经济评论，2022（4）：59-75.

[141] 卫玲. 新型工业化背景下产业分立向产业融合的转型 [J]. 西安交通大学学报（社会科学版），2007（5）：28-34.

[142] 吴萨，李泊言. 关于我国产业结构演进的探讨 [J]. 宏观经济管理，2005（7）：43-45.

[143] 吴寿平，戚红艳. 经济全球化与中国工业结构变化 [J]. 财经科学，2012（3）：93-101.

[144] 肖翔，廉昌. 国际视域下新中国 70 年工业发展的历史考察 [J]. 当代中国史研究，2019，26（6）：74-88+158.

[145] 徐斌，刘杨程，马绍雄. 新中国成立 70 年来的工业发展：经验、问题、对策 [J]. 企业经济，2019（8）：20-27.

[146] 徐光瑞. 中国工业发展质量的现状与对策 [J]. 经济纵横，2014（11）：9-14.

[147] 徐佳宾，刘勇凤. 中国工业增长的动力分析：规模还是结构 [J]. 经济理论与经济管理，2017（6）：33-44.

[148] 徐坤，王智. 新中国七十年工业化进程中的"中国智慧" [J]. 广西大学学报（哲学社会科学版），2019（2）：13-19.

[149] 徐圆. 中国工业地区专业化程度分析 [J]. 产业经济研究，2008（3）：57-63.

[150] 杨朝均，王冬彧，毕克新. 制度环境对工业绿色创新的空间效应研究 [J]. 科研管理，2021，42（12）：108-115.

[151] 杨丹辉. 以全面深化改革打通束缚新质生产力发展的堵点卡点 [J]. 人民论坛，2024（10）：19–23.

[152] 杨合湘，李天健. 改革开放 40 年工业发展成就与展望 [J]. 宏观经济管理，2019（1）：28–36+43.

[153] 杨亦民，王梓龙，邓旭辉. 环境规制、技术创新与碳排放回弹效应——基于中国工业数据的实证检验 [J]. 贵州社会科学，2024（3）：135–144.

[154] 杨玉霞. 论中国产业结构的优化 [J]. 社会科学辑刊，2004（1）：181–184.

[155] 杨泽喜，左世元. 试析建国初期苏联对中国的经济援助 [J]. 黄石理工学院学报（人文社会科学版），2010（4）：51–56.

[156] 杨智峰，汪伟，吴化斌. 技术进步与中国工业结构升级 [J]. 财经研究，2016，42（11）：44–59.

[157] 叶祥松，殷红. 产业结构变迁、产业互动与全要素生产率增长——基于动态结构的视角 [J]. 经济学动态，2023（6）：44–62.

[158] 殷红，张龙，叶祥松. 中国产业结构调整对全要素生产率的时变效应 [J]. 世界经济，2020，43（1）：122–142.

[159] 原磊. 改革开放与工业发展——"中国工业发展与改革论坛"观点综述 [J]. 中国工业经济，2008（5）：150–158.

[160] 原毅军，谢荣辉. 工业结构调整、技术进步与污染减排 [J]. 中国人口·资源与环境，2012，22（S2）：144–147.

[161] 张凤琦. 论三线建设与重庆城市现代化 [J]. 重庆社会科学，2007（8）：79–83.

[162] 张辉. 中国百年工业化之路的思索 [J]. 财政科学，2021（12）：23–26+108.

[163] 张晓平. 改革开放 30 年中国工业发展与空间布局变化 [J]. 经济地理，

2008，28（6）：897-903.

[164] 张馨月，谢家智．双向直接投资、动态互补效应与工业行业创新效率——基于创新链视角 [J]．经济问题探索，2024（1）：52-66.

[165] 郑江淮，荆晶．技术差距与中国工业技术进步方向的变迁 [J]．经济研究，2021（7）：24-40.

[166] 中国社会科学院工业经济研究所课题组，李平．"十二五"时期工业结构调整和优化升级研究 [J]．中国工业经济，2010（1）：5-23.

[167] 中国社会科学院工业经济研究所课题组，史丹．"十四五"时期中国工业发展战略研究 [J]．中国工业经济，2020（2）：5-27.

[168] 中国社会科学院工业经济研究所课题组，史丹．工业稳增长：国际经验、现实挑战与政策导向 [J]．中国工业经济，2022（2）：5-26.

[169] 中国社会科学院经济学部课题组，陈佳贵，黄群慧．对我国工业化进程的基本认识 [J]．中国党政干部论坛，2008（2）：35-37.

[170] 中国社会科学院经济研究所课题组，黄群慧．"十四五"时期深化工业化进程的产业政策和竞争政策研究 [J]．经济研究参考，2020（11）：5-12.

[171] 周金堂．加快转变经济发展方式大力推进县域新型工业化 [J]．求实，2010（9）：34-37.

[172] 周民良．中国工业的结构变化与可持续性发展 [J]．改革，2002（2）：10-17.

[173] 周维富．中国工业化发展的伟大成就与历史经验探析 [J]．中国延安干部学院学报，2023（1）：26-41.

[174] 周耀东，余晖．中国工业化进程中的停滞趋势和组织转型 [J]．南京大学学报（哲学．人文科学．社会科学版），2006（1）：28-37.

[175] 朱东波．环境规制、技术创新与中国工业结构绿色转型 [J]．工业技术经济，2020，39（10）：57-64.

[176] Banga K. Digital technologies and product upgrading in global value chains: Empirical evidence from Indian manufacturing firms[J]. The European Journal of Development Research, 2022: 1-26.

[177] Chenery H B. The process of industrialization[M]. Project for Quantitative Reserch in Economic Development, Center for International Affairs, Harvard University, 1969.

[178] Clark C. The Conditions of Economic Progress[M]. New York: Macmillan Company, 1940.

[179] Human S E, Provan K G. Legitimacy building in the evolution of small-firm multilateral networks: A comparative study of success and demise[J]. Administrative science quarterly, 2000, 45 (2): 327-365.

[180] Kuijs L. China's economic growth pattern and strategy[C]//Nomura Foundation Macro Research Conference on China Transition and the Global Economy, 2012.

[181] Kuznets S. Modern Economic Growth: Rate, Structure and Spread[M]. New Haven: Yale University Press, 1966.

[182] Soete L. From industrial to innovation policy[J]. Journal of industry, competition and trade, 2007, 7: 273-284.

[183] Timmer, M.P., B. Los, R. Stehrer and G.J. de Vries, An Anatomy of the Global Trade Slowdown based on the WIOD 2016 Release, GGDC research memorandum number 162, University of Groningen, 2016.

[184] Hoffmann W G. The Growth of Industrial Economics[M]. Manchester, Manchester University Press, 1958.

后　记

本书作者以中国社会科学院工业发展研究室专职研究人员为主，博士研究生和硕士研究生为辅。本书得到了中国社会科学院创新工程"中国工业数字化转型研究"的资助，作者也感谢中国发展出版社对本书出版工作的支持和帮助。

参与本书编撰的主要人员如下。

邓洲，中国社会科学院工业经济研究所工业发展研究室主任，研究员。

周维富，中国社会科学院工业经济研究所研究员。

吴利学，中国社会科学院工业经济研究所研究员。

黄娅娜，中国社会科学院工业经济研究所副研究员。

吴海军，中国社会科学院工业经济研究所副研究员。

李童，中国社会科学院大学博士研究生。

中国社会科学院大学的硕士研究生王新华、吴艳艳、赵元彬为本书编著承担了数据搜集、写作秘书的工作。